教育伦理与教育公正
——社会主义和谐社会视野下的教育热点探析

陈娇云 汪荣有／著

图书在版编目(CIP)数据

教育伦理与教育公正:社会主义和谐社会视野下的教育热点探析/陈娇云,汪荣有著.—合肥:安徽大学出版社,2015.12
(博学文库)
ISBN 978-7-5664-1040-5

Ⅰ.①教… Ⅱ.①陈… ②汪… Ⅲ.①教育学-伦理学-研究 Ⅳ.①G40-059.1

中国版本图书馆 CIP 数据核字(2015)第 295937 号

教育伦理与教育公正
——社会主义和谐社会视野下的教育热点探析

陈娇云 汪荣有 著

出版发行:	北京师范大学出版集团
	安徽大学出版社
	(安徽省合肥市肥西路 3 号 邮编 230039)
	www.bnupg.com.cn
	www.ahupress.com.cn
印　刷:	合肥现代印务有限公司
经　销:	全国新华书店
开　本:	152mm×228mm
印　张:	17
字　数:	210 千字
版　次:	2015 年 12 月第 1 版
印　次:	2015 年 12 月第 1 次印刷
定　价:	34.00 元

ISBN 978-7-5664-1040-5

策划编辑:刘中飞　姜　萍		装帧设计:李　军　金伶智	
责任编辑:赵树祎　姜　萍		美术编辑:李　军	
责任校对:程中业		责任印制:陈　如	

版权所有　侵权必究

反盗版、侵权举报电话:0551-65106311
外埠邮购电话:0551-65107716
本书如有印装质量问题,请与印制管理部联系调换。
印制管理部电话:0551-65106311

前　言

　　社会主义和谐社会,是中国共产党 2004 年提出的社会发展战略目标,指的是一种和睦、融洽并且各阶层齐心协力的社会状态。2004 年 9 月 19 日,中国共产党第十六届中央委员会第四次全体会议上正式提出"构建社会主义和谐社会"的概念。随后,"和谐社会"便成为这一概念的缩略语。2005 年以来,中国共产党提出将"和谐社会"作为执政的战略任务,"民主法治、公平正义、诚信友爱、充满活力、安定有序、人与自然和谐相处"是和谐社会的主要内容。

　　和谐社会是各类社会资源互相促进而又互相制衡的经纬交织的公民社会。和谐社会应当给各类人谋取一定的物质利益,提供生存与发展的条件,从而把各类社会资源联合起来,形成合力。为此,要高度重视和落实人民群众最现实、最关心、最直接的利益,这其中就包括广大人民群众最为关心的教育伦理和教育公正问题。和谐社会的基本特征之一和关键就是"公平正义",教育公正是社会公正的基础和核心环节。可以说,没有教育的公正,就谈不上社会的公正;没有社会的公正,也就没有社会的和谐。

教育在经济社会中起着先导性、全局性、基础性作用,在构建社会主义和谐社会进程中扮演着重要角色,是经济社会协调发展和建设社会主义和谐社会的基础工程。党的十七大明确提出"教育是民族振兴的基石,教育公平是社会公平的重要基础",党的十八大又强调要"大力促进教育公平"。这充分表明我们党对教育和教育公正问题的高度重视。我国对教育伦理和教育公正问题的重视,是在国际社会日益重视教育的民主化、国际化、现代化的大背景及国内高校改革、建设社会主义和谐社会的背景下提出的,随着社会主义和谐社会建设的提出,教育公正、教育伦理问题日益成为我国学术界研究的热点问题之一,吸引了不同学科学者的参与,研究内容非常丰富。

教育伦理作为一种特殊领域的伦理,是教育运行在道义上和人性上处于一种理想的生存状态的条件和精神前提。在其现实性上,教育伦理指的是教育的合道德性,是伦理教育的现实表现,是教育的一种理想的道德生态。教育有利于调动主体的积极性、主动性和创造性,有利于培养和提高人的素质,是教育伦理存在的目的和意义。在人学意义上,教育伦理就是要人们认识教育是人的本质存在的基础和实践方式。教育伦理的价值功能,首先在于它使教育的本体价值得以最大限度地发挥,使人类对教育的需要得到满足。教育不仅要培养人的理性,而且要培养人的人性,使人的各个方面都能得到最大程度的全面发展。教育的目的在于充分挖掘人的内在潜能,使人的主动性、能动性、创造性得以最大显现。

在教育伦理的诸多议题中,教育公正是一个基本的理论问题,更是一个无法回避的重大现实课题。要从理论上真正把握教育公正问题,首先要对什么是教育公正进行科学阐述。教育公正,是教育伦理学的一个重要范畴。教育公正,就是公正的根本要求在社会教育关系或教育过程中的实现。教育公正在概念上有广义与狭义之分。广义的"教育公正",是指社会教育关系中的公正。包括社会教育制度的公正、教育立法与司法的公正、教育资源配置的公正、教育投入的公正、个体受教育的权利平等与机会均等。狭义的"教育公正",则是指教育活动中的公正,涉及教师(泛指教师、教育职员和教学辅助人员)与学生双方面。其中,公平合理地对待和评价每个学生,是教育公正最基本的要求。教育公正具有历史性、客观性、阶段性、差异性、相对性、复合性和强制性等特征。教育公正与否不仅仅关涉教育本身的成败,而且对社会整体、学生个体都有着巨大作用。教育公正是社会公正的重要内容,既是社会状态的一种表述,又是社会发展的一个目标,同时还是社会理想的一种诉求。

教育本身是一个改变个人、改变社会的过程,只有在公平正义的背景下,教育才会成为人人皆可攀登的"向上阶梯",学校才会成为每一个孩子的成长乐园,我们的社会才能绘制出色彩斑斓的发展进步图景。所以我们必须采取一些适宜的措施消除或补偿不同环境下造成的固有的不平等,缩小差距,尽力达到教育公正。

在推进教育公正过程中应注意把握好两点:一是促进教育公正的关键是通过抬高底部来缩小差距,不能搞不讲效率和特色的绝对平均,更不能"削峰填谷",不能千校一面,否则表面上看实现了公正,但学校却失去了特色,不注重内涵,导致整体教育质量和水平的下降。二是促进公正不能急于求成,要进行长期艰苦的努力。特别是许多政策思路在实施过程中还会遇到具体的问题和障碍,需要加强调查研究,结合实际不断完善政策措施,使教育公正的步伐迈得更扎实、更稳妥。要认识到教育公正是一个很复杂的问题,不可能一蹴而就,这既是一项复杂的社会系统工程,也是一个需要逐步实现的历史过程。

党的十八大报告用"三个倡导"对社会主义核心价值观进行了概括。从国家层面,倡导富强、民主、文明、和谐;从社会层面,倡导自由、平等、公正、法治;从公民个人层面,倡导爱国、敬业、诚信、友善。细数我国改革面临的硬骨头,多数都与人们的"公平焦虑"有关。教育公平屡屡拨动心弦,诉说着人们真诚向往平等的发展机会。在全面深化改革的语境中追求社会公平正义,不仅需要价值共识的弘扬,而且需要利益格局的调整、制度文明的建设。十八大提出"逐步建立以权利公平、机会公平、规则公平为主要内容的社会公平保障体系",十八届三中全会强调"紧紧围绕更好保障和改善民生、促进社会公平正义深化社会体制改革",这是全面深化改革的重要目标,更是社会主义核心价值观的内在要求。当机会的大门向所有人敞开,每个人都享有人生出彩的机会时,社会信任才会蓬勃生长,公民美德才会蔚为风尚,个体的绚丽人生才能绘入中国梦的美好图景。我们要拿出逢山开路、遇水架桥的改革勇气,突破利益固化的藩篱,消除体制机制的积弊,为公平正义的价值生长创造更好的制度土壤。在现实的困惑与改善的努力中,教育公正的逻辑越来越鲜明:教育发展需要量的丰富,但更要有质的均衡;需要技术的升级,但更应立足人的发展;教育的目的在于充分发展人的个性并加强对人权和基本自由的尊重。我们有理由期待教育公正会越来越落到实处,教育公正的阳光将普照每一朵祖国未来之花,温暖每一个学子的心灵。

  在书稿的写作过程中,我们参考、借鉴和引用了众多学者的研究成果,得到了许多可敬的师长、同学、朋友无私的帮助,在此表示最诚挚的谢意!同时由于我们水平有限,研究不免有不足之处,错漏之处也在所难免,恳请各位专家、同仁批评和指正。

作　者

2013 年 3 月

目 录

第一章 社会主义和谐社会的思想渊源 …………… 001
　一、中国传统文化中的"和谐"与"和谐社会"思想 ……… 001
　二、西方文化中的"和谐"与"和谐社会"思想 …………… 013

第二章 社会主义和谐社会的本质与特征 …………… 025
　一、社会主义和谐社会的立论依据 …………………… 026
　二、社会主义和谐社会的基本特征 …………………… 033
　三、构建社会主义和谐社会历史过程的长期性 ………… 037

第三章 和谐社会价值追求与教育伦理及教育公正的关系 …
　…………………………………………………… 042
　一、构建社会主义和谐社会的意义 …………………… 042
　二、和谐社会对教育伦理和教育公正的要求 …………… 049
　三、教育伦理对构建和谐社会的价值 …………………… 056
　四、教育公正对构建和谐社会的价值 …………………… 062

第四章 教育伦理的实践基础 ……………………… 067
　一、教育劳动的道德意义 ……………………………… 067

二、教育改革的道德要求 …………………………… 074
　　三、人才培养的伦理基础 …………………………… 080
　　四、教师素质的伦理规范 …………………………… 086

第五章　教师职业道德 ……………………………… 095
　　一、热爱学生 ………………………………………… 096
　　二、献身教育 ………………………………………… 104
　　三、教书育人 ………………………………………… 112
　　四、为人师表 ………………………………………… 117

第六章　教学道德 …………………………………… 124
　　一、掌握渊博知识 …………………………………… 124
　　二、钻研教学方法 …………………………………… 130
　　三、把握教学艺术 …………………………………… 137
　　四、注重改革创新 …………………………………… 144

第七章　学术道德 …………………………………… 152
　　一、学术道德及学术失范现象 ……………………… 153
　　二、构建惩防学术不端行为的工作体系 …………… 159
　　三、做学术精神的坚守者 …………………………… 166

第八章　教育公正界说 ……………………………… 177
　　一、公正的含义 ……………………………………… 177
　　二、教育公正的内涵 ………………………………… 185
　　三、教育公正的特征 ………………………………… 194
　　四、教育公正的作用 ………………………………… 200

第九章　教育不公正问题剖析 ……………………… 207
　　一、教育资源配置不合理导致教育不公正 ………… 207
　　二、教育运行机制不合理导致教育不公正 ………… 213

三、教师素质缺陷导致教育不公正 …………………… 219
四、家长观念偏颇导致教育不公正 …………………… 226

第十章　实现教育公正的思考 ………………………… 234
一、树立教育公正理念 ………………………………… 235
二、促进教育投入公正 ………………………………… 240
三、公正配置教育资源 ………………………………… 245
四、健全教育公正保障体系 …………………………… 250

参考文献 ……………………………………………………… 258

# 第一章
社会主义和谐社会的思想渊源

　　社会和谐是人类所向往的一种美好的社会生活状态,和谐社会是人类所追求的崇高社会理想。和谐社会作为一种思想理论,它的提出,既来源于中国传统文化,又创新了中国传统文化;既来源于马克思主义,又创新了马克思主义;既来源于中国改革开放的思想理论和实践,又创新了中国现代化进程中中国共产党改革开放的思想理论。社会主义和谐社会的思想同古今中外的和谐思想有着不容忽视的渊源关系。研究中国传统文化和西方文化中关于"和谐"与"和谐社会"思想的源流,取其精华,去其糟粕,可以为构建社会主义和谐社会提供诸多启示和借鉴。

一、中国传统文化中的"和谐"与"和谐社会"思想

　　和谐是人类文化关怀的永恒主题,是人类共同的理想追求。中国传统文化中有关"和谐"与"和谐社会"的思想非常丰富。和谐思想理论是中国传统文化的思想精华,在中国传统文化中,"和谐"是一种不朽的精神。在中国古代典籍,乃至甲骨

文、金文中就有"和"字,"和"被应用到天、地、人之间,其无所不在。中华民族的传统文化追求和谐,就是追求上应天理、下合人伦、协和万邦,贯穿于万事万物之间的一种和谐。

(一)"和谐"之义

和谐是一个非常古老而又经久不衰的概念,是一个跨学科的概念,也是当前最流行、最时髦的概念之一。作为中国古代哲学和美学的核心范畴之一,"和"的精神贯穿于中国传统文化发展史,重和谐,求同存异,是中国传统文化中的思想精华,深深影响着中华民族的思维方式、心理结构、价值选择、伦理道德和行为方式,在维系社会稳定、促进社会进步、推动社会发展的历史进程中发挥了重要作用。

和谐是中国古代哲学的总体特征和基本内核。在中国传统文化中,对"和谐"这个哲学范畴加以研究是从春秋战国时期开始的,然后又由抽象的哲学范畴走向社会应用,形成和谐社会的经世致用思想。

"和谐"一词是由"和"与"谐"组成的词组。在中国哲学中,"和谐"与"和"同义,有"和"则"谐",因而在中国古代往往单用"和"而不用"和谐"。"和"范畴的寓意又极为丰富和深邃。"和"包括和谐、和睦、和平、和替、祥和等含义。两千多年前的《易经》中提出的"太和"观念即指最佳的整体和谐状态。西周末年的太史史伯提出"和实生物,同则不继"①的著名论断,意思是指和谐、融合,才能产生、发展万物。继史伯之后,孔子提出"君子和而不同,小人同而不和",②认为和谐不仅是客观规律,而且是做人的原则。孔子之后,从"和"的范畴演化出的"中庸"、"中和"、"中节"、"中正"、"和合"等概念,均包含和谐精神。我国当代著名的哲学家张岱年先生认为,"和谐"涵括四个方

---

① 《国语·郑语》。
② 《论语·子路》。

面：一相异,即非绝对同一;二不相毁灭,即不相否定;三相成而相济,即相互维持;四相互之间有一种均衡。一些哲学家认为,和谐,就是系统中各个部分、各种要素良性运行和协调发展。

作为古代哲学范畴,"和"被认为是事物存在与发展的根本规律。"和"的本质,在于不同事物之间协和一体。中国哲学一向重视对差别的研究,并认为"不同"是事物存在和发展的特点;同时,中国哲学又把对"和"的追求看作事物发展的理想和目的。中国哲学都用"和而不同"表达"和"的本质,并将"和"看作事物生存的根据、最佳的状态、整体的统一。孔子以降,诸子百家之所以认同"和"、崇拜"和"、追求"和",就在于"和"的本质充满大智大慧的深刻哲理。当然,这种"和"的哲学在存在剥削阶级和阶级斗争的社会只是一种主观的空想。

(二)中国传统文化中的和谐观

"和谐"是指在人与人、人与社会以及人与自然之间建立和平协调的关系。"和谐",是人自身、人与人、人与自然之间的全面和谐。在中国传统文化中,人与人之间的关系,包括个人与家庭之间的关系、国家与国家之间的关系。所谓全面和谐,就是"和生"、"和处"、"和立"、"和达"、"和正"。为了实现全面和谐,先哲们从哲学的"和"范畴和"道"范畴中,推演出一系列的人伦纲常,教化于人。

1. 个人身心和谐观

每个人都有身和心两个基本方面。"身"指人体的生理组织以及身体的技能,"心"指人的心理或精神活动,通常用知、情、意来概括。身(生理)是心(心理)的物质基础,心为身的精神机能,二者相互作用,作为有机统一体对人的生活实践产生影响。在个人身心关系上,中国传统的和谐观主张保持平和、恬淡的心态,追求"修身养性、神形合一"的个人身心和谐。

"修身"就是使自己的心灵得到净化、纯洁;"养性"就是使自己的本性不受损害。通过自我反省体察,使身心达到完美的境界。个人修身不仅包含为人、修身、处世的智慧,还包含始终要有一颗平常心去应对日常的烦恼和不幸。中国封建社会的个人修养,主要是灌输儒家的修身思想,"三纲五常"①就是个人修身的核心内容。"三纲"指"君臣义、父子亲、夫妻顺","五常"指"仁、义、礼、智、信"。"三纲五常"实际上就是一种个人修身养性的衡量标准。

孔子曰:"天下有道则见,无道则隐。"②孟子曰:"穷则独善其身,达则兼善天下。"③儒家认为生死和富贵不是人力可以追求到的,也不应是人追求的目标,但人的学问和道德则是要靠人的努力来取得的。所以儒家要求世人效法天德之刚健勤奋和地德之博大精深,并把这两种精神同人的成功经验结合起来,努力向上,力求达到天、地、人三者的和谐共济,从而实现个人身心内外的和谐。

儒家哲学注重人的自身修养,要求与身边的人建立一种和谐的关系。对待长辈要尊敬讲礼貌,朋友之间真诚守信用,统治者要仁政爱民,为官者要清廉爱民,做人要有自知之明、尽本分;对待其他人要博爱,对待上司要忠诚,对待父母亲属要孝顺,学会尊重知识,善于吸取别人的长处;提倡人要达到温、良、恭、俭、让的道德境界。

2. 家庭和谐观

家和,即家庭和睦协调也。中国历来看重家庭的地位和作用。在儒家看来,和谐社会应当是由家庭发端的,由家庭和谐推广发展为社会和谐,家庭和谐是社会和谐的基础。维护家庭和谐,要处理好四个方面的家庭关系:一是"孝",孝是对祖先的尊敬,对父母长辈的尽心奉养和绝对服从。孝文化是中国传统

---

① 《论语·为政》。
② 《论语·泰伯第八》。
③ 《孟子·尽心上》。

文化的主干之一,孝作为一个基本的社会问题,被纳入社会道德规范和法律道德规范的范畴,是家庭和睦的关键。二是"弟"(悌),弟是指兄弟姊妹之间的感情,是指家庭中平行血缘应有的关系;弟,是要"爱",爱自己的兄弟姐妹。三是"顺",夫妻之间要遵循夫为妻纲,维护"琴瑟和谐",夫为妻纲是"三纲五常"中之一纲,彰显了为夫、为妻之道。如果规难立,失了伦常,家就不能和睦兴旺,此谓夫为妻纲。"三纲"的概念来源于西汉董仲舒的《春秋繁露》一书,是儒家政治思想的重要组成部分,即通过定名分来教化天下,以维护社会的伦理纲常、政治制度。这些学说虽源自孔子,但孔子并没有要极端服从的说法,是后人不断添加概念而成的思维。尤其宋学者不断加强,将之固化为难以逆转的概念,在宋明清之际甚为流行,以稳定秩序为名造成中国妇女单方面服从男子,身份地位低下的状况。四是"慈",即对子女晚辈要慈爱。"上爱下曰慈"是古人对慈的解释,在此专指父母对子女应尽之道。父母对子女除负养育之责以外,更为重要的是对子女的培养教育。

儒家文化的核心是"仁","仁"就是"爱人",就是孝敬父母,关爱兄弟,关心同辈,忠孝友悌。一句话,关爱他人,关心社会,热爱祖国。社会的和谐,必须从家庭做起。家和万事兴,内和外顺。

3. 国家和民族关系和谐观

在国家与国家、民族与民族的关系上,中国传统文化主张先礼后兵,以文德感化外邦为主,反对轻率地诉诸武力,主张和谐共处,协和万邦、仁者无敌。家国一理,家庭是社会的细胞,家庭和谐是社会和谐的基础,社会和谐为家庭和谐提供基本的环境条件。历代政治家、思想家都极为重视用"和"来管理国家、管理社会。

帝尧时期对九族采取的政策就是"亲",对百姓采取的政策是"平章",对万邦的政策是"协和"。孔子提出"四海之内皆兄弟"①、"远人不服,则修文德以来之,既来之,则安之"②。意即以文德感化外邦,反对轻率地诉诸武力。孟子提出"仁者无敌",主张"以德服人",提倡王道,反对霸道。前者是利用和平的手段,通过在国家间建立相互信任关系而扩大自己的影响,而后者是以武力作后盾来处理国内和国家关系。宋代范仲淹说"政通人和,百废俱兴"。③ 明代仁孝文皇后提出"内和而外和,一家和而一国和,一国和而天下和",④把和谐思想作为处理民族关系和外交关系的准则,力争通过"和亲"、"和戎"、"和解"、"和议"政策来构建民族和睦相处的稳定环境。

为达到"国和",孔子有四点教诲:一是全社会倡行忠恕之道,也就是每个人都要恪守"君君,臣臣"的纲常,严格履行"群而不党"的教义,在政治生活中体现一个"忠"字,忠于朝廷,忠于国家,尽职尽责;二是倡行中庸之道,在人与人之间的关系上推崇一个"和"字,倡导"和为贵";三是任人唯贤,"选贤与能";四是加强教育,有教无类,形成良好的社会风气,构建一个和谐、有秩序的安定社会环境。这样,在一个国家内部,就能保证国泰民安。当然,在处理国家之间关系上,儒家的最高理想是"协和万邦",重要的方式是"礼尚往来"。但针对"万邦"各自的特点,儒家遵循的准则仍然是"和而不同,求同存异"。承认国家之间差异的存在,承认其他文明的存在,不强求世界千篇一律,倡导各个国家和各种文明共生共栖,保持各自的特点,而又不发生战争,和平共处。古代中国作为一个"文明共同体",主张以和平、公正、文明的手段来解决国际争端,这才是真正的世

---

① 《论语·颜渊》。
② 《论语·季氏》。
③ 《岳阳楼记》。
④ 江波:《中国传统文化中的和谐思想》,载《中国酿造》,2008年第10期,第121页。

界主义。

4. 自然和谐观

人与自然的关系问题是哲学的永恒话题之一。在对待人与自然的关系问题上,中国传统文化中主要是"天人合一"的观点,肯定人与自然的和谐统一,要求以和善、友爱的态度对待自然万物;提出丰富的保护自然资源的思想,强调人类应当认识自然,尊重自然,反对一味地向自然界索取,片面利用和征服自然。在中国古代儒家和道家文化中,"天"、"地"、"人"并称为"三才"之后加个"和"形成"天地人和"。"天地人和"最宝贵也最美好的状态——"天人合一"。

中国"天人合一"的思想无处不在。道家的代表人物老子论道:"人法地,地法天,天法道,道法自然。"[①]强调人要以尊重自然规律为最高准则;庄子"天人合一"的理论探讨了人与自然的关系,强调人类必须遵循自然规律,顺应自然,与自然和谐相处,达到"天地与我并生,而万物与我为一"[②]的境界。庄子认为,人与万物本体都是自成一体,浑然不可分的,人们应当体认天道,最终超越现实,实现"天人合一"。儒家代表人物孔子主张以"仁"待物,所谓"成物成己",强调天、地、人的和谐发展。孟子提出"尽其心者,知其性也;知其性,则知天矣"。[③] 孟子追求的是通过"尽心知性知天"的途径,达到"上下与天地同流"的境界。

"天人合一"思想,首先,指出人与自然的辩证统一关系;其次,表明人类生生不息、则天、希天、求天、同天的完美主义和进取精神;最后,体现了中华民族的世界观、价值观思维模式的全面性和自新性。合,就是相互理解,结成友谊。西方人总是企图以高度发展的科学技术征服自然、掠夺自然,而东方先哲却

---

① 《道德经》。
② 《庄子·齐物论》。
③ 《孟子·尽心上》。

告诫我们,人类只是天地万物中的一部分,人与自然是息息相通的一体。"天人合一"的辩证法思想是中国封建社会赖以生存的思想基础和政治基础。中国古代"天人合一"的思想不但对中国的古代,对中国的现代,而且对整个现代世界都有着积极的意义。众多诺贝尔奖得主对于"天人合一"的思想,在当今社会保护人类生存环境、协调人与自然的关系方面所具有的不可多得的"清凉剂"效果,都给予了充分的肯定。我国著名哲学家梁漱溟先生认为,中国文化所提出的"天人合一"的哲学思想是中华文化对世界的一个重要贡献。[①]

5. 人际关系和谐观

万物和谐,贵在人和。"人和"讲的是要建立融通的人际交往、有序的社会秩序、和谐的社会关系等。中国传统文化中有许多关于"人和"的思想和言论,如"和为贵"、"天时不如地利,地利不如人和"、"和衷共济"、"心平气和"等。

在人际关系方面使用"和谐"一词最早可追溯到晋代皇甫谧所著《帝王世纪》:"象傲,而父顽母嚚,咸欲杀舜。舜能和谐,大杖则避,小杖则受。"[②]中国古代社会影响最大的儒家伦理思想在人际关系方面,强调"和为贵"。孔子所提出的理想人格便是宽厚处世,协和人我,从而创造和谐的人际环境。能够宽厚待人,与人和谐相处,是君子人格中一个不可缺少的重要方面。孟子也认为:"天时不如地利,地利不如人和。"[③]以孔孟为代表的儒家提出仁、义、礼、智、信、恭、忠、勇等一系列旨在实现"人和"与社会和谐的道德原则。此外,孔子还区别了"和"与"同"这两个概念,"和"是多样性的统一,"同"是一味地附和乃至结党营私。道家的老子则提出"无欲、无为、无争","去甚、去奢、

---

① 王文建:《中国传统文化中的和谐思想》,载《理论界》,2007年第12期,第161页。
② 《帝王世纪·第二》。
③ 《孟子·公孙丑下》。

去泰"、"知止、知足"等一系列主张,就是要人们效法天道,实现相对均衡。中国传统文化中的这种人生价值观,在历代文化建设中得到不断发展,成为中华民族文明的重要组成部分。

当然上述几个方面是一个统一整体。其中,个人身心的和谐是起点,也是重点。儒家强调通过道德修养达到自身的和谐,并进而推广到人与人之间、家庭之间、人与社会之间的和谐,民族与民族、国家与国家之间的和谐以及人与自然之间的和谐。

(三)中国传统文化中的"和谐社会"理想

社会和谐是和谐思想的主要内容。怎样才能实现社会和谐呢?老子主张采取互不来往的"小国寡民"状态,庄子则主张完全退回到结绳记事、与鸟兽同居的原始人状态,这种消极、无为、回避矛盾的社会和谐方式并不为后来社会所认同。墨子主张"兼相爱"、"交相利"、"非攻"来实现君臣、父子、兄弟、上下、贵贱之间的和谐相处,各得其所。韩非子认为人有好利之心,只有用法律使"人之不得为非"才能达到社会和谐。在众多主张中,儒家"讲信修睦"的社会和谐思想对后世影响最大。所谓"信",就是诚信,社会和谐必须以诚信为本;所谓"睦",就是和睦,社会和谐包括夫妻和睦、家庭和睦、宗族和睦、邻里和睦、地区和睦、国家太平、"政通人和"、国际友好、"协和万邦"等丰富内涵。

孔子在《论语》中说:"礼之用,和为贵。"这里的"和",不单纯是和气的和,也不是一般意义上的和谐之意,而是特指国家政权的和谐与社会形态的和谐。"贵",为最好、最高之意。"和"从哲学范畴,转化成伦理准则,推演至社会生活的过程,是一个日益世俗化和实用化的过程。在进入社会生活层面后,"和"就由抽象的哲学范畴变成和谐社会的理想。中国传统文化中有各种和谐社会理想,中国古代史上许多思想家、政治家都曾设计过和谐社会的方案,其中最具代表性的就是从古至今已经延续两千多年的"小康社会"和"大同社会"。小康与大同分属两个不同的社会发展阶段,大同社会是儒家理想社会的高级阶段,小康社会则是理想社会的初级阶段。

1. 小康社会

小康社会是一个具有中国社会特色的重要理论范畴,它源于中国传统文化,流传于人们的日常生活语言当中,是中华民族孜孜以求的社会理想。"小康"这个概念,最早出现在《诗经》中的"民亦劳止,汔可小康",① 意思是老百姓很希望过安居乐业的生活。儒家经典记载,小康社会最初是指夏商周三代中禹、汤、文、武、周公时代的一种社会生活状态。在中国历史上,"小康"一词大体有两种含义:一是指普通老百姓的理想生活水平。它代表一种介于温饱与富裕之间的生活状态,即温饱有余而富裕不足。二是指知识分子的理想社会模式,是一种仅次于大同社会的理想社会模式,这实际上是对普通老百姓小康理想的进一步理论提升。小康作为一种社会模式,最早是在战国末年或秦汉时成书的《礼记·礼运》一书中得到比较系统的描绘。

战国时期的孟子设计了"仁政"、"王道"的小康社会,除社会相对安定之外,还具有更多的经济内涵。荀子设计了一个"隆礼至法"的小康理想社会模式,既强调礼,又重视法,使儒家的小康社会理想进一步丰富。西汉董仲舒提出"罢黜百家,独尊儒术"之后,随着儒学获得独尊地位,小康社会也就一跃而成为中国古代影响最为深远的理想社会模式。

中国古代的小康情结历经春秋战国、秦汉至隋唐、北宋至清前期三个发展阶段。春秋战国时代诸子对小康社会的展望主要体现为"求安与求稳",秦汉至隋唐时期的小康社会观主要体现为"保民与自保",北宋至清前期的小康社会思想主要体现为"求均与求和"。总之,我国古代思想家们,曾经对理想中的

---

① 《诗经·民劳》。

小康社会做过许多设计,赋予它很多思想内涵。实际上,我国古代所说的小康社会,只不过是一种建立在落后生产力和封建私有制基础上自给自足的小农社会。小康社会尽管在思想家们的笔下被描绘得极为诱人,但这种理想的小康社会从未得到过实现,只不过是一种空想而已。

2. 大同社会

大同社会是中国古代儒家所宣传的最高理想社会或人类社会的最高阶段,大同世界作为中国传统文化的理想和谐社会一直是人们所追求的社会价值目标。在儒家的经典《礼记·礼运》中,孔子认为最重要、最和谐的社会应该是一个"天下为公"的社会,也就是说这个社会是大众的;这个社会是诚信的,是没有欺诈、偷盗,夜不闭户的美好社会;应该把有道德、有才能的人选出来让他们为社会服务,这样的社会才是一个非常美好的社会。同时还要保证各种人都能够有他适当的位置来为社会贡献他们的力量,这种社会就被称为"大同"。

大同社会的和谐图画在中国传统文化中的影响是极为深远的。孔子提出一个建立在财产共有基础上的农业社会。孟子在大同思想的基础上勾画出一幅耕织结合、自给自足的小农经济社会蓝图,设计出一个"老吾老,以及人之老,幼吾幼,以及人之幼"[①]的和谐社会图景。主张"兼相爱"的墨子设计了一个"爱无差等"的和谐社会理想。老子设计出一个"邻国相望,鸡犬之声相闻,民至老死不相往来"[②],"甘其食,美其服,安其居,乐其俗"[③]的和谐社会蓝图。庄子设计了一个"同心"、"同德"、平等自由的和谐社会蓝图。晋代陶渊明的《桃花源记》无疑是最具大同世界的文学作品了。南宋经学家胡安国著《春秋传》,多次阐述"天下为公"。胡安国认为,孔子作《春秋》,目的在于

---

① 《孟子·梁惠王上》。
② 《道德经》。
③ 《道德经》。

推行"天下为公"的大同世界。太平天国农民起义领袖洪秀全设计出一幅令广大农民心驰神往的和谐社会蓝图:"务使天下共享,有田同耕,有饭同食,有衣同穿,有钱同使,无处不均匀,无人不饱暖。"近代著名思想家康有为写了《大同书》,将人类社会的进化归结为据乱、小康、大同三个阶段,提出建立一个"人人相亲,人人平等,天下为公"的理想社会。民主革命的伟大先行者孙中山不仅提出"天下为公"、"世界大同"的最高理想,而且提出三民主义学说,其中"民主主义是对外国人争平等的,不许外国人欺侮中国人;民权主义是对本国人争平等的,不许有军阀官僚的特别阶级,要全国男女的政治地位都是一律的平等;民生主义是对贫富争平等的,不许全国男女有大富人和大穷人的分别,要人人都能做事,人人都有饭吃"。

  归纳起来,大同社会的基本特征表现在以下三个方面:一是人人都能受到全社会的关爱。"不独亲其亲,不独子其子",[①]说的是每个人都能推己及人,把奉养父母、抚育儿女的心意扩大到其他人身上,使全社会亲如一家。"老有所终,壮有所用,幼有所长",意思是对各种年龄段的人群都要作出合适的安排。又特别提到,对"矜、寡、孤、独、废疾者"这五种人要实行生活保障,更充分地体现了全社会的关爱。二是人人都能安居乐业。"有分",就是有稳定的职业,能安心工作;"有归",就是男女婚配及时,有和乐的家庭。古代男耕女织,妇女在家也要从事蚕桑,这样才能丰衣足食。以上两个方面主要是就物质生活而言。三是货尽其用,人尽其力。"货恶其弃于地也,不必藏于己",这是说人们珍惜劳动产品,但毫无自私自利之心,不会将它据为己有;"力恶其不出于身也,不必为己",这是说人们在共同劳动中以不出力或少出力为耻,都能尽全力工作,却没有"多得"的念头。这主要是就人们的思想观念而言,因为只有树公

---

① 《礼记·礼运》。

心、去私心,才能达到货尽其用、人尽其力的境界。

大同社会的理想,贯穿于中国古代社会始终,无论我们是否意识到,它都扮演着中国社会进步的思想动力的角色。但是,在生产力极不发达的阶级社会,无论设计的和谐社会蓝图多么精美,这个蓝图注定是没法实现的。在这个问题上,宋元之际的思想家邓牧有较清醒的认识,他也曾描述过"至德之世"的和谐社会蓝图,但是他清醒地认识到,他的和谐社会短时间内实现不了,"三千年后"才有望出现。

总之,无论是在我国古代还是近代,和谐社会思想一直源远流长。和谐思想的存在,对于我国消除内忧外患、缓和阶级对立、促进社会繁荣等方面做出了很大的贡献。史上曾经多次出现的"盛世"、"治世"景象也带有明显的和谐社会色彩。但中国传统文化中所包含的和谐思想,是在生产力低下的古代社会孕育产生的,因而带有明显的空想成分。与此同时,中国传统文化认为的"和"是"和而不同"的。"和而不同"是指要承认不同,在不同的基础上形成"和";如果一味追求同,不仅不能使事物得到发展,反而会使事物衰竭。"和而不同"体现了辩证关系,"和"就是要求在纷乱中寻求共同的、统一的属性。

二、西方文化中的"和谐"与"和谐社会"思想

社会和谐是人类共同追求的价值,在西方文化中和谐观念也有深厚的思想根基。西方的"和谐"概念源于哲学,文艺复兴后许多思想家都把"和谐"视为重要的哲学范畴。自古希腊时期起,和谐思想源远流长,不同版本的和谐社会蓝图也层出不穷。

(一)西方文化中的"和谐"思想

西方的"和谐",源自古希腊语 *Harmonia*,"*Harmonia*"与"和",这两个概念并不等同,前者偏于数理,偏于纯艺术;后者偏于政治,偏于人生。古希腊早期明确而深刻地探讨和谐思想的哲学家首推毕达哥拉斯和赫拉克利特。毕达哥拉斯把"和

谐"作为哲学的根本范畴,承认对立,但更注重对立面之间的和谐,甚至把和谐片面夸大为必然的和绝对的,割裂了统一和对立之间的辩证关系,因而表现出一种辩证法与形而上学相交织的二重性的和谐观。赫拉克利特继承并发展了毕达哥拉斯的和谐思想,他提出的"和谐产生于斗争"的思想体现了辩证法的精髓,因而是一种辩证的和谐观。

1. 作为美学命题的和谐思想

在西方哲学中,"和谐"是从审美角度提出的。和谐首先是被作为美的特征提出的,并被规定为一定的和谐比例。在美学意义上,西方思想家认为"和谐"为至美、最美,和谐美是美的最高境界。和谐美是一个既古老而又至今依然熠熠生辉的美学命题。早在古希腊时期,著名哲学家赫拉克利特就说过"美在和谐"。毕达哥拉斯曾将"数"视为万物的本原,认为自然界的一切现象和规律都是由数决定的,都必须服从于数的和谐,即服从于数的关系。毕达哥拉斯学派有两句著名的哲学格言:"什么是最智慧的——数"、"什么是最美的——和谐"。那么,和谐之美是怎样产生的呢?这就要追溯到哲学的本原。毕达哥拉斯主张,数是万物的本原,由数产生出点,由点产生出面,由面产生出体,由体产生出水、火、土、气四种元素,这四种元素相互转化而产生出世界万物。在毕达哥拉斯学派看来,作为本原的数之间有一种关系和比例,这种关系和比例产生了和谐。因此,万事万物都是和谐的。新毕达哥拉斯学派的哲学家尼柯马赫提出"美是和谐的比例";古希腊哲学家柏拉图也认为"和谐"是最美的东西;德国哲学家莱布尼茨认为宇宙是一个由数学和逻辑原则所统率的和谐的整体。

对于和谐美的价值,西方哲学史上的思想家们是普遍承认的,赫拉克利特在肯定和谐价值的基础上,认为和谐是以差别和对立的存在为前提的。和谐与不和谐是一对矛盾体,和谐是矛盾的同一性,是一种平衡协调、对立合一的状态。和谐是事物之间最佳的结合,强调的是事物各要素之间的均衡与协调。近代德国哲学家莱布尼茨则在其《单子论》中,提出"预定和谐"的命题。他认为,世界万物是由一种叫作"单子"的基本因素构成的,上帝在创世之初就已经把宇宙的发展过程预先安排好了,每个"单子"都各自遵循自身的本性而发展变化,又自然地与其他一切"单子"的发展变化保持协调。黑格尔批判了莱布尼茨的"预定和谐"命题,认为这种由上帝确定的"和谐"只不过是一种徒托空言的统一,是一种"抽象的同一"。他认为包含差异与对立于自身之内的同一,即"本质上的统一","具体的同一"才是和谐产生的原因。黑格尔提出的矛盾、差异、对立、斗争这些哲学范畴丰富了"和谐"理念的内涵,同时也表明"和谐"是由不同事物按照一定方式构成的。

2. 作为经济学命题的和谐经济思想

在西方漫长的发展历程中出现了众多经济学家,他们提出了一些和谐经济思想。重农主义的先驱弗朗斯瓦·魁奈指出,地租、工资和交换都来自于农业剩余产品,从而使整体社会受益。古典经济学集大成者亚当·斯密强调市场经济中利益的自然和谐,认为自由竞争的市场会将人们的行为纳入社会和谐的"最明白单纯的自然自由制度"中,不须要人为干预,只要遵从自然秩序,个人利益和社会利益就会自然和谐统一。功利主义者杰黑米·边沁认为,个人可能会为了自身利益而损害社会,因此需要用制度的人为一致来促进经济和谐,国家的法律、道德和各种社会制裁可以帮助协调个人私利从而保证大多数人的幸福。弗雷德里克·巴斯夏所主张的利益自然和谐,是一种乐观主义的劳资利益调和论。他提出建立在平等交换基础上的社会是和谐的社会。在《和谐经济论》一书中,巴斯夏力图引导人们去认识"一切正当的利益彼此和谐"这个真理。马歇尔的经济利益和谐思想体现在他的均衡价格论和收入分配论中。换句话说,马歇尔的均衡价格论和收入分配论本身就是一个自成体系的经济和谐论。因此,在自由竞争的条件下资本主义各经济主体的经济利益是和谐的,大家相互之间没有什么对立的矛盾。而英国经济学家凯恩斯认为,资本主义经济的显著弊端是不能提供充分就业,失业的存在以及收入分配的不公正本身就意味着利益的失谐。失业以及收入分配不公是市场机制本身无法克服的缺陷,也就是说,利益的天然和谐是无法实现的,必须通过政府干预予以解决。西方经济和谐思想大致经历了私利公利和谐论、利益主体和谐论和经济关系和谐论三个不同阶段。

总体来看,西方和谐经济思想具有以下几个特征:一是具有明显的人本主义色彩,对市场微观主体"人"的作用和重要性给予普遍关注,因而肯定人们在道义上追求自身满足的天性。二是突出市场经济体制的主导地位,认为促进经济和谐只要尽可能减少政府干预,发挥市场这只"看不见的手"的作用就能达到,完全信赖市场机制的自发作用。三是贯穿着自由放任与国家干预之间的矛盾。一方面它认为市场经济可以自然地达到和谐,另一方面又认为由于有效需求不足等因素的存在,政府应当在刺激投资、缩小收入分配差距、完善社会保障等方面发挥重要作用。

马克思在其著作中并没有对经济和谐进行正面、清晰的界定,但从散见于各处的相关论述中可以概括出其对经济和谐的解读:即经济和谐是在消除一切私有制、生产力得到极大发展的基础上的人与人、人与社会之间利益冲突的消弭。随着阶级的消亡、阶级对立的消除以及生产力的极大发展,所有人都可以共同享受社会生产创造出来的福利,牺牲一些人的利益来满足另一些人需要的状况彻底结束,共产主义社会是每一个人获得真正的自由、平等和正义的和谐社会。

3. 作为教育命题的和谐教育思想

和谐教育思想在西方的发展可以追溯到古希腊。古希腊

"三哲"(苏格拉底、柏拉图、亚里士多德)都是和谐教育思想的倡导者。如苏格拉底最早提出知识和德行的关系以及教育在培养德行中的作用。柏拉图的《理想国》是西方最早系统论述教育的著作,他提出要培养身心和谐发展的人。亚里士多德把灵魂分为理性灵魂、动物灵魂和植物灵魂三部分,还分别与三方面的教育即体育、德育与智育相对应,对人实施和谐教育。文艺复兴时期,也涌现出一批人文主义教育家。18至19世纪期间,也有一批教育家不遗余力地倡导全面、和谐的教育。如18世纪法国启蒙学者、教育家卢梭在《爱弥尔》(或《论教育》)一书中,明确指出培养新社会的新人的道路。19世纪瑞士教育家裴斯泰洛齐认为,教育的目的就在于发展人的一切天赋力量和能力,同时这种发展必须是全面的、和谐的。马克思主义的和谐教育思想强调"人的全面发展"。所谓"人的全面发展",首先是人的体力与脑力的协调发展。就是说,一个人既能从事体力劳动,又能从事脑力劳动,体脑界限完全消除,才能成为真正的全面发展的人。可见马克思主义是把人看作身体与精神的统一体,把身体与精神的协调发展看作人的全面发展。

西方的和谐教育思想是与自然适应说、自然教育说相联系的,可以说后者是前者的理论基础。这个教育观念有两个不同的含义:一是以捷克教育家夸美纽斯为代表所倡导的自然适应原则。它把人的身心发展与自然现象作类比,认为人是自然的一部分,并且作为自然的一部分而服从于自然的最主要和普遍的法则。二是以卢梭为代表的自然教育理论。它主张一切顺应自然,反对无理束缚,遵照儿童本性的发展而因势利导。在一定意义上,西方的自然适应说与我国古代的天人合一论是一致的,两者共同的基本精神是,自然的发展是有序的、协调的、和谐的,所以人的发展也应当是有序的、协调的、和谐的。

(二)西方文化中的和谐社会思想

西方的和谐社会思想发端于古希腊,苏格拉底将哲学中的

"和谐"引入政治领域,把"和谐"引入社会理想的是柏拉图。和谐社会不是特定的社会历史阶段,它是各个社会历史阶段思想家们梦寐以求的理想社会状态。大体来说,在马克思主义诞生之前,西方文化中的和谐社会思想大致可以分为三个时期:古希腊时期、基督教兴盛时期、空想社会主义时期。

1. 古希腊时期的和谐社会思想

古希腊文化蕴含着丰富的和谐社会思想。这种思想是古希腊和谐思想和古希腊社会历史观的有机结合。古希腊的和谐社会思想是对古希腊"无序"的社会政治现实的反映与超越。以苏格拉底、柏拉图和亚里士多德的和谐社会思想为代表。苏格拉底主张建立守法、团结、智慧的和谐城邦,柏拉图则以"各尽其职、互不干涉"作为正义的内涵,主张在正义原则指导下建立以个人灵魂和谐为基础的和谐社会。亚里士多德则进一步深化了和谐社会思想,主张建立优良生活、优良政体、优良品德三位一体的理想的"优良城邦"。

苏格拉底被称为"西方的孔子",他生活在雅典城邦从繁荣走向衰落的时期,城邦的混乱和无序促使他产生了和谐社会的思想。他设想依靠法律、道德、知识、教育来建立一个强调法治、德治、人治、集体主义的和谐城邦。苏格拉底建立和谐城邦的设想对于柏拉图的"理想国"和亚里士多德的"优良城邦"思想的形成均有着重要影响。

柏拉图从他的善的理念出发,以追求正义为目标,通过教育和借助社会分工、社会等级分层理论来构建一个安定和谐的"理想国"。在柏拉图的哲学中,理念是其基本的哲学观,而"善理念"是他的理念论的核心,是他进行政治思考的逻辑起点,也是他整个理念世界的最高点。柏拉图和谐社会思想的追求目标是"正义",根据他的正义观建立起的"理想国",必将是一个和谐安定的社会。如果人人都能按照他的正义观的要求"必须在国家里执行一种最适合他天性的职务"而各安其位、各司其职、各尽其责的话,那么就能建立起他所谓的和谐安定的"理想国",而实现这一目标的根本途径就是教育。柏拉图所谓的和谐社会就是灵魂的和谐,只有通过教育才能塑造他们的灵魂,培养他们的智慧、勇敢和节制他们的德行。

作为西方最早思考和谐问题的古希腊先哲亚里士多德,其丰富的和谐社会思想主要体现在他所提出的一种理想的"优良城邦"的设想中。在其名著《政治学》中,他从理论上对构建城邦的和谐稳定进行了诸多设计和论述。他提出要构建以中产阶级为主体的法治社会,强调公平和正义在保持城邦稳定与和谐方面的重要作用,重视人口的数量、质量以及教育的重要性,主张社会组成的多样化,提倡人与人之间的和谐,这些主张的目的都是为了维护充满危机的古希腊城邦。亚里士多德的和谐社会思想是为维护奴隶主阶级的统治而提出的一种理想的社会形态,有其阶级和历史的局限性,但对于我们正在进行的和谐社会建设具有一定的参考与启示作用。

2. 基督教兴盛时期的和谐社会思想

基督教哲学家极力宣扬是上帝创造了和谐的有序的世界,其代表人物奥古斯丁认为,自亚当和夏娃被上帝逐出天堂之后,尘世间就出现了两个世界,即"上帝之城"和"世俗之城"。

奥古斯丁以"上帝之城"和"世俗之城"作比较,认为"世俗之城"是撒旦的王国,是被放逐的凡人集合而成的共同体。由于人的自私的爱,选择肉欲的生活,因此这里充满了邪恶与暴力,充满了不平等和奴役。这里的人爱自己而轻视上帝,依靠肉体生活而对上帝不信仰,从而成为上帝的弃民。他们按照自己的意志行事,要经受魔鬼的永恒惩罚。"世俗之城"体现了人间的政治秩序,是上帝由于人的堕落而对人实施的一种惩罚。"世俗之城"的人的所作所为来自于对自我之爱,这种爱甚至是对上帝的一种蔑视,荣耀在于人自己,因而是没有希望的、不幸的,而且是非常痛苦的。"世俗之城"贪婪地满足各种肉欲的需求,最终却一无所有。而"上帝之城"是基督教的"千年王国",高于"世俗之城"。"上帝之城"是选民的社会,由于上帝的恩典,一部分人成为上帝的选民,选择精神的生活。他们热爱上帝而轻视自身,依靠对上帝的信仰而生活,成为"上帝之城"的成员。对于人类来说,只有作为"上帝之城"的成员并凭借一种超越政治秩序的关系,才有可能获得哪怕是最邪恶的人都渴望的和平、幸福。"上帝之城"按照上帝的意志行事,体现上帝的理性,永远由上帝统治。"上帝之城"的人的所作所为均来自于对上帝之爱,这种爱甚至是对自我的一种放弃,荣耀则在于上帝。"上帝之城"是最高的善,是永久和完美的和平,充满永恒的和谐,它无须占有世上的任何物质,最终却可以分享来自上帝永不败坏、永不丧失的基业。中世纪的教会作为上帝在人间的体现,搅得社会不安宁,这充分说明奥古斯丁的"上帝之城"只是虚幻的和谐社会。

3. 空想社会主义时期的和谐社会思想

空想社会主义者因不堪忍受资本主义社会生产秩序、生活秩序及政治秩序的混乱状态,社会生活的极不和谐,而提出建立和谐社会的政治理想要求。空想社会主义的和谐社会思想又可分为三个阶段:早期空想社会主义时期、中期空想社会主义时期和晚期空想社会主义时期。空想社会主义关于和谐社会的基本观点包括:第一,科学化的大工业生产。第二,简单、合理、公平地提高人们的生活水平。第三,人们享有平等的经济、政治地位。

早期空想社会主义时期的和谐社会是充满浪漫气息的"乌托邦","乌托邦"是用于比喻无法实现的理想或空想的美好社会。莫尔的《乌托邦》、康帕内拉的《太阳城》和安德里亚的《基督城》,被喻为"乌托邦三部曲",是早期空想社会主义史上的三颗明珠,都描述了海外仙岛上新型的生产资料公有制的社会制度。莫尔描绘的乌托邦是一个完全理想的共和国,书中描绘了一个他所憧憬的美好社会,那里一切生产资料归全民所有,生活用品按需分配,人人从事生产劳动,而且有充足的时间从事科学研究和娱乐,那里没有酒店、妓院,也没有堕落和罪恶。战争时期它雇用临近好战国家的雇佣兵,而不使用自己的公民。莫尔首次用"羊吃人"来揭露罪恶的"圈地运动"(这一提法被马克思多次引用),并提出公有制,讨论了以人为本、和谐共处、婚姻自由、安乐死、尊重女权、宗教多元等与现代人生活休戚相关的问题。他创造了"乌托邦"一词,开创了空想社会主义学说,其思想成为现代社会主义思潮的来源之一。康帕内拉的最主要著作是《太阳城》,此书是他长期构思的结果。《太阳城》揭露和抨击了当时意大利的社会制度,构造了一个"公社的哲学生活方式"。康帕内拉指出,意大利的现实社会是一个罪恶的世界,到处可以碰到抢劫、杀人、暴行、乱伦、奸淫、撒谎、懒惰和贫富不均。造成这种社会罪恶的根源是私有制,私有制也是产生利己主义的根源。因此,必须彻底废除私有制,铲除使人不道德的根源,实行财产公有制。康帕内拉从宗教和自然法则出发论述公有制的合理性。安德里亚的《基督城》一书从宗教的角度阐述了人类理想社会的构造方式,主张崇尚科学技术、重视教育和信奉基督教,构思了一个基督教理念与经济基础实践完美结合的"乌托邦社会",即基督城。"基督城"是一个海岛上新型的生产资料公有制的社会制度,展示出作者理想国度中的经济制度、社会生活、精神生活、政治制度和对外关系。

中期空想社会主义时期的和谐社会是唯理论阶段的"理想社会",它摆脱了早期空想社会主义采用文学作品形式对理想社会的虚幻描绘,着力从理论上探讨和论证理想社会的基本原则和实践的具体途径等重大问题,其代表人物有法国的摩莱里和马布利。摩莱里在他的著作中,通过法律和理论的形式继承并发展了空想共产主义的一些传统原理,并使之理论化和系统化。如在《自然法典》一书中,他揭露了所在时代的政治和道德缺陷，站在唯心主义的唯理论立场上，根据"自然法"和"自然状态"的学说，阐明了关于未来理想社会的思想，论证了原始共产主义是符合"理性"的人类社会的黄金时代，是值得人们现代和将来加以采纳的一种理想社会制度。马布利是高度重视法律作用的法治主义者，他认为制定法律、实行法治是进行社会改造的主要杠杆。这是空想社会主义者第一次用法典形式表达他们的政治主张。他认为，建立在私有制基础上的社会是不符合理性和自然秩序的，私有制成为人类一切不幸的根源。所以应该把现存的私有制社会改造成"人人平等，人人是兄弟"的理想社会。为此，他注重和致力于拟定向未来共产主义的理想社会过渡的立法改革方案，主张通过立法改革使人类逐步恢复理性，限制人们的邪恶欲念，改革现行税制和土地制度，防止财产集中等。但他坚持反对人们对改善物质生活的欲望和要求，而主张"苦修苦练的、禁绝一切生活享受的、斯巴达式的共产主义"，限制消费和生产，实行平均主义。恩格斯曾经对摩莱里和马布利的学说给予很高的评价，认为他们的理论是 18 世纪"直接共产主义的理论"。①

晚期空想社会主义的和谐社会思想注重理论与实践并行的"价值追求"。空想社会主义者圣西门和傅立叶把他们设计的理想制度称为"和谐制度"。傅立叶在《世界和谐》一书中预言，不合理、不公正的现存制度将被新的"和谐制度"或"和谐社会"所代替。英国的欧文对"和谐制度"进行了长期实验，把他在美国印第安纳州进行的共产主义实验命名为"新和谐社会"，试图建立一个人与自然、工作与生活和谐的社会。德国早期无产阶级思想家之一威廉·魏特林在《和谐与自由的保证》一书中把社会主义社会称为"和谐与自由"的社会，并指出新社会的

---

① 张兆林：《中西方和谐社会畅想的文化根源》，载《学术交流》，2006 年第 6 期，第 170~171 页。

"和谐"是"全体和谐"。① 空想社会主义的和谐社会思想因脱离了现实的经济基础,在历史进程中只能沦为空想。

4. 科学社会主义的和谐社会思想

马克思主义的和谐社会思想对中国的和谐社会思想影响最为深远。马克思在《1844年经济学哲学手稿》、《共产党宣言》和《德意志意识形态》等著作中,都曾提到"社会和谐",并把和谐美好的共产主义作为人类的最高追求。马克思主义所追求的共产主义社会是人类最理想的和谐社会,而实现人的彻底解放和自由全面发展又是和谐社会的最高境界。马克思主义摒弃了以往空想社会主义者对理想社会设计和追求中的"空想"色彩,克服了空想社会主义把无产阶级仅仅看成一个受苦受难阶级的问题,纠正了空想社会主义者把历史进步和社会更替的希望寄托在少数天才人物身上的弊病,继承了空想社会主义关于未来社会设想的合理因素,从而使空想变成科学。马克思主义关于和谐社会的理论从根本上说,就是人类最终实现社会和谐和人的自由全面发展的科学理论体系。

马克思主义关于和谐社会的基本观点包括:第一,人类历史发展必然的客观趋势是步入和谐社会。第二,高度发达的生产力是实现和谐社会的前提条件。第三,和谐社会能实现生产力与生产关系、经济基础与上层建筑之间的高度适应。第四,和谐社会能达到"自由人联合体"的最高境界。

在世界历史长河中,东西方古老而朴素的和谐思想,都经历了一个漫长的历史发展过程。在这个过程中,它们相互作用、相互影响,在促进人类文明进步方面起到了重要的历史作用。不论是中国古代思想家的和谐社会理想,还是西方哲学家的和谐思想,都体现了人类对美好幸福生活的追求和向往。虽然由于历史的局限性,东西方的和谐社会理想注定无法实现,

---

① 邱永旭:《简析中西方和谐思想的历史渊源及其影响》,载《新疆社科论坛》,2007年第5期,第21页。

但思想家们的和谐社会理想在引导社会公众追求社会和谐方面产生了重要影响。中国共产党提出构建社会主义和谐社会的重大战略任务,这是党的执政理念的升华,既体现了人类的共同价值追求和共产主义的崇高理想,又体现了全面建成小康社会进程中党和人民对社会和谐的迫切要求。构建社会主义和谐社会既是一个远大的目标,又是一个现实的过程。在这一过程中,从中国传统文化、西方文化、空想社会主义思想中汲取和谐社会的思想营养,对于提高对社会主义和谐社会的认识,形成社会共识,同心协力建设社会主义和谐社会有着重要的理论和现实意义。

第二章
社会主义和谐社会的本质与特征

提高构建社会主义和谐社会的能力是加强党的执政能力建设的重要内容，是当前我们党的重大任务。党的十八大提出，要根据我国经济社会发展实际，在十六大、十七大确立的全面建设小康社会目标的基础上，努力实现全面建成小康社会新的要求。这就是要实现经济持续健康发展，人民民主不断扩大，文化软实力显著增强，人民生活水平全面提高，资源节约型、环境友好型社会建设取得重大进展。

中国共产党明确提出构建社会主义和谐社会的重大任务，就是要求在发展中国特色社会主义的伟大实践中更加自觉地加强社会主义和谐社会建设，使社会主义物质文明、政治文明、精神文明、生态文明建设与和谐社会建设全面发展。这表明，随着我国经济社会的不断发展，中国特色社会主义事业的总体布局更加明确地由社会主义经济建设、政治建设、文化建设"三位一体"发展为社会主义经济建设、政治建设、文化建设、社会建设、生态文明建设"五位一体"。构建社会主义和谐社会，是中国共产党从全面建成小康社会、开创中国特色社会主义事业新局面的全局出发提出的一项重大任务,适应了我国改革发展进入关键时期的客观要求,体现了广大人民群众的根本利益和共同愿望。

一、社会主义和谐社会的立论依据

社会主义之所以能够构建和谐社会,归根结底是由社会主义本质和基本制度决定的。邓小平指出,社会主义的本质是:解放生产力,发展生产力,消灭剥削,消除两极分化,最终达到共同富裕。社会主义的本质和基本制度为社会主义和谐社会的构建奠定了雄厚的、不可或缺的物质文明、政治文明和精神文明基础。中国经过30多年的改革开放,实现了现代化建设"三步走"战略目标的前两步,物质文明、精神文明和政治文明建设都取得了举世瞩目的成就,人民生活总体上达到小康水平,这就为构建社会主义和谐社会提供了最基本的前提。但是,中国特色社会主义还处于初级阶段,我们达到的小康水平还是低水平的、不全面的、发展很不平衡的小康。中国共产党十六届四中全会通过的《中共中央关于加强党的执政能力建设的决定》明确指出构建和谐社会的立论依据,这就是:适应我国社会的深刻变化,巩固中国共产党执政的社会基础,实现中国共产党执政的历史任务的必然要求。这是中国共产党在总结改革开放尤其是全面建设小康社会以来现代化建设实践经验的基础上,从我国社会主义初级阶段的实际出发,为完成中国共产党的历史使命而得出的结论。

(一)经济社会结构整体转型导致多种矛盾突出

在我国,建立社会主义市场经济体制是前无古人的创举,因为这是对原有经济体制的深刻变革,也是我国经济社会结构出现整体转型的根本动因。国际经验表明,当一个国家人均GDP达到3000～8000美元时,这个国家则进入矛盾多发期。

截至2013年,我国人均GDP已经超过6000美元,经济社会发展进入关键期同时也是矛盾多发期。一些新的社会矛盾和问题凸显,并且开始影响经济发展和社会稳定。

1. 效率与公平之间的矛盾

首先,效率与公平是基于完全不同的出发点。效率本质上是经济性的,它讲求的是低成本高收益,而公平则与此相反,它本质上是非经济性的,讲求的是应然的权利和待遇。其次,效率与公平是此消彼长的对立物,如美国经济学家阿瑟·奥肯在其所著的《平等与效率》一书中指出:"为了效率就要牺牲某些平等,并且为了平等就要牺牲某些效率。"柯密特·高登在该书的序言中写道:"对效率的追求必然带来不平等。"对两者强调的不同,会造成不同的社会后果,强调效率则意味着马太效应,强调公平则意味着漏桶效应。十一届三中全会之后,中国开始走上以追求"效率优先、兼顾公平"为出发点的改革开放之路,社会进入"效率社会"的发展模式。在很多情况下,效率被政府理解为对经济增长的需求,获得尽可能高的增长率成为衡量政府绩效的标准。一些地理环境优越、物产资源丰富的地方政府不惜以牺牲公平、扩大收入差距来提高效率,换取较快的经济增长速度。这种通过效率优先构建起"效率社会"的做法,结果就是城乡差距、地区差距在扩大,分配不公,贫富差距悬殊;一些弱势的社会群体为改革发展做出的贡献与应得到的补偿不对等;与市场经济的框架相配套的社会体制包括社会保障、教育、土地、财政、就业、户籍等的改革严重滞后。总之,"公平"这个社会主义的题中应有之义与核心价值取向没有受到足够重视,起点公平、机遇公平、过程公平、结果公平都没有能较好地实现。这样,不仅加大了效率与公平的矛盾,而且造成构建社会主义"和谐社会"的社会环境的恶化。

2. 市场与政府之间的矛盾

中国共产党的十八大指出:"经济体制改革的核心问题是

处理好政府和市场的关系,必须更加尊重市场规律,更好发挥政府作用。"市场与政府这对矛盾的实质,是在市场经济中政府如何给自身定位,发挥政府职能。市场论者认为,完全竞争的市场将有利于实现"帕累托最优",①有利于扩大自由活动空间。面对政府论者有关"市场失灵"的指责,他们认为,即使市场有某些缺陷,政府纠正这些缺陷的行动也可能导致降低市场效率的"政府失效",除降低效率外,政府干预还妨碍了个人自由。因此,市场论者认为,人们为了保护宪法中界定的个人权利而创造了政府,而最好的政府是除此职能外管理最少的政府。而政府论者则恰恰相反,他们认为,政府不仅应执行保护产权法律,还应积极维护作为个人发展的社会环境的制度安排。政府能够使公民采取集体行动,做个人无法去做的事情。

　　我国社会主义市场经济条件下的政府经济职能是我国社会政治、经济、文化、历史等方面的综合体。改革开放30多年来,我国政府与市场的关系一直处于不断变动之中,虽然几经调整却仍没有达到最佳平衡。政府与市场关系的问题突出表现在政府干预过多、市场发育不足、政府与市场不能形成良性互动等方面。在市场与政府的关系上,我们走过一条曲折、艰难的道路。对市场与政府关系的探讨,通常会上升为意识形态的论争,纠结于是"资本主义"还是"社会主义"。通过对计划配置社会资源经验与教训的总结,党的第二代领导集体毅然摒弃了"一大二公"、"一平二调"、"统分统配"的计划配置方式,逐步选择市场配置的方式。经过30多年的改革实践,市场化导向

---

① 这个概念是以意大利经济学家维弗雷多·帕累托的名字命名的,他在关于经济效率和收入分配的研究中最早使用了这个概念。"帕累托最优"是指资源分配的一种理想状态,即假定固有的一群人和可分配的资源,从一种分配状态到另一种分配状态的变化,在没有使任何人境况变坏的前提下,也不可能再使某些人处境变好。换句话说,就是不可能再改善某些人的境况,而不使任何其他人受损。"帕累托最优"是公平与效率的"理想王国"。

已成为社会的普遍共识,成为中国发展不可逆转的趋势。这种制度转变首先需要改变的是政府,是政府职能,政府不再对社会经济生活进行全面管理。如果政府不先行退出本应由市场发挥作用的那些领域,市场就没有发展的空间。但迄今为止,政府并未能正确定位自己,职能依然泛化,角色依然不清。市场与政府的矛盾始终纠缠在经济运行中,政府的制度供给和制度安排滞后,像界定产权、确保合同的执行、维持竞争状态、降低交易成本这些最起码的制度,仍在"制度真空"中运行。"市场失灵"所带来的消极社会后果也屡屡出现,譬如微观经济的无效率、强烈的外部性、对潜在生产力的破坏、社会的不公平以及精神道德领域的退化等。市场的这些缺陷,无法自我克服,必须借助外部力量即作为主要公共权威机构的政府介入来纠正。因此,政府如何定位自身,发挥政府职能,将成为构建社会主义和谐社会必须面临和解决的问题。

3. 共产党员利他性与"经济人"利己性之间的矛盾

这一矛盾的实质是市场经济环境下共产党员选择何种价值观,以保持党员先进性、纯洁性的充分发挥。公共选择理论认为,市场经济社会,人是有着理性经济诉求的"经济人"。理性包含着两个方面内容:首先,人是有理性的。在经济活动中,人们注重经济核算,追求实际的成效与利益,具有明显的趋利性。其次,人的理性是有限的。环境的复杂、信息的不对称,使得人们不可能精确计算出成本与收益。人不可能无所不知,就意味着市场经济活动中有可能出现"搭便车"和机会主义倾向。因此,公共选择理论对曾流行的下述观念提出挑战:同样的人怎么可能仅仅因为从经济市场转入政治市场之后就由求利的自利者转变为"大公无私"的利他者呢?这是绝不可能的事。公共选择理论中有关人的理性的假设是否意味着在市场经济环境下,共产党人是否也面临利己性与利他性的矛盾呢?

各个政党都具有各自的党性,党性即阶级性。正如列宁曾指出,党性是"站到一定社会集团的立场上",是"阶级性的集中表现"。① 中国共产党成立之时,就具有自身鲜明的党性。中国共产党的党性集中了中国工人阶级一切优秀的特性,诸如思想上的高度觉悟性、政治上的坚定革命性、组织上的严格纪律性等。在政治价值上,它要求共产党员注重行为动机的超功利性、纯洁性、崇高性,坚持全心全意为人民服务;调节利益矛盾时,要求遵循自我节制的原则,无私奉献、舍己为人。同时,党性要求共产党员坚定走社会主义道路和实现共产主义的政治信念。改革开放之前,共产党员的利己性被党性涵盖,利己性在社会上根本找不到立足的空间和理由,追求私利被视为可耻,人们的思维逻辑是"狠斗私字一闪念"、"毫不利己,专门利人"。但是在市场经济环境下,社会用利益导向行为取代价值导向行为,利益成为激发人们行为直接或间接的源泉。作为示范者的共产党员,总是用多种形式教育、示范人们接受全心全意为人民服务的观念。因此,受利益和理性驱动,并不意味着党员必然是毫不利己、专门利人,利他性与利己性的矛盾开始凸显。

实行改革开放和发展社会主义市场经济后,我国社会经济成分、组织形式、就业方式、利益关系和分配方式日益多样化,当前我国改革发展处在关键阶段,各个领域正在并将继续发生重大变化。在思想领域,人们受各种思潮影响的渠道增多,程度明显加深,思想活动的独立性、选择性、多变性、差异性明显增强。应当指出的是,上述五个"多样化"和四个"性"既是我国社会体制发生转型的动因,又是其区别于传统社会体制的重要标志。

(二)我国经济社会发展进入关键阶段

根据世界各国现代化发展的实践,我国当前的发展存在两

---

① 《列宁全集》第1卷,北京:人民出版社,1992年,第379页。

个特点、两种可能性和前景。两个特点主要是指,这一时期既是"黄金发展期",又是"矛盾多发期"。两种可能性和前景主要是指,如果执政党和政府能认清形势、举措得当,那么就能推进经济持续快速发展和社会平稳前进;如果执政党和政府应对失误,那么就会导致经济徘徊不前甚至倒退和社会动荡不安等。我们必须力争实现第一种可能性和前景,避免第二种可能性和前景。党的十一届三中全会作出了实行对外开放的战略决策,改革开放30多年是我国社会生活发生重大变化的30多年,当前我国经济社会发展出现了"三个重叠":即经济社会体制整体转型、经济社会进入关键发展阶段和全方位对外开放的重叠,这无疑对我们党的执政能力尤其是构建和谐社会能力提出严峻的挑战和更高的要求。

为了实现前面述及的第一种可能性和前景,我们需要高度重视和切实解决目前经济社会发展中出现的突出问题。这些问题主要有:一是社会各阶层收入分配差距过大从而凸显分配不公。反映居民收入分配状况的"基尼系数"[①] 2012年达0.474。[②] 分配差距过大,很大程度上是由分配不公造成的。比如垄断行业的垄断收入、偷税漏税、不法经营、腐败和通过权力

---

① 基尼系数(或称洛伦茨系数)是20世纪初意大利经济学家基尼根据洛伦茨曲线提出的衡量收入分配差异程度的一个指标,通常用字母G表示,其值在0和1之间。作为国际上比较认可的标准,基尼系数一直是综合考查居民内部收入分配差异状况的一个重要分析指标。基尼系数最小等于0,表示收入分配绝对平均;最大等于1,表示收入分配绝对不平均;实际的基尼系数介于0和1之间。联合国有关组织规定:若低于0.2表示收入高度平均;0.2~0.3表示比较平均;0.3~0.4表示相对合理;0.4~0.5表示收入差距较大;0.5以上表示收入差距悬殊。国际上通常把0.4作为收入分配差距的"警戒线"。一般发达国家的基尼系数在0.24到0.36之间。

② 国家统计局2013年1月18日公布了我国近10年的居民收入基尼系数:2003年是0.479,2004年是0.473,2005年0.485,2006年0.487,2007年0.484,2008年0.491。然后逐步回落,2009年0.490,2010年0.481,2011年0.477,2012年0.474。

寻租而获得非法收入等。二是一些社会群体为改革发展所付出的代价与得到的补偿不对等。众所周知,在计划经济时代,我国农民因工农业产品价格剪刀差而为国家的工业化作出巨大牺牲。虽然1978年以来农村情况有很大改变,但是现在农民人均收入还很低,负担还很重。并且因为经济体制改革和经济结构的战略性调整,导致国有企业特别是制造业系统的国有企业出现一支为数不少的下岗失业工人队伍。社会发展和改革所付出的代价本应当由全社会来分担,但是在我国实际上主要是由工人、农民尤其是其中的一部分人,如失地或无地农民和下岗的产业工人来承担;同样的,社会发展和改革的成果本应当由全社会来共享,但是在我国最大的受益者是某些阶层,尤其是其中的一部分人。我国的产业工人和农民过去、现在和将来都是我们党依靠的基本力量和执政的阶级基础,对于他们为改革发展所付出的代价和作出的牺牲,应想方设法予以补偿。三是人民内部的利益矛盾问题错综复杂。根据世界各国现代化发展的经验,所谓"矛盾凸显期"就是社会矛盾突出和社会问题多发期,也是社会最容易出现不稳定时期。目前,我国经济发展和社会生活中出现了许多从未遇到过而且绕不开的矛盾、问题,特别是利益矛盾越来越突出,成为新形势下人民内部矛盾的主要体现。当前人民内部矛盾多数是由涉及群众切身利益的问题引起,比如企业改革、房屋拆迁、土地征用、环境保护、资源开发等。在我国经济社会发展的关键时期,不同利益群体、不同社会阶层、不同社会成员的利益差别越来越大,从而导致利益关系愈益复杂、利益摩擦越来越突出。而且这些利益矛盾往往是通过干部群众矛盾和群体性事件等表现出来的,其表现形式也常常是非理性甚至是难以控制的。

在社会主义建设过程中遇到的问题和挑战不仅限于上述问题,事实上还包括旧的失业未解决而新的失业群体又不断增加的问题;公共权力的腐败在某些行业和领域呈现加剧趋势,如政策性不公正、不公平的问题;公共突发性事件增多;农民工群体的边缘化和弱势化问题等。这些问题能否得到有效解决,直接关系我国经济、社会的稳定和发展。综上所述,可以得出这样的结论:为适应我国社会的深刻变化,巩固党执政的社会基础,实现党执政的历史任务的必然要求,我们必须构建社会主义和谐社会。

二、社会主义和谐社会的基本特征

社会主义和谐社会是全体人民各尽所能、各得其所、和睦相处、合作共事、财富分配大体均衡的社会。社会主义和谐社会的基本特征,是社会主义和谐社会的基本的外在表现形态,它为实现和谐社会规定了奋斗目标和前进方向。社会主义和谐社会具备以下基本特征:

(一)社会主义和谐社会是一个充满创造活力的社会

一个缺少创造活力的社会,或一个只发挥一部分人积极性、创造性,而制约另一部分人积极性、创造性发挥的社会,都不是和谐社会,其经济发展与社会进步必将大受影响。一个社会只有鼓励创造才会有效率,才会促进国民经济的快速健康发展及社会的和谐进步。在和谐社会里,政府高度重视发挥全社会、全民族的积极性、创造性,坚持最广泛、最充分地调动一切积极因素,激发各行各业人们的创造活力,坚决破除各种障碍,在全社会大力营造尊重劳动、尊重知识、尊重人才、尊重创造的氛围,使一切有利于社会进步的创造愿望得到尊重、创造活力得到激发、创造才能得到发挥、创造成果得到肯定。在和谐社会里,政府通过激发社会各界的创造活力和创造才能,使各行各业人们的创造活动得到相应的物质与精神回报,从而最有效地将社会财富总量做大。在和谐社会里,由于重视倡导健康的致富理念,有力地遏制非理性致富手段,净化社会的致富环境,建立比较公正合法的收入分配秩序,从而最大限度地引导、保护和发挥最大多数劳动者参与改革开放和现代化建设的积极性、创造性,使"劫富济贫"和"劫贫济富"两种有害倾向都得到有效遏制。

(二)社会主义和谐社会是一个稳定而有序的社会

在社会主义和谐社会里,党和政府把最广大人民群众的根本利益作为制定政策、开展工作的出发点和落脚点。我国有比较健全的正确处理人民内部矛盾的工作机制、社会协调机制及预警机制,群众能以理性合法的形式表达利益诉求,各种反映渠道畅通。国家调节不同群体利益时,措施得当、运筹自如、手段多样而灵活,各种利益矛盾能得以妥善解决,广大干部群众也能正确处理个人利益和集体利益、局部利益和整体利益、当前利益和长远利益的关系,整个社会比较稳定。这种稳定不是一潭死水、缺乏活力的稳定,也不是高压下的表面的、短暂的稳定,而是内在的、持续的、真正的稳定。人们各尽所能,各得其所,有着较强的主人翁意识、社会责任感和法律意识,能按照法律、道德、纪律、风俗、宗教等各种成文或不成文的社会规范去办事,这些社会规范是社会控制的防火墙,是社会发展的支撑点和推动器,整个社会因此井然有序。

(三)社会主义和谐社会是一个重视民主与法制的社会

在社会主义和谐社会里,政治体制与经济体制、文化体制等相适应,对经济社会的发展起着巨大的推动作用。国家有比较健全的政治民主制度和法律体系,民主与法制思想深入人心,并得以贯彻执行。第一,领导干部在政治运作过程中,坚持民主集中制,发扬民主,对于涉及经济社会发展全局、和群众利益密切相关的重大事项,广泛征询各方意见,充分进行协商与协调,扩大人民群众参与度,使决策民主化、科学化。各级党组织及领导班子工作高度透明,能够做到政务、厂务、村务、财务公开,让群众了解实情,虚心接受群众批评与监督,形成一种既有集中又有民主,既有纪律又有自由,既有统一意志又有个人心情舒畅、生动活泼的政治局面。国家机关在执行政策和公务过程中,严格依法行使职权,认真贯彻依法治国基本方略。第二,能以革命化、年轻化、知识化、专业化"四化"标准和公开、公正、公平原则选拔任用干部,干部廉洁清正、务实高效、开拓进取。第三,坚持群众路线,党群关系、干群关系密切。在此方面,党和政府掌握主动权,因此,广大干部既有为群众服务的心态与诚意,又具备为群众服务的方法与能力。而广大群众对广大干部拥有民主监督的权利,对干部正确的作为能给予积极的响应与配合,对其错误的作为能给予有效的抵制和反对。第四,人民群众参政议政的权利得到切实保障,公民有较强的参政议政意识、维权意识、效率意识、竞争意识及时间观念,有较高的思想道德素质和科学文化素质。

(四)社会主义和谐社会是一个注重公平正义的社会

实现社会公平与正义是构建和谐社会的前提。一个社会如果只注重经济增长,忽视社会公平与正义,导致日益严重的贫富分化,就会引起工人、农民等劳动者的不满,就会从根本上影响社会政治稳定,反过来阻碍经济的健康发展,甚至会出现执政者丧失执政地位的危险。如印度人民党执政8年来,经济增长速度虽然较快,GDP年均增长率达到6%,但由于80%的广大民众未得到经济实惠,使人民党丧失人心,在大选中失去执政地位。各国执政党都应吸取这一教训,高度重视社会公正问题。在一个和谐的社会,理应有比较健全的社会保险、社会福利、社会救济和慈善事业相衔接的社会保障体系,同时有一个公正合理的分配方式,能将个人收入差距和地区发展差距控制在社会可以承受的范围。国家及各地区能够从不同时期、不同领域、不同地区的实际出发把握效率与公平之间的度,将二者有机统一起来,而不能将"效率优先,兼顾公平"绝对化,以达到城乡和谐、区域和谐和收入和谐的目的。另外,一个和谐的社会必须重视正义,弘扬正义,要有正确的舆论和良好的风气,宏观上讲理想、比奉献,团结向上;微观上严于律己、气节刚正,使歪风邪气遭到社会的唾弃,难以有立足之地。

(五)社会主义和谐社会是一个社会成员团结友爱的社会

由于和谐社会强调以人为本,人民当家有权、作主有位,社会为人们实现自我价值提供了一个公平竞争、机会均等的环境,人的全面发展在和谐社会状态下得以实现。因此,人们有强烈的民族认同感和爱党、爱国情怀,有高度的诚信意识,有艰苦创业的精神,有团结互助、扶贫济困的良好风尚,整个社会形成平等友爱、融洽和谐的人际环境。人们以高度的热情投入到建设有中国特色的社会主义事业中。

(六)社会主义和谐社会是一个人与自然和谐相处的社会

近代以来,由于科学技术水平的发展,人类认识自然、改造自然的能力大大提高,但人类在征服自然、利用自然取得巨大成果的同时,对自然均衡状态的破坏也达到相当严重的程度。建立人与自然和谐共处、协调发展的关系,实现人类与自然界关系的全面、协调发展是人类生存与发展的必由之路。社会主义和谐社会基本特征的一个重要方面就是人与自然和谐相处,人与自然和谐相处的原则是:生产发展、生活富裕、生态良好。这一论述揭示了人与自然和谐相处与民主法治、公平正义、诚信友爱、充满活力、安定有序诸原则之间的有机联系,为我国现代化进程中积累起来的环境与发展矛盾的合理解决、社会主义和谐社会的整体建设奠定坚实的理论基础。

总之,根据马克思主义基本原理和我国社会主义建设的实践经验,根据新世纪新阶段我国经济社会发展的新要求和我国社会出现的新趋势、新特点,我们所要建设的社会主义和谐社会,是一个基本特征可以概括为民主法治、公平正义、诚信友爱、充满活力、安定有序、人与自然和谐相处的社会。这些基本特征需要在构建社会主义和谐社会的过程中得到全面、准确地把握和体现。

三、构建社会主义和谐社会历史过程的长期性

构建社会主义和谐社会是一个需要随着经济、政治、文化的发展不断推进的长期历史过程。对此,我们可以从三个方面加以理解和把握:

（一）社会主义发展的长期性决定了构建和谐社会的长期性

构建社会主义和谐社会是建设中国特色社会主义的一项战略任务,邓小平多次指出,我国处在社会主义初级阶段,一切都要从这个实际出发,根据这个实际来制定规划。党的十三大提出社会主义初级阶段理论,制定了党在社会主义初级阶段的基本路线。中国走的是社会主义道路,这是国情;中国社会主义正处在并将长期处在初级阶段,这也是国情。党的十四大、十五大、十六大、十七大、十八大都再次强调社会主义制度的发展和完善是一个长期的历史过程。我国仍然处于并将长期处于社会主义初级阶段,生产力发展水平、教育科技文化水平还不高,建成社会主义和谐社会任重而道远。

1984年6月,邓小平讲道:"我们提出四个现代化的最低目标,是到本世纪末达到小康水平……所谓小康,从国民生产总值来说,就是年人均达到800美元。这同你们相比还是低水平的,但对我们来说是雄心壮志。"[①] 在这里,邓小平提到把小康水平作为人们生活水平的一个衡量目标。1987年4月16日,邓小平会见香港特别行政区基本法起草委员会委员时说,到本世纪末,中国人均国民生产总值将达到800至1000美元,看来1000美元是有希望的……我们社会主义制度是以公有制

[①] 《邓小平文选》第3卷,北京:人民出版社,1993年,第64页。

为基础的,是共同富裕,那时候我们叫小康社会,是人民生活普遍提高的小康社会。可见,在邓小平的语义中小康水平是社会主义现代化的一个物质基础。小康水平在20世纪末基本达到后,我们国家接着进入全面建设小康社会的新阶段,全面建设小康社会是人们生活达到小康水平之后的更高目标追求。在全面建设小康社会阶段,生产力发展水平快速提高和综合国力显著增强,可以缩小社会差距、促进社会公平、完善社会保障、发展社会事业、加强社会建设和管理;生活质量的改善提高了人们的素质和觉悟,这些均为构建和谐社会奠定了较为坚实的物质基础。

(二)社会主义初级阶段的客观条件决定了构建和谐社会的长期性

构建和谐社会,必须全面考察社会各个方面的条件。社会主义初级阶段具备和谐社会形成的基础并不意味构建和谐社会可以一蹴而就。在对社会主义初级阶段的客观条件进行全面慎重的考量后,必须充分认识到和谐社会建设是一个长期艰巨的过程。马克思曾经指出:"在真正的共同体的条件下,各个人在自己的联合中并通过这种联合获得自己的自由。"[①]要做到这一点,必须以生产力的巨大增长和高度发展为前提……如果没有这种发展,在实际层面"那就只会有贫穷、极端贫困的普遍化;而在极端贫困的情况下,必须重新开始争取必需品的斗争,全部陈腐污浊的东西又要死灰复燃"。[②]另外,由上述内容可以看出社会制度的好坏、合理与否对于人们之间能否形成和谐关系也是非常重要的。目前而言,我国生产力发展总体水平不够高且很不平衡,东西差距、城乡差距比较大,社会主义基本制度尽管已经确立,但是在很多具体体制上还存在弊端,政治体

---

① 《马克思恩格斯选集》第1卷,北京:人民出版社,1995年,第119页。
② 《马克思恩格斯选集》第1卷,北京:人民出版社,1995年,第86页。

制改革相对于经济体制改革也显得滞后。所有这些,对于和谐社会建设都是不利的制约因素。从社会主义初级阶段的实践层面看,必须注意到目前我国经历的深刻变化。国内而言,改革已经进入深水区,各方面的矛盾开始凸显;工业化、城镇化和经济结构的调整加速了社会组织形式、就业结构、社会结构的变革;人民群众的经济政治文化需求更趋多样化,社会利益关系更趋复杂;人们思想活动的独立性、选择性、多变性、差异性明显增强,我们正面临并将长期面对一些复杂、突出的矛盾和问题。国际上而言,和平与发展虽然仍是当今时代的主题,但是国际形势继续处于深刻复杂的变化之中。随着我国开放程度的加深和日益融入全球化,这些在一定程度上增加了整个社会的不稳定性和风险性。来自外部的经济、政治、文化、信息、军事等方面的严峻压力可能加剧国内因深化改革所激发的矛盾。以上种种,决定了在社会主义初级阶段,构建社会主义和谐社会必定是一个漫长而艰难的过程。

(三)社会矛盾的复杂性决定了构建和谐社会的长期性

构建社会主义和谐社会是在妥善处理各种矛盾中不断前进的过程,也是不断消除不和谐因素、不断增加和谐因素的过程。当前,我国改革发展已进入关键时期,经济社会发展出现了一些新趋势、新特点,主要体现在以下几个方面:资源能源紧缺压力加大,对经济社会发展的瓶颈制约日益突出,转变经济发展方式要求十分迫切;城乡发展不平衡、地区发展不平衡、经济社会发展不平衡的矛盾更加突出,缩小发展差距和促进经济社会协调发展的任务艰巨;人民群众的物质文化需要不断提高并更趋多样化,社会利益关系更趋复杂,特别是受经济文化发展水平等多方面限制,统筹兼顾各方面利益的难度加大;体制创新进入攻坚阶段,深化改革,扩大开放,进一步触及深层次矛盾和问题;劳动者就业结构和方式不断变化,人员流动性大大加强,越来越多的社会成员由"单位人"变成"社会人",社会组织和管理面临新问题;人民群众的民主法制意识不断增强,政治参与的积极性不断提高,对发展社会主义民主政治和落实依法治国基本方略提出新要求;各种思想文化相互激荡,人们受各种思想观念影响的渠道明显增多、程度明显加深,人们思想活动的独立性、选择性、多变性、差异性明显增强;社会上存在的消极腐败现象以及各类严重犯罪活动等给社会稳定与和谐带来严重影响。应当看到,上述新趋势、新特点中包含不少社会矛盾和问题,其中有些矛盾和问题还非常尖锐。中国共产党作为立党为公、执政为民的马克思主义执政党,既要坦诚承认这些社会矛盾和问题,又要为解决这些社会矛盾和问题而努力。必须抓住和利用好重要战略机遇期,正确应对这些社会矛盾和问题,协调好各方面的利益关系,正确处理各种社会矛盾,大力促进社会和谐。就构建社会主义和谐社会而言,这既是妥善处理各种社会矛盾和问题的过程,又是不断消除不和谐因素、不断增加和谐因素的过程,这也决定了构建和谐社会是一个需要不断推进的长期的历史过程。

社会和谐是人类社会长期以来孜孜以求的理想,更是中国特色社会主义的本质属性,是国家富强、民族振兴、人民幸福的重要保证。习近平应邀在中国浦东干部学院作报告时强调:坚持以人为本的科学理念推进社会主义和谐社会。以人为本是社会和谐的最高价值理念;和谐社会就是众人共建、众人共享的理想社会状态。切实把人的全面发展贯穿于经济社会发展之中是构建和谐社会的出发点,更好地为人民服务是构建和谐社会的落脚点,塑造有利于社会和谐的人文精神是构建和谐社会的支撑点,处理好各种人民内部矛盾是构建和谐社会的关键点。这四个"人"的问题,是我们在贯彻十六届六中全会精神中要进一步研究探索的关键问题。① 党的十八大以来,以习近平

---

① 《习近平:推进社会主义和谐社会在浙江的实践》,载人民网,2006年10月27日。

同志为总书记的党中央着眼于全面建成小康社会、实现中华民族伟大复兴的中国梦,对加强社会主义和谐社会建设提出许多新的要求、作出许多新的部署,为在新的历史起点上建设社会主义和谐社会提供了科学指南和基本遵循。乘着全面深化改革和全面依法治国的春风,我国的社会主义和谐社会建设正在向纵深推进。广大党员干部要进一步加深对社会主义和谐社会的理解和认识,将社会主义和谐社会建设推向新的高度,为全面建成小康社会、实现中华民族伟大复兴的中国梦创造良好的社会环境。

第三章
和谐社会价值追求与教育伦理及教育公正的关系

构建社会主义和谐社会,是我们党从全面建成小康社会、开创中国特色社会主义事业新局面的全局出发,提出的一项重要战略任务,对于我国教育事业的发展有着重要的现实意义和指导作用。那么,和谐社会的建设与教育究竟存在什么样的联系呢?要理解这一问题,须着眼于对以下问题的分析——构建社会主义和谐社会的意义何在?和谐社会对教育伦理、教育公正有着什么样的要求?教育伦理对于构建和谐社会的价值何在?教育公正对于构建和谐社会的价值何在?通过对这些问题的分析,我们将得到这样的结论:构建和谐社会对于改善教育环境、推进教育改革、建立合理完善的教育伦理规范以及实现教育公正都有着重要意义;同时,教育伦理、教育公正对于和谐社会的构建也有着重要价值。

一、构建社会主义和谐社会的意义

构建社会主义和谐社会,把提高构建社会主义和谐社会的能力作为加强党的执政能力建设的重要内容,是我们党从开创中国特色社会主义事业新局面的全局出发提出的一项重大任务。这一战略举措具有重大的现实意义和深远的历史意义。

(一)对中国特色社会主义的新认识新发展新飞跃

提出构建社会主义和谐社会,符合马克思主义的基本原理,符合马克思主义关于社会主义社会的科学设想。马克思曾设想了"自由人联合体"的未来和谐社会模式,马克思关于"自由人联合体"和"人的全面自由发展"的表述,都是指未来高级的和谐社会的目标模式。在马克思主义关于未来社会美好理想的鼓舞和指引下,取得执政地位的各国共产党在领导人民建设社会主义的征程中进行了艰辛探索。我们党在领导中国革命、建设和改革的长期实践中,不断探索和发展具有中国特色的社会主义建设理论。现在我们党明确提出构建社会主义和谐社会,就是对马克思主义关于社会主义建设理论的丰富和发展,反映了我们党对共产党执政规律、社会主义建设规律、人类社会发展规律认识的深化,为开创中国特色社会主义事业新局面提供了重要的理论指导。

提出构建社会主义和谐社会,是我们党对中国特色社会主义事业总体布局的探索和认识,也是当代中国共产党面临的一个历史性课题。20世纪50年代中期,针对照抄照搬苏联经验在实践中出现的弊端,毛泽东带领全党坚持把马克思主义基本原理同中国具体实际相结合,提出要探索适合我国特点的社会主义建设的具体道路。然而,由于种种原因,在后来的探索中出现了一些失误甚至是严重挫折。但总的来看,这个时期我们党关于社会主义社会建设的思想,丰富了对社会主义建设规律的认识,对我们构建社会主义和谐社会仍然具有重要的指导意义。

以邓小平同志为核心的党的第二代中央领导集体,深刻总结了新中国成立以来正反两方面的经验,断然抛弃"以阶级斗争为纲"的错误方针,果断地把党和国家的工作重点转移到社会主义现代化建设上来,坚持以经济建设为中心,坚定不移地实行改革开放,开辟了中国特色社会主义道路。在这个过程中,我们党形成了对中国特色社会主义事业总体布局的一系列新认识。社会主义现代化建设总体布局是在党的十二届六中全会通过的《中共中央关于社会主义精神文明建设指导方针的决议》中首次提出并加以论述的。邓小平指出,现代化建设不能搞单打一,要注意各方面综合平衡和协调并进。物质文明建设和精神文明建设都搞好,才是有中国特色社会主义。

以江泽民同志为核心的党的第三代中央领导集体,根据国内外形势的发展变化,准确把握我国经济社会发展的新要求和我们党肩负的新任务,全面论述了我国社会主义现代化建设的十二大关系,深刻阐明了社会主义社会是以经济建设为中心的全面发展、全面进步的社会,明确提出要促进社会主义物质文明、政治文明、精神文明协调发展,促进人的全面发展,进一步丰富和发展了对中国特色社会主义事业总体布局的认识。党的社会主义初级阶段的基本路线中所包含的富强、民主、文明的目标,就是我们党对中国特色社会主义事业总体布局认识的新成果。

以胡锦涛同志为总书记的党中央从全面建设小康社会、开创中国特色社会主义事业新局面的全局出发,提出了构建社会主义和谐社会的战略任务和奋斗目标,全面论述了构建社会主义和谐社会的重大意义、科学内涵、基本特征、重要原则和主要任务,以及需要在理论和实践中进一步探索的重大课题。我们党明确提出构建社会主义和谐社会的重大任务,就是要求全党同志在建设中国特色社会主义的伟大实践中更加自觉地加强社会主义和谐社会建设,使社会主义物质文明、政治文明、精神文明建设与和谐社会建设全面发展。①这表明,随着我国经济社会的不断发展,中国特色社会主义事业的总体布局更加明确地由社会主义经济建设、政治建设、文化建设"三位一体"发展为社会主义经济建设、政治建设、文化建设、社会建设"四位一体"。党的十八大又把中国特色社会主义总体布局发展成为经济建设、政治建设、文化建设、社会建设、生态文明建设"五位一体"。这不只是量的增加,更重要的是认识上的一大飞跃。它扩展了我国社会主义现代化建设的思想内涵,是我们党对我国改革开放和现代化建设经验的科学总结,越来越体现出以人为本、全面协调可持续的科学发展观。它标志着我们党对社会主义现代化建设规律的深入把握,是我们党对社会主义现代化建设指导思想的新发展,进一步丰富和发展了中国特色社会主义理论,是对中国特色社会主义事业总体布局认识的深化和拓展,是对社会主义建设规律认识的新飞跃。

(二)适应国内新形势应对新挑战的迫切需要

2011年我国人均GDP达到5432美元,②进入由中等收入水平迈向高收入水平的关键时期。历史经验表明,二战以来,大部分国家和地区在这一时期陷入"中等收入陷阱",经济发展长期停滞,政治与社会发展不稳定。只有少部分国家和地区顺利完成自身产业结构的调整,促进经济的高速发展,从而进入高收入国家行列。如何在这一重要的战略机遇期,既加快发展又协调好各方面矛盾,是我们促进经济社会可持续发展的关键问题。

一是经济结构变动深刻,技术进步、产业升级和城市化进程加快,第一、第二产业比重明显降低,第三产业处于加速发展

---

① 严书翰:《我们党的重大理论创新》,《人民日报》,2005年6月6日。
② 中华人民共和国国家统计局:《中华人民共和国2011年国民经济和社会发展统计公报》,http://www.stats.gov.cn/tigb/ndtigb/qgndtjgh/t20120222_402786440.htm,2012-02-22。

的转折点,如果能够顺利实现经济转型和结构优化,不但经济发展会跃上一个新台阶,而且会为社会和谐发展奠定经济基础。而我国一、二、三产业之间的结构不合理,第三产业的发展与第一、二产业的发展极不协调,是造成我国就业率降低、社会贫富差距拉大和经济社会发展不协调的一个深层次原因。

二是城乡之间、区域之间、产业之间以及占有资源不同的人群之间的收入差距过大的趋势,在短期内不可能根本扭转,反而会拉大。而随着收入提高和差距拉大,各种利益关系愈益复杂,贫富两极关系趋于紧张,如果处理不当,社会不和谐加剧,极易引发社会不稳定,造成社会动荡和停滞不前。

三是人们的经济需求和政治需求日益增加,消费结构由生存型向发展型、享受型转变,社会消费升级并且日益多样化,与此同时随着中等收入阶层人数增多,人们对社会政治生活的参与要求愈益提高,而经济和政治发展是一个渐进的过程,满足人们的需求也有个过程,新的制度体系的完善和定型同样需要一个较长的过程,如果对人们急速提高的经济需求和政治需求引导不当,人们的期望值过高,新的体制、机制衔接又不及时,不到位,就有可能产生社会无序、行为失范等问题。

四是由于经济总量剧增,资源消耗加大,对国外资源和国际市场的依赖程度加强,也会使来自国际的经济摩擦增加乃至呈常态化,这些问题处理不当也会诱发国内的不稳定因素。

上述种种不协调、不和谐状况,不仅已经影响到我国经济健康、稳定、快速发展,而且使改革、发展、稳定三者之间的现实矛盾更加难以处理。我们要抓住和用好重要战略机遇期、实现全面建成小康社会的宏伟目标,就必须积极应对以上社会矛盾和问题,妥善协调各利益关系,坚持以人为本,牢固树立和全面落实科学发展观,努力构建社会主义和谐社会。

(三)应对国际环境的各种挑战和风险的历史任务

和平与发展仍是当今时代的主题。国际形势继续处于深刻复杂的变化之中,经济全球化趋势不断深入,科学进步突飞猛进,为我国改革发展带来难得的机遇和有利条件。同时我们又必须清醒看到,当今世界仍很不安宁,影响和平与发展的不稳定、不确定因素依然存在,我国在政治、经济、军事、文化等方面,面临着严峻的压力。

一是西方敌对势力通过各种手段,加紧对我们进行渗透、破坏、颠覆活动。人权问题、民族问题、领土和主权问题始终是西方敌对势力对我国进行攻击、分化的重要手段。同时,利用"民运"组织,精心培养颠覆力量。另外,一些敌对势力还利用互联网蛊惑人心,煽动闹事,并企图以时尚潮流的形式,通过影视书刊等多种途径,腐蚀青少年,消解中华民族凝聚力。

二是境内外事件不断影响社会稳定。当前,国内和国际的联系越来越紧密,境外不断发生的突发事件,都对我国的社会稳定产生直接或间接的影响。中亚的"颜色革命"、中东和北非局势给我国的社会稳定带来严重挑战;随着美国重返亚太地区战略的实施,日本、越南和菲律宾等国"狐假虎威",在我国的钓鱼岛、南海海域不断挑起事端;国际上不断发生的恐怖主义袭击及我国周边的中亚、南亚和东南亚等地区不稳定因素的日益增加,极大地影响了我国的稳定。

在这样复杂多变的国际形势下,我们要有应对来自外部各种挑战和风险的能力,就必须把国内的事情办好,始终保持国家统一、民族团结、社会稳定的局面。这要求我们集中全党全民族的智慧和力量,妥善处理各种社会矛盾,努力构建和谐社会,为全面推进中国特色社会主义事业提供坚实保障。

(四)巩固执政基础完成执政使命的必然要求

构建社会主义和谐社会,是中国共产党坚持立党为公、执政为民的必然要求,是中国共产党实现好、维护好、发展好最广大人民群众根本利益的重要体现,也是中国共产党实现执政的历史任务的重要条件。在新的历史时期,中国共产党的主要任务是现代化建设,中国共产党的政治功能是为社会主义现代化建设服务。中国共产党作为执政党,只有整合社会关系,切实化解各种社会矛盾和冲突,不断保持社会的和谐与稳定,保证人民群众共享改革发展的成果,努力使社会各阶层各尽其能、各得其所而又和谐相处,才能凝聚力量,不断增强执政基础,巩固执政地位,更好地推进现代化建设。

中国共产党执政的历史任务就是实现全国各族人民的共同理想和党的最高理想,全国各族人民的共同理想是发展中国特色社会主义。目前我们仍处在社会主义初级阶段,由于我国是在经济文化相对落后的情况下走上社会主义道路的,生产力不发达是我国的基本国情。在21世纪头20年,全党全国各族人民的奋斗目标是全面建成小康社会。这是重要的战略机遇期,是推动国家崛起、促进民族复兴、实现伟大"中国梦"的关键时期,也是从传统社会向现代社会转型的高风险时期。在这个时期,我国的经济结构、社会结构、利益群体等发生了深刻变化,工人阶级、农民阶级、知识分子始终是推动我国先进生产力发展和社会全面进步的根本力量,在社会变革中出现的新的社会阶层也都成为中国特色社会主义事业的建设者。一方面它们增强了中国共产党的阶级基础,扩大了中国共产党的群众基础,从而巩固了中国共产党执政的社会基础。另一方面在我国社会阶级、阶层根本利益一致的前提下,利益矛盾凸显,这些变化影响到政治稳定和社会安定。这就要求我们党要适应新的变化,紧紧依靠人民群众,团结一切可以团结的力量,把人民群众以及各方面的积极性、主动性、创造性都充分发挥出来;正确认识和妥善处理新形势下人民内部矛盾和其他社会矛盾,协调好各方面利益关系,不断满足人民群众日益增长的物质文化需要,保证人民群众共享改革发展的成果;抓紧解决人民群众生产生活中出现的突出问题和困难;加强社会建设和管理,营造良好的人际环境,保持良好的社会秩序,维护社会稳定,保证广大群众安居乐业。只有把这些工作做好,形成全体人民各尽所能、各得其所而又和谐相处的社会,中国共产党才能真正巩固党执政的社会基础,并且领导全党全国各族人民同心同德,艰苦创业,实现建设社会主义现代化、完成祖国统一、维护世界和平和促进共同发展这三大历史任务。

历史和现实反复证明,只有社会和谐,经济才能发展,文化才能繁荣,人民才能幸福。面对我国经济社会发展中的突出矛盾和问题,面对复杂多变的国际形势,面对党肩负的神圣使命,构建和谐社会迫切需要被摆到更加重要的位置。这关系到最广大人民群众的根本利益,关系到巩固党执政的社会基础、实现党执政的历史任务,关系到全面建成小康社会的全局,关系到党的事业兴旺发达和国家的长治久安。我们必须从战略的高度,深刻认识构建和谐社会的极端重要性和紧迫性,增加工作的预见性和主动性,自觉承担起建设和谐社会的历史任务,脚踏实地做好构建和谐社会的各项工作。

二、和谐社会对教育伦理和教育公正的要求

"公平正义"是社会主义和谐社会的主要特征之一。社会主义和谐社会的建设,离不开社会公平正义,公平公正是和谐社会最基本、最紧要的元素。实现广泛的社会公平也是构建社会主义和谐社会的重点和难点,而让每一个社会成员在一个合理的教育伦理环境和制度下,接受以相对平等为起点的教育公正又是社会公平的前提和基础。因此,要充分认识在构建和谐社会大背景下教育伦理及教育公正的重要性和紧迫性。

(一)和谐社会对教育伦理的要求

近年来我国的教育改革的确取得了显著的成绩,人们的观念也从传统的应试教育理念转向素质教育理念,又从素质教育理念转向终身教育理念,并呼唤和谐教育和创新教育,我国的

教育现状也得到明显改善。然而在教育体制改革的背后却存在我们必须马上解决的深层次问题——教育伦理的失衡。这是我们必须迫切面对的教育伦理现状,也是我们进行教育体制改革必须密切关注的话题。

1. 我国目前教育伦理的现状

作为人类社会伦理的一个重要组成部分,教育伦理不能脱离整个社会大环境,但其又有相对独立性,它应当是社会伦理中高尚、纯洁和最具理想色彩的一部分。按道理,每个学生在踏入社会之前都要学会如何做人,树立起良好的道德规范。但是时下的教育伦理已经发生偏离,甚至出现双重标准,教育的功能似乎只剩下教人以谋生的手段,其教化功能已经大大减弱。我国社会主义市场经济的突飞猛进,给教育的大发展带来新的机遇,然而"金钱至上"、"弄虚作假"等风气也开始侵蚀和污染教育这个崇高、圣洁的领域。当前教育伦理的失衡突出表现为教育管理的失控和教育者道德行为的失范。[①]

(1)教育管理的失控。学校的教育管理主要体现在思想政治、日常生活、教学管理等方面。然而,在一些学校,学生的考试、毕业、就业等都可以通过金钱来打通关系,神圣的教坛被染上铜臭味。课上大讲思想品德,课下却在进行金钱交易,这实际上严重忽视和偏离了正确的思想道德教育,把"金钱挂帅"的思想渗透到学生的头脑中,简单生硬的说教与管理上的经济手段使学生产生逆反心理,其育人效果可想而知。生活管理上处处收钱,对不良行为则缺乏科学的引导和约束。落后的管理体制,低下的管理水平,教育管理育人和服务育人功能的丧失殆尽,由此形成的落后、陈旧的教育管理文化,给涉世未深的学生造成了严重的不良影响。

(2)教育者道德行为的失范。这里所说的教育者主要是指

---

① 朱道忠:《论教育伦理的本质》,载《零陵学院学报》,2002年第5期,第127页。

教师。教师的道德行为对学生的影响是巨大的,对整个社会的示范作用也是不容忽视的。应当看到,无数优秀教师在教育伦理道德建设方面做出了极为重要的贡献,他们的高风亮节为全社会做出了榜样。然而,由于认识上的误区和社会伦理道德某些方面的失落,不可否认,师德这面在全社会道德建设中应当高扬的旗帜也被污损了。在"金钱至上"价值观的冲击下,一些不能安贫乐道的教师早已下海经商,坚定或不坚定地守在教师岗位上的教师因为受到政府的关怀,物质待遇得到较大改善,本应以诚实勤劳的劳动赢得社会的尊敬和实现自我价值,但他们中的少数人却忘记自己的身份,在物质利益面前不能自律。实际生活中,变花样收补课费的有之,索要财物的有之,与家长作交易(用分数、班名次、推荐权等来换取金钱或其他好处)的有之,弄虚作假、抄袭剽窃他人成果的有之,不认真备课、不批改作业的有之,讲课凑时间不负责任的有之,甚至侮辱、体罚学生而造成严重后果的也有之。①试想想,如果一个社会连教育者的道德水准都降低到让世人戳脊梁骨或被诉诸法庭的地步,那还不值得我们深思吗?

2. 和谐社会对教育伦理的要求

目前,我国正处于和谐社会构建的探索阶段,这就要求政府部门抓住当前的大好形势,对教育体制和教育伦理进行深入改革,以适应社会的广泛需求。针对目前教育体制内部出现的教育结构不合理、教育伦理的失衡等严重制约我国教育事业发展的情况,我们必须从根本上加以解决,充分认识到教育伦理重建是和谐社会的客观要求。

(1)和谐社会构建中的现代化教育必须以真律教、依法治教、以善率教。和谐社会要求各种资源优化组合,当然教育也是必备的一项内容。柏拉图在《理想国》中指出:"知识是每个

---

① 赵永文:《构建和谐社会中的教育伦理改革》,2006年华中师范大学硕士论文。

人灵魂里都有的一种能力,而每个人用以学习的器官就像眼睛……同样,作为整个的灵魂必须转离变化世界,直至它的眼睛得以观看实在,观看所有实在中最明亮者,即我们所说的善者。"①教育应当是道德的教育,因为教育在本质上是向善的。美国教育家杜威曾指出:"教育即生长"、"教育即生活",这应当是教育伦理精神的前提。②教育的作用就是发现灵魂中本身所具有的善,从而使人实现心灵转向。我们只有以"真、善、美"的道德标准来引导当今的学校教育,才能为构建和谐社会创建一个良好的发展环境。

(2)加强教育伦理建设是构建和谐社会的重要任务。和谐社会所要求的是一个现代的、完善的教育伦理体系。当今和谐社会所追求的和谐教育即现代化的教育,现代化的教育应该具有道德上的先进性、正当性。这意味着,现代教育的制度、思想、活动方式都要合乎先进的道德规范,都应内在地体现先进的道德思想和伦理精神。树立一种先进的教育伦理思想和规范,建立起有利于这种伦理思想落实和实践的制度、动作系统,是实施和谐教育的首要前提。

(3)重建教育伦理是教育走向法制化和科学化的客观要求。科学、法律和伦理是教育的三种基本规范力量,它们是相互联系的。伦理系统的健全有利于教育科学和教育法制的建设。人们从事教育科学研究,除要认识教育现象有规律外,主要目的还是改造教育、优化教育、促进教育事业的发展。也就是说,教育研究的实践目的是提高教育自身的价值,实现教育的社会功能。另外,从事教育科研活动也必须符合教育伦理精神。教育伦理是保障教育科学良好的社会形象和内部声誉的

---

① 官晓慧、娄晓欢:《对柏拉图理想国的评述》,载《学理论》,2010年第36期,第37页。

② 糜海波:《教育伦理:价值及其依据》,载《教育导刊》,2005年第7期,第13页。

重要力量。就法制而言,它需要有明确的伦理根据,教育法制的运行当然需要教育伦理的力量支持。所以,重建教育伦理是教育走向法制化和科学化的客观要求。

(4)规范教育伦理是我国社会发展和教育发展的现实需要。这种需要主要体现在以下几个方面:一是重视伦理道德建设,是我国的历史传统。但是,在社会主义初级阶段,在整个教育系统走向现代化的过程中,如何进行教育领域的伦理道德建设,建立一种什么样的教育伦理体系,还是个有待研究的问题。二是我国正处于社会转型时期,如何理智、自觉地推进教育系统的伦理转型,是一个涉及继承和创新的关系问题,需要加以研究。三是现实的教育实践如何改变存在着的道德问题,重塑教育的美好形象,净化教育事业,是大家比较关注的问题。从这些方面来看,提出加强教育伦理建设,有着重要的现实意义。①

(二)和谐社会对教育公正的要求

在我国当前社会转型时期,社会公正问题逐步凸显出来。作为社会公正的组成部分和重要内容,教育公正愈发引起人们的重视。教育公正是针对最大多数的人和事,是以教育制度和规则来约束现实生活中某些失当的教育行为的,是在教育者的权利和义务间寻求平衡点、保持二者一致而进行的活动。教育公正作为社会公正的基础之一,是社会公正在教育领域的延伸,也是达到社会公正的重要手段和途径。通过推进教育公正进而逐步消除我国社会转型时期的不公正现象,对当前构建和谐社会具有特别重要的意义。

1. 构建和谐社会必须提高对教育公正的认识

社会公正是现代社会的本质要求,是衡量社会全面进步的

---

① 赵永文:《构建和谐社会中的教育伦理改革》,2006年华中师范大学硕士论文。

重要尺度,更是构建和谐社会的价值基础。教育公正是社会公正观念在教育系统的延伸和发展,也是人类不断追求的社会理想和教育理想。对教育公正表现形式的充分认识,在很大程度上会影响人们对它的现实选择。因此要从具体国情出发,把握教育公正尺度的选择及主次协调。首先,在教育起点上确保公正,保证每个适龄儿童都有接受一般教育的机会。在中等教育阶段,提供多种不同类型的教育机会。在高等教育阶段,为适龄青年提供平等竞争的机会,并逐步增加接受高等教育的人数,提高高等教育质量。其次,在教育活动过程中力求公正,采取灵活多样的措施努力改善由于教育资源分配不均造成的教育不公正状况,从而使每个学生都能受到适当的教育。再次,对教育的结果力争公正,不同教育阶段所实施的教育在保证学生掌握基本文化科学知识的基础上,应为学生未来发展创造条件,让他们学有所用,尽力改善我国教育的不公正状况,使我们的社会更加公正、和谐。①

2. 处理好教育效率与公正的关系是构建和谐社会的现实要求

客观存在的社会分层和差别造成了教育的差别,差距存在是绝对的,完全消除差距是不现实的。现在所能做的就是把差距控制在社会和公众所能容忍的范围,并尽最大努力采取措施不断缩小差距。这就涉及效率与公正的问题,表现在教育上,就是大众教育与精英教育的矛盾,其所关注的重点是公共政策资源在大众教育与精英教育之间如何分配的问题。市场经济条件下的教育政策应该在承认差距、尊重差异、承认多样化的基础上解决教育公正问题。公共政策追求的是公共资源的最优配置,是效率与公正的最大化。要力戒的是公共资源的闲置

---

① 范国睿:《教育公平与和谐社会》,载《教育研究》,2005年第5期,第21~25页。

和浪费,避免低公正低效率。① 当前要缩小教育差距,不能采取放慢高水平来发展速度的做法,而是要采取加快低水平发展速度的方式,特别是要把提高底线,也就是消除教育贫困确定为教育政策优先考虑的目标。

3. 加强和确保教育制度公正是构建和谐社会的重要保障

所谓教育制度公正,是指规范化、定型化了的教育行为方式与教育交往关系结构的公正性。它表现为规范化和秩序化的特征,从制度上规范教育行为以有利于教育的顺利进行。建立完备的教育法制是实现教育公平的有力保障。实现教育法制,一方面要求国家制定比较完备的教育法律,从法律上保障教育公平的实现,做到有法可依;另一方面要求有关人员严格遵守和执行教育法律,遵循"法律面前人人平等"的原则,维护公民平等的受教育权,绝不能以权侵法,阻碍教育公平的实现。还要逐步改革教育录取制度,缩小区域间的差距。随着高等教育的扩招,入学公正问题仍吸引着人们的注意力。表现为城市学生高考入学机会大大高于农村学生,具有更多文化资本、社会资本、经济资本的优势阶层的子女得到越来越多的教育机会,他们较多地分布在重点学校和优势学科。而农村学生主要集中在相对薄弱的地方院校,分布于农林、军事、教育等收费较低的学科,这表明,我国目前实行的地区性高等教育录取人数配额制度存在明显的地区差异,长此以往,只能使差距越拉越大,很不利于和谐社会的构建。

4. 实现教育资源配置公正是构建和谐社会的重要任务

要合理配置教育资源,就要使教育资源向欠发达地区、弱势群体倾斜。对于历史上形成的地区之间、城乡之间的巨大发展差距,应当恰当配置教育资源,不再人为地继续扩大差距,并且在可能的情况下向落后地区倾斜,以主动缩小差距。由于我

---

① 冯颜利:《论教育的公正性》,载《中央社会主义学院学报》,2002年第3期,第76~79页。

国目前的教育财政体制受地方经济发展的影响很大,在广大西部地区,即使当地政府将大部分财政支出划拨给教育系统,但往往因总量限制仍然不能满足教育事业发展的需求。①这样,针对当前在全国范围内出现的区域差异、民族差异、城乡差异和同一地区内的阶层差异,政府需在教育资源配置上基于正义和公平的原则,从补偿教育的角度,向弱势群体倾斜,向西部贫困地区、少数民族地区、广大农村地区倾斜,对不同需求的个人和群体投入不同的教育资源。在区域教育发展的方面,打破城乡二元的传统格局,促进城乡教育一体化发展,提升落后地区和学校的办学水平,缩小教育资源占有上的差距,逐步从根本上解决教育不公正问题。

构建和谐社会,妥善协调社会各方面的利益关系,正确处理人民内部矛盾和其他社会矛盾,切实维护和实现社会公平、正义,是摆在我们面前的一项长期而艰巨的任务。和谐社会的构建对教育伦理和教育公正提出了新的要求,这些要求对于构建和谐社会具有基础性作用,对于建设经济发展、民主健全、科教进步、文化繁荣、社会和谐、人民生活殷实的全面小康社会也具有重要的现实意义。

三、教育伦理对构建和谐社会的价值

不同的社会有不同的道德观念,也就有着不同的教育伦理形态,而这种教育伦理又反过来对社会的发展有着重要作用,这突出表现在规范教育机构及教育工作者的行为,调节人与人之间的关系上。那么,教育伦理究竟具有怎样的价值功能?它对我国构建和谐社会又有什么价值?这不仅关系教育伦理自身存在和发展的价值意义,而且是构建社会主义和谐社会的内在需要,因此需要作进一步探究。

---

① 张厚军、朱宏军:《教育公正对构建和谐社会的基础性作用》,《西南师范大学学报(人文社会科学版)》,2006年第32期,第133页。

(一)教育伦理的功能

教育伦理作为一种特殊领域的伦理,蕴含着善的理念和精神,它是教育运行在道义上和人性上处于一种理想的生存状态的条件和精神前提。就其现实性而言,教育伦理指的应是教育的合道德性,是伦理教育的现实表现,是教育一种理想的道德生态。它意味着伦理教育不仅是科学的,而且是人文的;不仅是生活的,而且是处于一种生命运动的和谐之中的。[①] 那么,为什么构建和谐社会就必须建构与其相适应的教育伦理规范?我们只有了解教育伦理的基本功能,才能明白其现实性作用,教育伦理的功能体现在多个方面,主要包括以下几点:

1. 教育伦理的调节功能

主要是通过社会舆论、教育者个人的内心信念,以及传统、习惯的力量,调节教育活动中人们之间的伦理关系,促成教育活动的平衡和协调,这是教育伦理最重要的功能。它总是以特殊的形式向教育者提出一定的道德要求,鼓励和支持他们采取有益于教育过程的行为,从而促进教育者、教育过程中的其他参与者以及社会各方面保持协调一致的关系,以便顺利完成教育任务和实现教育目标。教育伦理对人们教育行为的这一调节功能不仅能够维持教育秩序,降低教育活动的成本,提高教育效益,而且能够使相关教育主体的行为趋近于教育总目标,达到团结合作的效果,创造合作效益。

2. 教育伦理的认识功能

主要指教育伦理对于教育者认识自己在处理与他人、集体、社会、教育对象的利益关系中应有的行为价值取向和行为模式,以及在此基础上形成的道德观念和道德判断能力的意

---

① 糜海波:《教育伦理:价值及其依据》,载《教育导刊》,2005年第7期,第13页。

义。①教育伦理的认识功能不仅可以帮助教育者领会和掌握在教育活动中应该遵循的原则和规范;还可以帮助教育者明确自己在社会中尤其是在教育活动中的地位,确定正确的角色意识,从而选择符合自身要求的行为模式和价值体系;更可以把教育活动中的行为区分为有利的和有害的、善的和恶的、应该做的和不应该做的,并明确其区分的价值标准,依此引导和推动人们作出正确行为。

3. 教育伦理的导向和激励功能

教育伦理,特别是道德教育伦理,对人们教育行为的激励和导向作用是很明显的,主要体现在为教育者提供科学的道德理性、健康的道德情感、坚强的道德意志和良好的道德习惯等方面,正是这四个要素和环节激励着教育者不懈、努力地实践,以逐步接近和达到教育伦理精神的理想境界。具体来说,教育伦理可以通过为教育者昭示道德理想,从而使教育者的活动确立在理性自觉的基础上;为教育者培养健康的道德情感,从而使教育者的活动获得内在动力;为教育者培养道德意志,从而使教育者形成克服困难和障碍的坚持力量;有助于教育者形成良好的行为习惯等四个方面。②

4. 教育伦理的升华功能

教育伦理的升华功能是由其所具有的主体性和超越性本质规定的,主要在于告诉社会成员过什么样的社会生活才是有意义的,并激励社会成员努力追求这种高尚的生活,而这种功能的发挥必然导致社会风气的净化。市场经济机制无疑是我国经济体制改革的必然选择,但其负面效应容易造成人们把市场交换关系渗透到教育活动中,把人的一切行为及其要素都放

---

① 钱焕琦、刘云林:《中国教育伦理学》,徐州:中国矿业大学出版社,2002年,第95页。
② 钱焕琦、刘云林:《中国教育伦理学》,徐州:中国矿业大学出版社,2002年,第101~102页。

到交换和经济利益的天平上去权衡,这就使得人类本来美好的东西却失去它应有的色彩和价值,社会上出现了许多不良风气,如个人主义、拜金主义、享乐主义等。所以教育伦理的升华功能是引导人们超越经济利益的狭隘视界,使教育行为面向未来,提升教育行为的价值,促进教育活动与人的发展、社会进步协调一致。

教育的作用就是发现人本身所具有的善,从而使人实现心灵转向。教育伦理的宗旨在于确立一种正确的教育价值观,它能够引领教育实践,使教育活动成为一种价值创造活动,这种活动旨在通过人的发展来求得社会的发展,又以社会的发展来服务于人的发展,从而实现全体人的高度发展为归宿,将人的发展融于整个人类文明的进程之中。因为,"人类的教育价值的历史变迁告诉我们,世界是人的世界,教育是人的教育,教育价值观离开了重视人这一本体价值,我们这个世界将是一个没有创造、没有快乐、没有人的个性的沉寂空间"。[①]所以我们必须深化教育体制改革和教育伦理规范改革,使教育伦理思想的发展和和谐社会的发展处于完整、和谐的发展状态,努力构建一个与和谐的、全面小康的社会主义社会相适应的教育伦理体系。

(二)教育伦理对和谐社会的价值

构建社会主义和谐社会,要求教育体制改革的深化和教育伦理的规范必须从内外两个方面反映社会和谐的要求。外部的和谐是指教育体制的改革和教育伦理的规范的主要目的在于对现行的教育形式进行变革,弥补教育结构的合理性缺陷,以便教育的主体和客体更好地发挥优势,从而更好地促进社会和人的全面发展,使教育活动更加顺利和有效。而内在的和谐

---

① 赵永文:《构建和谐社会中的教育伦理改革》,2006年华中师范大学硕士论文。

则是要求教育体制的改革和教育伦理的规范保持完整性和系统性。

1. 教育伦理是实现教育改革目标的重要基础

中国教育改革的目标,是通过制定一系列方针政策和具体措施,全面推进素质教育,通过素质教育,培养具有良好综合素质的学生,以加快社会主义和谐社会建设的步伐。和谐社会下教育改革的目标和评价标准只有一个,即通过教育改革,培养国家急需的素质全面的建设人才。而这一目标的实现,除需要党和政府制定一系列方针政策作为导向和保障,以及家庭环境、社会环境协调一致等外,还需要更高的教育伦理规范作保障,如教师的伦理素质、教育管理的伦理规范、教育劳动过程中的各种道德规范等。

2. 教育伦理是提高教师素质的必要保证

联合国教科文组织在1996年发表的教育报告中指出:"对教育素质的重要性再怎么强调也不会过分。各国政府尤其要把重视基础教育师资的质量作为自己的重要职责。"[1]在中国建设社会主义和谐社会背景下,为了能承担起创新时代所赋予的学习指导者、智力资源开发者、价值导向者、未来设计者的职责,教师应具备更高的素质。如热爱教育和热爱学生,具备创造性思维能力和创新品格,具备广博与精深相结合的知识结构,具备研究、操作和预见的能力等等。[2]而这些素质中,有的本来即属于教育伦理素质的范畴,有的素质的获得必须以教育伦理素质为前提。未来的教育发展,要求教师必须十分重视自身能力的培养,而教师能力的培养又必须以教育伦理为内在的动力系统。教师如果能

---

[1] 张明霞:《浅谈科学发展观指导下的高校英语素质教育》,载《延边党校党报》,2009年第3期,第109页。

[2] 钱焕琦、刘云林:《中国教育伦理学》,徐州:中国矿业大学出版社,2002年,第86~90页。

把自身素质的提高上升到对学生、对教育事业和对国家发展负责的高度,就一定能培养出国家需要的栋梁之材,也就能为和谐社会的建设提供最强大的动力。总之,教育伦理素质对于教师素质的提升以及教育劳动者德性的完善乃至培养和谐社会的建设者都具有十分重要的意义。

3. 教育伦理对提高教育劳动的效果有着重要作用

以教学领域中"教"与"学"关系为主的学校教育活动与学生身心发展关系的和谐,是实施和谐教育的核心,也是和谐社会实现的基础。教育劳动,是教育者以个体或群体的形式,按照一定的教育目的和教育模式,以语言、文字和自身的榜样作用等方式,向被教育者传授知识、灌输价值观念、施加各种影响的一种活动。其能否达到预期目的、收到应有效果,则取决于诸如教育活动所处的历史文化传统和当代社会生活这一外在背景,更取决于教育者和被教育者的自身状况及其相互关系。其中,教育者与教育活动相关德性的关系如何,是一个重要的制约因素,即教育伦理对教育活动的作用是不容忽视的。这里主要包括教育者和教育对象两者的伦理道德要求,既要求在教育劳动中,对学生实施教育和影响的教育者之间需要有一种良好的协作道德。①

总之,在构建社会主义和谐社会过程中,应充分认识教育伦理的价值。只有从构建社会主义和谐社会的新视野出发把握中国教育伦理改革与发展,才能在社会大变革的时代找准工作方位,明确前进方向,彰显自身价值,为社会主义和谐社会的构建提供强大的人才支撑;只有从构建社会主义和谐社会的新视野出发把握教育伦理改革与发展,才能在教育与社会的共振发展中实现教育与社会的和谐发展。

---

① 钱焕琦、刘云林:《中国教育伦理学》,徐州:中国矿业大学出版社,2002年,第73~79页。

四、教育公正对构建和谐社会的价值

对于国家来说,教育是否公正会影响未来的国民素质,影响国家的发展和前途;对于个人来说,教育是否公正会影响个人的一生,影响个人在社会阶层中所处位置。综合来看,教育公正与否影响着社会能否稳定、和谐与进步。

(一)和谐社会与教育公正的互动关系

教育公正是一个历史性的、发展的概念。人们普遍认为,教育公正主要包括教育权利平等和机会均等两个方面。教育权利平等主要指在法律上要保证每个公民都享有同等的受教育权利。《中华人民共和国宪法》和《中华人民共和国教育法》对此都作出明确的规定。站在主体与客体交往实践的平台上,结合教育公正的历史,教育公正的概念应包括以下几方面内容:一是起点公正。首先强调入学机会与求学条件均等,不分性别、种族、贫富,所有儿童都拥有接受教育的权利,体现"有教无类"的原则。二是过程公正。教学过程不区分性别、种族、贫富,在平等基础上以不同方式对待每一个人,体现"因材施教"的原则。它主要表现在客观因素和主观因素两方面。客观因素是指有形资源的投入,如师资力量、学校内部各种物质设施等;主观因素则是指教师、家长、社会等在教育活动过程中是否给予不同学生以公平的心理影响、和谐的文化氛围和公平的竞争机会等。三是教育结果的公正。每个学生都有利用社会提供的教育机会,取得学业上的成功,学有所得、学有所用,从而为其未来发展创造条件。

社会主义和谐社会不仅是共同富裕的社会,也是各方面协调发展的社会。从社会学角度理解,和谐首先是公平与公正,因为社会和谐意味着社会成员、社会群体之间友好相处、和平共处,它的基础就是公正——经济公正、政治公正、文化公正和社会公正。一个和谐的社会必定是公正的。同样,一个公正的社会也必定是和谐的社会。从某种意义上说,教育公正既是一个原则,又是一个理想,同时还是一个过程。

(二)教育公正对和谐社会的价值

从社会层面分析,教育公正属于社会公正的范畴,也是和谐社会的重要内容。包括教育公正在内的公平正义是和谐社会首要的、内在的、本质的内容,没有教育公正的社会,谈不上是一个正常的社会,更谈不上是一个和谐的社会。教育公正对于和谐社会的建设有着重要价值。

1. 教育公正是构建和谐社会的起点

和谐社会应该是一个人尽其才的社会。要实现人尽其才、才尽其用,进而推动社会发展,就是要让每个社会成员都有机会接受公平的教育,换句话说,社会有责任保证质量相同的教育机构与设施,平等地向具有同样能力的社会成员开放。教育作为培养人才的基础,对构建和谐社会具有先导性作用。培养同和谐社会相适应的高素质的劳动者和专门人才,发挥我国巨大的人才资源优势,是构建社会主义和谐社会的根本保证。公平教育能保证每个人的才能得到充分发挥,从而造就千千万万不拘一格的人才,为构建和谐社会提供强大的智力支持。和谐社会应该是一个在社会利益分配上有合理价值取向的社会。实践表明,现代社会,人们的受教育程度与其获得的社会政治、经济和文化利益呈正比例关系,特别是在当今就业竞争越来越激烈的背景下,教育在很大程度上已成为个体的发展前提。只有坚持教育公平,赋予每个受教育者相同的受教育机会,社会成员才能在机会均等的前提下,依靠自身努力,公平地获得社会利益,并在社会利益分配上形成积极的价值取向。构建和谐社会的基础,是使全体公民都有自我管理能力,而具备这种能力的先决条件是全民素质的同步协调发展,这种全民素质的协调发展是以实施全民教育为前提的。所以,我们只有倡导公正的全民教育,才能完全实现和谐社会的理想。人是社会的主体,坚持以人为本、促进人的全面自由发展客观上要求教育公平,使每个社会成员都能平等地接受教育。

2. 教育公正是和谐社会的重要内容

公平正义、民主法制、诚信友爱、充满活力、安定有序、人与自然和谐相处是社会主义和谐社会的基本特征。和谐社会首先是一个公平公正的社会。因此,只有实现包括教育公正在内的社会公正,才能协调各方面社会关系,才有利于调动人民群众的积极性,实现社会的和谐。和谐社会的建设以包括教育公正在内的公平正义为重要基础和前提,缺少这一基础,和谐社会就缺少立足之地,无法建成或者即使建成也是不会持久的。没有或者缺少公平正义(包括教育公正)的社会谈不上是一个正常的社会,更谈不上是一个和谐的社会。

构建社会主义和谐社会,是认识上的一个巨大飞跃。社会主义和谐社会分别从法律、道德、伦理各个层面提出了指标和要求。从现实看,教育在经济社会发展中起着先导性、全局性、基础性作用,在构建社会主义和谐社会的进程中扮演着重要角色。和谐社会是社会不同利益群体能够协调、和谐、共存和发展的社会。教育具有促进社会平等的功能,在经济、社会地位等方面存在较大差距的情况下,教育可以帮助弱者突破其出身群体的限制,给他们提供公平竞争和向上流动的机会,使各种群体的人都有发展的空间,改善人的生活状态,促进社会公平。因此,教育对社会的稳定发展具有十分重要的作用。以教育公平为主题、促进人的全面发展为根本目标、弘扬优秀传统文化为重要内容、以学科建设和人才培养为新的生长点,以维护安全稳定为"硬指标"的教育改革和发展,成为构建和谐社会的一项基础工程,普及教育和知识,推进教育公正,是打破阶层隔离、实现社会和谐的根本措施。

此外,人文素质的培养和思想道德教育的开展需要教育公正。全面发展的人是构成和谐社会的主体,和谐社会需要人的公平正义,需要人的诚信友爱,需要人的民主法制意识,这些思想道德素质的培养都需要一个公正的教育环境。教育要以人为本、以德为首,教育要让每一个学生都能受到平等的对待,让每一个学生得到应有的尊重,在公正的校园文化氛围中,让每一个学生都能健康成长,通过个体的和谐发展促进整个社会的和谐发展。

3. 教育公正更是和谐社会的实现途径

美国著名教育家贺拉斯·曼曾指出:"教育是实现人类平等的伟大工具,它的作用比任何其他人类文明都要大得多。"① 有了教育机会的均等、教育过程的公平、教育质量的公正,社会弱势群体才有可能与社会其他阶层站在同一起跑线上,才有通过知识改变命运的可能,社会各阶层才有正常流动分化的可能,全社会才能充满活力、安定有序,弱势群体才不至于走投无路而铤而走险。这不是毫无依据的,而是为历史和现实所证实的。而要把我们的国家建设成平等自由、充满关爱、和谐共处的社会,就不能因为贫穷、出生地、工作性质等而把公民划分成三六九等,尤其在教育方面更不能如此。

从教育公正本身来看,教育公正作为一种复合形态,通过系统外部公正与内部公正的统一来为社会公正提供保障。教育公正的意义就是要使每个人的个性得到充分张扬与发展,保证每一个个体的受教育权利和机会均等权利,从而更有利于教育公正的实现。由此可见,如果社会能够提供一种事实上比较公正的教育制度体系与行为规则,那么无论对于社会成员的身心自由发展而言,还是对于教育自身的发展而言,益处均显而易见。教育公正不仅是守护教育秩序的最重要武器,而且是推进社会和谐稳定发展极为有力的工具。所以,实现教育公正直

---

① 王洛忠:《教育公平:构建和谐社会的基石》,载《团结》,2005 年第 2 期,第 12 页。

接关系社会公正的实现,关系和谐社会的建设,是和谐社会的实现途径。

总之,教育公正属于社会公正的范畴,是社会公正的基础,而社会公正又是和谐社会建设的基础。实现教育公正,直接关系社会公正的实现,关系社会主义和谐社会的建设。我们必须通过教育公正的实现,促进社会公正的实现,促进社会主义和谐社会的建设。

第四章
教育伦理的实践基础

当前国际竞争在各个领域激烈展开,国家综合国力的竞争归根结底是人才的竞争,而人才的竞争又体现为教育的竞争。教育是培养人的活动,是知识创新、传播和应用的主要基地,也是培育创新精神和创新人才的摇篮。教育伦理作为培养人的活动中的伦理道德,其实践成功与否对于教育劳动的成败、教育劳动者德性的培养等,都有着十分重要的意义。

一、教育劳动的道德意义

(一)教育劳动的目的

教育劳动的目的不是生产某种物质产品或精神产品,而是根据社会需要,按照一定社会或阶级的要求,有目的、有计划、有组织地对受教育者传授知识、开发智能、培养思想品德,"生产"一种新人。要实现这一目的,教师既要向他们传授文化科学基础知识和基本技能,使他们具有为社会主义现代化建设服务的本领,又要提高他们的思想政治觉悟,使他们具备为社会主义现代化建设服务的高尚品格和献身精神;既要发展他们的智力,培养他们的能力,使他们能够根据时代发展学会如何学习,同时又要发展他们的体力,使他们具备为国家富强而艰苦奋斗的健康体魄。

(二)教育劳动的特点

教师从事的教育劳动,是一种崇高的、复杂的脑力劳动,与体力劳动者所从事的劳动相比较,它有其自身特点:

1. 创造性

从教育劳动的对象上看需要创造性。教育劳动的对象是人,是经常变化的,每个学生都有自己成长的条件,都有不同的个性特征。教师所面临的教育现场是复杂的,需要教师进行创造性劳动,这就要求教师在教学中必须创造性地选择不同的方法,因材施教。对课堂上偶然出现的新情况,要善于利用教育机智,创造性地妥善处理。

从教育劳动的内容上看需要创造性。现代科技迅猛发展,知识更新十分迅速。教师为了让学生掌握教材中的基础知识、基本概念、基本原理,其教育内容应当融进最新的现代知识,使知识的学习具有新鲜感、时代感,这就需要教师在备课时,深入研究,考虑学生特点,阅读多方面材料,理论联系实际,这是教育劳动创造性的体现。

从教育劳动的方法上看需要创造性。就知识的传授来说,教师不是把科学家发现和概括出来的知识简单地传授给学生,而是必须对知识进行加工,使知识易于为学生理解和接受。教师在教学中具体怎样去组织教学过程,采用什么样的教学方式把教学内容传授给学生,怎样调动学生学习的积极性,唤起学生对学习的渴望,怎样培养学生优良的思想品德,怎样充分发挥学生的爱好、兴趣和特长,无不需要教师进行创造性思考。可以说,教师在教学环节中的每一个决断都是创造性思维的结果。

从教育劳动的过程上看需要创造性。教育过程要培养学生的创造性,这更需要教师设计创造性活动,以培养学生的创造需要、创造品格、创造思维能力,从而表现教师劳动的创造性。

2. 长期性

教育劳动培养人才的周期长。中国古代思想家管仲说过:"一年之计,莫如树谷;十年之计,莫如树木;终身之计,莫如树人。"①不仅人的成长的各个阶段需要很长时间,任何一种思想品德的形成和完善,都不是一朝一夕的教育和实践所能实现的,而是要经过多次的再认识和再实践才能逐步达到较高的境界。教育劳动长期性的一个重要表现,就是劳动的效果需要很长时间才能得到检验。一个人每个阶段的成长也能使教育的效果得到某种检验,但人才成长和教育的效果最终要在参加独立的社会实践后才能得到检验。这种劳动效果的长期性,既表现为后效性,又表现为长效性,即人才成长和教育的效果在人的一生中都将发挥作用。在评定教育劳动成果时既要考虑学生现实的效果,又要考虑可能发生的潜在效果、社会效果。"学生产品"的质量,固然在"制造"时可以鉴定,但更重要的是在"使用"时鉴定。

3. 责任性

教育劳动是有高度责任性的劳动,教育者必须兢兢业业地工作,不能有丝毫满足和放松。教育劳动的高度责任性来自两个方面:一是社会。社会把培养人才的重任交给了学校,交给了老师,教育事业的成败直接影响国家科技的进步和经济的发展。教师对学生负责也就是对国家负责。二是家庭。家长把孩子送到学校,就等于把孩子的未来命运交给了教师。教师劳动的效果将直接关系学生的身心发展和前途。因此,教师对学生负责也就是对家长负责,也就是免除家长的担忧,它是保证

---

① 成中英:《论中西哲学精神》,上海:东方出版中心,1995年,第85~86页。

学生成才的重要一步。

我们可以看到,社会、家长和学生本人对教师寄予很高的期望。社会、家长和学生的这种期望,要求教师具有高度的社会责任感和奉献精神。教师要尽自己最大的努力去从事教育工作。教师既要教书,又要育人,做到"学而不厌、诲人不倦",以发展党和人民的教育事业为自己最大的追求目标。

4. 示范性

教师的职责特点,要求教师应该成为学生的榜样。夸美纽斯指出,教师的职责是用自己的榜样力量教育学生。教师是学生获取知识的导师和引路人,在学生心目中有着特殊地位。不仅教师的道德品行和知识是学生学习的内容,而且教师本人也是学生学习的直观榜样。无论教师是否意识到,事实上教师的言论行为、为人处世的态度都被学生竭力模仿。教师的思想行为、求知精神、科学态度、思维方式都对学生起着示范作用。

教师的品德言行应成为学生的样板。一名优秀的教师可以在工作中通过自己的行为,把热情洋溢、乐观无畏的进取精神,好学多思、审时度势的工作作风,正直诚实、任劳任怨的高尚品质传授给学生。学生耳濡目染会逐渐养成良好的品质、高尚的道德情操、高雅的兴趣爱好等。教师的劳动是以其个性品质为主要工具的,因此要高度重视教师品德言行的示范作用。从根本上说,这是一个对待教育劳动的态度问题,具有重要的道德意义。

5. 复杂性

教育劳动的复杂性是由教育对象的复杂性决定的。教育对象是人,影响人的成长的因素是多方面的,它包括遗传、环境、教育与人的自觉能动性等,哪一方面被忽视,都可能影响青少年成长。人的不同成长历程还会形成不同的个性特征,它也成为影响教育的因素。

教育劳动的复杂性是由教育任务的复杂性决定的。教育目的和任务是使教育对象在德、智、体、美等方面都得到发展，它们是互相制约、互相促进的。从智育目标和任务来说，不但要向学生传授知识和技能，而且要发展他们的智力和能力，特别是分析问题和解决问题的能力、实际操作能力、创新能力和创业能力。德育、体育、美育的结构和任务也很复杂。

教育劳动的复杂性是由教育过程、教育方法和教育手段的复杂性决定的。教育过程是一项系统工程，它要在有限的时间内，通过多种因素的相互作用，完成一个复杂的综合性的任务目标，即培养人。这个过程必然是复杂的。不同的教育目标会使用不同的教学方式、结构或模式。教育方法和教育手段的选择也会因教育对象、教育环境的不同而有所差异。

（三）教育劳动的道德意义

苏联著名教育家苏霍姆林斯基曾经指出，劳动的崇高道德意义还在于，一个人能在劳动的物质成果中体现他的智慧、技艺、对事业的无私热爱和把自己的经验传授给同志的志愿。教育劳动传递着人类文化科学知识和社会思想、道德风尚，培养着年青一代。教师通过自己的劳动培养人，既促进社会的发展，又促进人自身的发展。

1. 教育劳动直接推动社会精神文明建设

精神文明是指人类社会在物质生产基础上所创造的、与人类精神生活需要直接相关的社会意识形态、文化观念、社会心理发展水平及进步状态，包括政治、法律、思想、价值观等意识形态和教育、科学、道德、艺术、宗教以及生活中反映出的社会心理。人类发展史上任何一个物质文明的创造都有其精神力量作后盾，作为原始力。如果一个国家要维持其高度的物质文明，就不能不维持其精神动力，不能不维持其创造的意志和创造的智慧，不能不维持其价值的意识，以及其统含过去、未来的一贯的思想能力，精神文明能开拓新的物质文化的境界，克服物质文化所表现的缺陷。

人类社会在发展过程中积累了大量的精神文明财富。依靠教师把人类长期积累下来的社会精神财富传授给年青一代，使他们能够接替老一辈的工作，延续社会的发展。人们对自然、社会和人自身的认识越深刻，人类积累起来的社会精神财富越丰富，社会生产力越发达，科学技术和社会文明越进步，青少年一代需要继承学习的内容就越多，就更加需要教育培养，以教育为专职的教师的作用就越显得重要。学校和教师使年青一代在较短的时间内掌握和继承人类长期积累起来的精神文明宝库中的精华，帮助年青一代掌握社会发展所需要的一般文化知识、科学技术、文学艺术、社会思想和文明的行为规范。有了教师培养人的劳动，才谈得上社会精神文明的继承和发展。

教师不仅是社会精神文明的传递者，而且是精神文明的生产者。他们的劳动对社会精神文明有着巨大作用。教师通过自身的劳动，传播着社会政治、思想道德及科学、艺术、文化和生活价值观，使社会的民德民风得到教化，从而帮助社会消除不良的思想意识和旧的习俗，倡导新的精神文明。

2. 教育劳动对社会物质文明的建设起着巨大作用

物质文明是指人类社会为其生存和发展所创造的物质成果、物质生活方式发展的水平及进步状态，包括进行物质创造的生产能力、衣食住所需要的经济基础、物质生活方式，以及与物质生活、物质创造相关的文化等。

教育劳动在社会物质文明发展过程中起着重要作用。教师通过自身的劳动，传递着人类社会的物质财富和创造物质的知识、经验、技能，把物质生产的技术和文化凝结到"人力资本"（指人的各种素质、能力的发展和提高等）中，对"人力资本"进行加工、改造，实现"人力资本"的增值，使"人力资本"有着创造、发展物质文明的无限潜力，从而促进社会物质文明的发展。

学校虽然不是物质生产部门，却与物质生产的延续、发展紧密相关。一般来说，教师的劳动虽然没有直接创造物质财富，却是物质财富生产及其进步的重要前提。因为物质生产是由人来进行的，推动物质生产进步的科学技术也是由人来研究和投入应用的。而从事生产（特别是现代生产）的劳动者及科技人才，都需要通过教育，也就是通过教师的劳动来培养。在现代社会中，许多有远见的人都认识到：推动物质文明进步，科技是关键，教育是基础。从社会效益来看，虽然教师的教育劳动对物质生产是远效的、间接的，却是必不可少的。甚至可以说，它是现代社会物质文明进步的奠基性劳动。

3. 教育劳动塑造人的灵魂，促进人类的自我完善

教师是人类灵魂的工程师，他们不仅传播科学知识和专业技能，而且要塑造人的思想品质和道德风貌。在现代社会中，人本身的发展虽然受多种因素制约。但教师的劳动，是促进人的全面发展的必要条件。

首先，教师向年青一代传授科学文化知识，教导学生观察、思考、学习，在已有知识的基础上探索新知、学习运用知识指导实践、学习创新。而这正能使年青一代继承前人的知识经验，促进他们智力的发展。

其次，教师除传播科学文化知识外，还传播社会思想、道德风尚等方面的知识、观点、信念。教师平时还可以通过多种课外活动，培养学生良好的道德行为习惯，帮助学生发展遏制不良思想行为的自我教育能力。对于学生思想品德的发展，这也是奠基性工作。

再次，青少年入学时身心正处在成长发育的关键时期。他们由儿童长成少年，由少年长成青年，绝大多数人是在学校接受教育的过程中成长的。在教育活动中，教师通过规范作息、加强体育锻炼、开展审美和创造美的活动，也能有效促进学生身心健全发展，使他们得到美育的陶冶。

二、教育改革的道德要求

(一)教育改革的背景

1. 国际战略格局的巨变

《中国教育改革和发展纲要》指出:"谁掌握了面向 21 世纪的教育,谁就能在 21 世纪的国际竞争中处于战略主动地位。"① 因此,应当密切关注世界战略格局的变化,把握当今世界政治风云变幻、国际竞争日趋激烈的国际形势,面向现代化,面向世界,面向未来,加快教育改革和发展的步伐,进一步提高劳动素质,培养大批人才。

当今,世界战略格局多极化趋势更加明显。这就在客观上使今后一段较长时期内避免新的世界大战、争取和平的国际环境有了相当大的可能性,使和平与发展成为当今世界的主流。民族兴旺,国家发展,经济腾飞和生活提高,成为世界各国人民的普遍愿望。世界战略格局的巨变充分说明,21 世纪充满新的机遇和挑战,是开创人类历史新纪元的时代,而现在的学生是 21 世纪建设祖国的栋梁,他们的素质决定着 21 世纪祖国发展的前途,因而全面实施素质教育迫在眉睫。

2. 经济竞争要素的转换

综合国力竞争的核心是经济竞争,经济竞争的关键是科学技术竞争,科学技术竞争的基础在于国民素质的提高,国民素质和人才竞争的根本在于教育水平的激烈竞争。国民素质的提高实质就是人的现代化问题。人的现代化是社会现代化的核心和关键,"一个国家,只有当它的人民是现代的人,它的国民从心理到行为都变为现代化的人格,它的现代政治、经济和文化管理机构中的工作人员都获得了某种与现代化发展相适

---

① 汪炳成:《素质教育的特点》,载《中国教育刊》,1996 年第 2 期,第 26 页。

应的现代性,这样的国家才可以真正称之为现代化国家"。① 实现人的现代化就是要实现人的全面发展,就是要使人们既要掌握现代化的科学技术,又具有丰富的知识、智慧和创造革新意识;有科学的世界观、人生观,有共产主义的理想、信念、道德和情操;有健康的体质和丰富的情趣,即成为有理想、有道德、有文化、有纪律的全面发展的新人。

我国是一个人口众多的国家,国民整体素质不高已成为我国经济改革发展的突出问题,严重阻碍了经济的发展。因此,要促进经济发展,必须实施素质教育,更好地发挥我国人力资源优势。通过教育提高全民素质,尤其是全民的科学文化素质和能力素质,可以促进我国科学技术水平的发展,并且大大加快科学技术转化为生产力的速度,提高新技术、新工艺的消化、吸收与应用水平,也就是在根本上推动经济建设转到依靠科技进步和加强素质教育,提高劳动者素质的轨道上。

3. 教育改革理念的更新

新世纪以新技术为导向,以提高民族素质和人才质量为目标,以发展经济、增强综合国力为目的的教育改革浪潮,正成为发展新世纪教育的重要推动因素。

信息时代理念。信息技术对当前的教育体制、教育规模、教育结构、教育投入以及教育的内容、方法、手段和条件等都提出了新要求。随着信息时代的到来,经济国际化和市场全球化的趋势日益加强,金融资本、技术以及各种信息、物质资源在世界范围内以前所未有的速度流动和转移。但一个国家的科学文化素质水平却不能流动和转移。从这个意义上讲,大力加强教育,提高国民素质,就成为参与国际竞争的重要筹码。因此,目前各国都十分重视加大教育投入,开展教育改革。

知识经济理念。知识经济即以高新技术为导向、以知识为

---

① 陆君编译:《人的现代化》,成都:四川人民出版社,1985年,第8页。

基础的信息经济,也就是以知识资源的占有、配制、生产、使用为最重要因素的经济,或者说依靠知识进行创造性思维和科研从而创造财富的经济。知识经济概念,是与人才、国民素质、教育等概念相联系的,因而已成为推动世界性教育改革一个极具影响的教育改革理念。

新教育技术理念。近年来,计算机及网络技术的发展、信息高速公路的出现,使传统的教育模式受到巨大的冲击,教育领域因此正发生着巨变。而由于遥距通信、电子计算机和微电子技术的汇合,促使电子技术网和互联网多媒体等出现,即促进新的信息技术与通信技术在教育中的应用,由此构成新的教育技术。充分认识信息革命对传统教育的挑战,自觉利用信息技术,是摆在教育工作者面前的一个重要课题。

(二)教育改革的目标及特点

中国教育改革的目标是,通过制定一系列方针政策和具体措施,全面推进素质教育,通过素质教育,培养具有良好综合素质的学生,以加快社会主义建设步伐和增强参与国际竞争的综合实力。教育改革的目标和评价标准,实际上只有一个,即通过教育改革,培养国家急需的素质全面的建设人才。

当前中国的教育改革呈现如下特点:

一是民主性。在充分尊重学生发展权利,充分保护、调动学生积极性和主动性的同时,又充分尊重教师的权利、家长的权利、社会的权利,努力把方方面面的力量整合到一起,共同创造促进学习者全面、主动、多样化发展的相对宽松的环境。

二是开放性。主动把学校教育与社会经济发展需要结合起来,主动为社会经济发展服务,积极培养学生的实践能力与创新精神,积极引导学生走向社会、走向生活,努力为"知识经济"和"创新体制"服务。

三是终身性。主动把学校教育纳入终身教育体系,并以终身教育思想来审视学校的教育地位和功能。

(三)教育改革的道德要求

1. 教育理念上要以人为本,促进人的全面发展

促进人的全面发展,是人类世世代代追求的共同理想,马克思、恩格斯从人类发展的历史进程来研究社会成员的全面发展问题,指出人的全面发展最根本的是体力和智力或者说身体与精神的充分自由发展。毛泽东也多次强调"生动活泼地主动地得到发展"。① 同时,马克思主义的全面发展观还强调,全面发展也包括人的道德、审美观、志趣等的充分发展。人的全面发展的内涵与要求是不断变化与发展的,现阶段我国教育中人的全面发展包括德、智、体、美、劳的全面发展。全面发展不能说就是德育、智育、体育等方面的发展。因为这几方面只是促进人的全面发展的内容或途径,即德育促进品德的发展,智育促进智力的发展,体育促进身体的发展。可见,全面发展指的是德、智、体的发展,又绝不仅是德育、智育与体育的发展。

坚持以人为本,是科学发展观的本质和核心,也是新的科学人才观的出发点和立足点。坚持以人为本,以实现人的全面发展为目标,是我国教育方针的要求。因此,学校在培养人才时要以人为本,注重教育的和谐性,促进人的全面发展。教育是培养人的事业,只有教育才能把人培养成才。或者说,教育的根本目的就是教人做人,并以做人为基础,使学生成长为各种有用的人。教育领域中的"以人为本",就是以学生为本。教育工作必须以学生为出发点和归宿,教育的过程就是自始至终为培养学生服务的过程。学校的领导、教师、员工,乃至所有的硬件设备,都是为学生服务的。学生应当成为学校的主人,校园的主人,班级的主人,课堂的主人,一切活动的主人。而要真正实现这一切,树立"以人为本"的观点是关键。

---

① 毛泽东:《毛泽东同志论教育工作》,北京:人民教育出版社,1992年,第202页。

学校要坚持育人为本、德育为先,把促进学生全面发展作为工作的出发点和落脚点,始终把德育放在各项工作的首位,培养出德才兼备的人才。本质上,德也是一种才,是精神的才。德与才是一个人素质不同方面的体现。我国培养人才有其优良传统,叫作"德才兼备"。近年来,对学生的培养有明确的提法,叫作"德智体美,德育为先"。归纳为两点:第一,要有德,也要有才(含智体美),两者兼备,不可缺一;第二,两者并非并列,德应放在才前。对此,司马光在《资治通鉴》中有精辟的解释:"才者,德之资也;德者,才之帅也。"人的才能越高,德与才的这一关系就越密切、越重要。这时,"才"越是"德"的凭借,"德"越是"才"的统帅;"德"不仅由"才"来体现,而且是"才"的升华;"才"不仅由"德"率领,而且为"德"所强化、所激活。

2. 教育体制上要以人道主义为取向,体现教育公平

教育人道主义具有超越时空的普遍适用性,它是任何时期的学校教育都应当遵守的最基本伦理原则。从根本上说,人道主义与教育的结合不是任何外力的强迫,而是教育本质的内在要求。教育是一项培养人的社会事业,一切教育活动都是围绕人并且是为了人而展开的,人是教育的核心和旨归。这一本质内在地决定了教育必然要致力于对人的普遍关怀,致力于对人的价值、尊严、权利和自由的追求,致力于人自身的不断发展与完善,而这些正是不同历史时期的人道主义共同的价值取向。

自20世纪80年代以来对人道主义的种种误解得以逐步澄清之后,教育人道主义所内蕴的价值精神也日益得到人们的普遍认同。但是,由于受到传统教育观念、教育方式以及现有教育体制等诸多因素的影响,人们对教育人道主义价值精神的认可还大多停留在口头和文字层面,而在具体的教育实践中,种种有违人道的教育行为依然屡见不鲜。诸如无视学生个体现实的存在价值,存在不同程度地将未成年学生"机械化"、"成人化"、"圣人化"的倾向,其中对待"问题学生"时花样繁多且极具随意性的惩罚最具典型性。因此,高扬人道主义精神、确立教育的人道理念应当成为我国教育发展的最强音。它不仅是教师职业道德的重要组成部分,而且是"教育崇善"的必然要求。

3. 教育实践上要提高教师的能力,加强师德建设

教育改革对教师能力的要求,决定教师必须十分重视自身能力的培养。首先,教师要从理性上意识到自身能力培养的重要性。要自觉认识到,只有能力强的教师才能培养出能力强的学生;学生的能力关系教育质量和国家发展的大局。其次,教师在实践中应积极致力于自己能力的培养。教师应当有刻苦学习、努力探索的精神,还应具有不怕失败的实践精神。教师如果把自身能力的培养上升到对学生、对教育事业和国家发展负责的高度,就一定能达到提高各项能力的目的。

教育事业是一个民族最根本的事业,师德建设又是教师队伍建设最根本的建设。教师队伍的师德状况如何,将影响亿万青少年的素质乃至整个民族的素质。可以说,师德兴则教育兴,教育兴则民族兴。加强师德建设要从以下几个方面入手:第一,师德建设要与师德立法相结合。道德和法律都是治理国家和社会的重要手段,两者是相辅相成、互为补充的。只有在师德立法的支持和配合下,师德建设才能增强力度和强度。第二,师德建设要有深刻的知识内涵和文化底蕴。学校的师德建设贯穿以科学文化为基础的知识传授的全过程,要明确教师在教学、科研工作中应遵循的职业操守和学术道德,以便教师履行道德义务和对教师的师德进行客观评价。第三,师德建设要具有人格示范作用。学高为师,身正为范。教师的人格、行为是无声的教育。对教师道德、理想、人格的培养,不仅能使教师的人格修养达到更高的境界,而且对学生具有熏陶、感染和潜移默化的示范作用,从而达到以德育人的目的。

三、人才培养的伦理基础

发展教育事业,提高全民素质,把沉重的人口负担转化为人力资源优势,是实现我国社会主义现代化的一条必由之路。实现教育现代化是社会主义现代化的客观要求和基本保证。而在社会主义现代化进程中实现教育现代化的核心问题是培养出高素质的社会主义建设者和接班人。因此,实施素质教育是我国教育适应社会主义现代化建设需要,全面实现自身现代化的有效途径,更是教育战线一次伟大的战略转折。

素质教育是以全面提高全民思想品德、科学文化和身体、心理、劳动技能素质,培养能力、发展个性为目的的基础教育,其基本任务是培养学生做人,培养学生成才,使学生坚持学习科学文化与加强思想修养相统一,坚持学习书本知识与投身社会实践相统一,坚持实现自身价值与服务祖国人民相统一,坚持树立远大理想与进行艰苦奋斗相统一。

(一)政治素质

政治素质主要解决学生的立场、观念、信仰问题。政治上立场坚定、观点鲜明、信仰稳固,才合乎我们对政治素质的要求。要教育学生树立共产主义理想、拥护社会主义制度、热爱中国共产党,以马列主义、毛泽东思想和中国特色社会主义理论体系为行动指南。具体表现为:

1. 主动、积极、创造性地学习马列主义和中国化的马克思主义理论

马克思主义理论与中国实际的相结合产生了两大理论成果——毛泽东思想和中国特色社会主义理论体系。毛泽东思想是马列主义与中国革命实践相结合的产物,中国特色社会主义理论体系是马列主义、毛泽东思想在我国新的历史时期的进一步发展。因此,学校教育必须重视用这些理论武装学生的头脑,并使他们养成学习这些革命理论的需要与习惯。只有这样,才能保证我国的年青一代具有对马列主义、毛泽东思想和中国特色社会主义理论的信仰,从而自觉坚持四项基本原则,坚持正确的政治方向。

2. 掌握历史唯物主义的基础知识

自然界的发展有其一定规律。我国古代即有"天道"与"人道"之说,前者便是自然规律,后者便是社会规律。古人认为人们只有遵循"天道"与"人道",才能把国家、天下的事情办好。学校开设社会发展史课程,让学生了解社会是如何从一种形态发展到另一种形态的,最终使他们懂得共产主义社会战胜并取代资本主义社会的必然性。这对于坚定青年一代对共产主义的信念是必要的。只有让学生掌握社会发展及其规律的基础知识,让他们了解各个社会形态的基本事实、结构、特点与规律,他们才能对建立共产主义的必然性深信不疑。

3. 要有科学的政治认识和正确的政治观点

人的政治素质是以中学所学的政治认识为基础建立起来的,而政治观点又是建立在政治认识基础之上,并以判断的形式表现出来的,是对政治现象等持有的看法、判断和评价。要引导学生通过观察、思考与实践去了解政治现象、政治体制、政治理论及其发展变化的特点、规律。要使学生深信马克思主义的正确性与科学性,认识我国社会主义制度的优越性,并对我国社会主义民主与法制有较深刻的了解。

4. 自觉遵守国家法律法规

遵纪守法就是增强法制意识,学法、知法、用法,维护宪法和法律权威,执行法令、法规和各项行政规章。公民自觉遵纪守法,是维护社会稳定的起码条件。现代社会是法治社会,每个公民都要有法治观念,自觉维护法律权威,认真执行各项法令、法规和规章制度。构建社会主义和谐社会,必须弘扬法治精神,增强全社会的法律意识,形成"以遵纪守法为荣、以违法乱纪为耻"的社会氛围。学校的政治素质教育应当要求学生遵守学校的各项纪律和规章制度,遵守国家法律、地方法规,从小培养遵纪观念,形成守法意识,成为自觉遵纪守法的公民。

5. 坚持为人民服务

为人民服务,就是忠于人民,关心和爱护人民,为人民的利益而工作、而奋斗;人民的利益高于一切,个人利益要服从人民的整体利益、长远利益,同一切危害人民利益的行为作坚决的斗争。在政治素质教育中,必须引导学生乐于为同学服务,走出学校为社会服务。使他们从学生时代起,就养成为人民服务的意识,从而为他们将来成为一个为人民服务的好干部、好公民打下坚实基础。

(二)思想素质

这一教育主要解决思想认识和思想方法问题。我们应当用辩证唯物主义思维方法教育学生,让他们全面观察、分析和解决问题。树立科学的世界观、人生观,培养为祖国、为人民乐于奉献的精神,以及为社会主义事业创新、拼搏、竞争的意识。具体表现为:

1. 树立科学的世界观

世界观是人们对整个世界的根本看法,即人们对自然、社会和人类思维的观点体系。我们所要形成的是辩证唯物主义的世界观和方法论,以便形成包括自然观、社会观、思维观以及政治观、道德观、人生观、价值观、幸福观等在内的科学世界观体系。因此,为了形成这种科学世界观,就必须掌握辩证唯物主义的基本观点与方法,即要求人们在观察、分析和探索问题时,要具有全面的、发展的、联系的和实事求是的观点,避免片面的、静止的、孤立的和主观臆断的思维方法。在学校教育中,我们必须用辩证唯物主义思维方法武装学生的头脑,帮助他们掌握基本观点与方法,从而形成科学的世界观。我们要教育和引导广大学生树立科学的世界观和方法论,构筑当代学生强大的精神支柱,坚定中国特色社会主义信念。

2. 形成正确的人生观

人生观是人们对于人生道路、人生幸福以及个人荣辱得失的态度和看法，它由人生的目的、人生的态度、人生的责任与人生的评价四部分组成。人生观的不同将促使人们产生不同的思想和行为，制约人们选择各自不同的人生方向与道路。形成正确的人生观，对每个人都十分重要，对学生尤其重要。为了给学生指明人生的正确方向和道路，端正对世界、对社会发展的看法，学校必须组织学生认真学习马克思主义，向他们进行正确的人生观和科学世界观的教育。应从理论和实践两方面，让学生明确人生的目的，端正人生的态度，认清人生的责任，把握人生的评价，引导学生树立正确的人生观，逐步学会运用马克思主义的观点、方法看问题。

3. 树立积极的价值观

价值观是人们对现实生活中的各种事物、现象进行评价、决定取舍的基本观点或思想。它对人们的生活、学习、工作等方面产生支配作用，因此，人们从学生时代起，就应该逐步形成积极的价值观。我国当代学生价值观的主流是好的、是积极向上的。然而，由于我国当前处于社会转型期，市场运作法规和秩序尚不健全，加之各种不良思潮的冲击，使得部分学生的价值观向"自我"倾斜，被"金钱"扭曲，出现了"功利化"、"多元化"的倾向。价值观念趋于功利化，重物质轻理想。青少年学生要养成积极的价值观，应当处理好三个方面关系：一是物质追求与精神追求的关系。学生必须懂得，一个人要有高尚的精神追求，不能完全为物质追求所左右；否则，就会沦为"经济动物"、狂热的拜金主义之徒。正确的观念应当是，用高尚的精神对待物质生活，创造出具有丰富内涵的人生。二是个人与集体、国家利益的关系。学生必须懂得，每一个人的命运都与国家、集体的命运紧密联系着，国家利益与集体利益较之个人利益更为重要、更为根本。个人、集体、国家三方面利益从根本上是一致的。但当个人利益与国家利益、集体利益发生矛盾时,个人利益必须服从国家利益、集体利益。三是索取与奉献的关系。学生必须懂得,人生在世,应当尽其所能为国家民族、人类社会做出一定贡献。每一个人都必须把"人生的价值在于创造和奉献"作为自己的座右铭。①

4. 培养学生独立思考的习惯

所谓独立思考,表现在分析问题与解决问题时,不遵循现有的解决方案,不依赖于别人的思想与原则,能创造性地寻求探索问题的新途径、新方法,提出新的解释,得出新的结论。独立思考,是愚者成为智者的钥匙;遇事缺乏思考,是智者变愚的根源。养成独立思考的良好习惯,是使人们发现新的知识,走向成功的桥梁。只有在学习和生活中善于独立思考,才能开出智慧的花朵。在学习上如果不能独立思考,而是随波逐流,人云亦云,那就不知会飘向何方。培养学生独立思考的学习习惯是一个逐步的、长期的过程,学校要从关注学生的发展出发,尽可能为学生的有效学习提供良好条件,结合课堂教学实际,多给予学生实践的机会,使学生积极动脑、通过实践去寻求解决问题的方法,克服学习中的困难,充分发挥学生的创造潜能,为学生终身学习奠定坚实的基础。

(三)道德素质

道德素质就是经过内化的、较为稳固的道德认识及其行为习惯。道德素质作为人的一种起支配作用的素质,在人的素质结构中居主导地位,它是个性中最具有道德评价意义的部分。具体表现如下:

1. 培养爱国主义精神

爱国主义是指人们对自己祖国的深切热爱和为祖国的独

---

① 李乐琳、张从化:《略论学生价值观教育》,载《中国教育学刊》,1996年第3期,第22页。

立富强贡献一切的崇高精神。爱国主义作为一种巨大的精神力量和重要的道德规范是任何一个国家和民族都不可缺少的。人们只有把为了祖国富强作为出发点和归宿，其政治思想、道德品质才具有崇高的社会价值和强大的动力。学校培养的各类人才，不论他们知识多么渊博，能力多么强大，只有同时具有爱国主义思想才具有坚实的根基。因此，爱国主义教育是其他一切教育的基础和起点。我们必须重视对学生的爱国主义教育，加强他们的民族自尊心、自豪感。当前，随着改革开放的进一步扩大与深化，重视和加强这方面教育显得特别重要和必要。

2. 培养集体主义精神

集体主义精神是集体主义理念的升华，在苏霍姆林斯基看来，集体主义精神是社会主义国家公民的必备品质，这种品质必须从小就开始培养，学校在培养学生集体主义精神方面发挥着重要作用。学校不仅要教学生学习书本知识，而且要教学生学会如何做人，培养学生的素质修养。学生作为集体中的一分子，应该时时刻刻为集体着想，学生是否具有集体主义精神，以及他们如何处理国家、集体、个人之间的关系，是衡量他们职业行为和职业品质的基本准则。这是社会发展的客观要求，也是社会主义事业取得成功的重要保证。学校要培养学生尊重、关心、理解他人的习惯，集体成员间要团结协作，要为集体服务并维护集体荣誉；教育学生关心社会，为家乡、社区的公益事业贡献力量；帮助学生学会正确处理个人与集体、国家利益的关系。通过教育使学生具备集体主义情感和无私奉献的精神，树立人民的利益高于一切、全心全意为人民服务的信念。

3. 遵守社会公德教育

社会公德是人们在公共生活中必须共同遵守的最起码的行为准则和道德风尚。学校要教育学生努力做到"五爱"，教育学生遵守公共生活规则，因为公共生活规则是社会生活必需的、最简单最起码的公德要求。要教育学生爱护公共财物,遵守公共秩序,在公共场所自觉遵守各项规章制度和纪律。要教育学生维护公共场所卫生,保护环境,维护生态平衡。一个良好、干净、整齐的生态环境,会给人以一种舒畅的感觉,有助于人的健康发展。因此,必须培养学生树立爱护环境的观念,让我们世世代代能生活在一个干净、整洁、美好的生态环境之中。

4. 养成文明行为习惯

不积跬步,无以至千里;不积小流,无以成江河。点滴小事的完美才能造就永久的美好,文明行为习惯的养成,不仅可以成就一个人,而且可以使我们受益终身。在对学生进行文明行为教育时,必须注意社会、学校、家庭三者的紧密结合,三者步调一致,才能真正有效地使道德行为习惯化。文明习惯的养成就是加强人格修养。因而,我们必须在文明养成上下工夫,这不仅是提升生活质量所必需的,也是我们完成更宏伟目标的保证。

四、教师素质的伦理规范

振兴民族的希望在教育,振兴教育的希望在教师。中国现代化建设的关键在人才,人才的培养又在教师。教师成为维系和决定全局的关键性因素之一。要培养德、智、体全面发展的学生,需要有道德、有素养的教师。传道授业解惑,是教师毕生一定要做好的事情。现在我们讲传道,就是要给学生传授爱国主义、集体主义思想,使他们热爱祖国、热爱人民,有着强烈的社会责任感。而教育质量的提高,关键在于教师素质的提高。

教师素质是教师在教育教学活动中表现出来的、决定其教育教学成果、对学生身心发展有直接而显著影响的内在要素的总和。也就是教师在思想上、道德上、心理上、文化上必须具备的基本条件。从伦理的角度看,教师素质有以下几个方面:

(一)教师的思想政治素质

教师的思想政治素质是指教师关于自身的政治方向、政治立场、政治态度、思想作风、世界观和人生观等方面素质的总和。它是"一种特殊的素养,是人们为实现本阶级根本利益而进行各种精神活动和实践的特定品质"。① 社会主义教育是具有明显阶级性的,是社会主义上层建筑的组成部分,是为社会主义经济基础服务的。因此,我国的教育方针和当前我国教育的战略位置,决定教师要有坚定的政治信仰,坚持四项基本原则,自觉拥护和执行党的各项方针政策。教师的思想政治素质是教师素质的灵魂,对其他素质起着统帅作用。教师的思想政治素质在很大程度上支配着教师职业活动的目的、方向,决定着教师的政治信仰,制约着教师的道德原则,影响着教师的其他素质。

教师是社会主义建设人才的培育者,也是青少年道德教育的启蒙者,要把学生培养成热爱祖国、热爱社会主义的一带新人,教师首先应该是一个信仰共产主义、坚持四项基本原则、具有科学世界观和人生观的公民。当代教育的普及和发展,使教师负有更多道义上的责任。教师的政治思想素质直接影响青少年政治品德的形成和发展,对于青少年的心灵塑造起着潜移默化作用。一个政治立场坚定、业务过硬、品德高尚的教师,总是把培养坚持四项基本原则、热爱党、热爱祖国、热爱社会主义、对马克思主义无限忠诚的人,作为自己的神圣职责。这就要求教师自己应是这样的人:具有坚定的政治立场,完美的人格特质,认真负责的工作态度,言行一致的优秀品德。只有这样,才能把学生培养成为有理想、有道德、有文化、有纪律的一代新人。教师的思想政治素质主要包括下列内容:

---

① [苏联]波诺马廖夫:《共产主义教育词典》,成都:四川社会科学出版社,1986年,第187页。

1. 共产主义信念

信念,是建立在认识和情感基础上的一种思想意识,是决定人们政治行为、道德行为的巨大精神力量。共产主义信念,则是人们运用辩证唯物主义和历史唯物主义的科学原理,在正确认识和把握人类社会发展规律的基础上,认定共产主义社会必定实现的坚定态度。教师的根本任务是为社会主义事业培养建设人才,为共产主义培养接班人。教师本身的共产主义信念,通常表现在如下几个方面:

首先,坚持科学的世界观和方法论。马克思主义理论是科学的世界观和方法论,能够增强人们明辨是非的能力,对树立正确的世界观、价值观、人生观起着极其重要的作用。胡锦涛提出的社会主义荣辱观更是新时期社会主义世界观、人生观和价值观的生动体现。教师确立了科学的世界观和方法论,就能在教学中自觉运用马克思主义的立场、观点、方法,去引导学生正确认识社会、人生和把握各门学科的规律,取得较好的成绩。此外,科学的世界观和方法论还能够指导教师妥善处理教学工作中的各种矛盾,掌握教学技能,提高教学艺术,积极探索教育规律。

其次,坚持四项基本原则。四项基本原则是我国的立国之本,也是教师政治方向的主要方面。教师担负着为社会主义现代化建设培养"四有"新人的历史重任,更应旗帜鲜明地坚持四项基本原则。教师不仅自身要旗帜鲜明地坚持四项基本原则,而且要自觉向学生宣传党的路线、方针、政策,要让学生懂得,我国政治上安定团结,经济上飞速发展,是中国共产党领导全国各族人民坚持改革开放、团结奋斗的必然结果。

再次,坚持崇高的共产主义理想。理想是人生的精神支柱,是人们的政治立场和世界观在奋斗目标上的反映。教师树立共产主义理想,是其思想政治素质的重要内容,是具有坚定的共产主义信念的表现,也是实现教育目的、完成教学任务的重要条件。人民教师树立崇高的共产主义理想,并不意味着只是理论上承认,而且应该实实在在地在自己的教学活动中表现出来。

2. 爱国主义情感

人们通常把爱国主义理解为"千百年来巩固起来的,热爱祖国的锦绣河山,热爱祖国灿烂文化,热爱祖国各民族的优良传统,维护祖国独立和尊严的一种深厚感情。它是一种为了祖国的自由独立,繁荣昌盛贡献力量的高度政治责任感和不惜一切的献身精神"。[①]爱国主义情感是一个国家、民族得以生存发展的巨大凝聚力和向心力。热爱自己的祖国,维护祖国的和平统一,为祖国和人民的利益英勇献身,是每一个公民应尽的义务,也是教师思想政治素质的重要内容之一。教师的爱国主义思想在职业活动中还表现为:

首先,珍视和弘扬祖国优秀的文化传统。教师要热情传播中华民族的优秀传统文化,弘扬中华民族的民族精神。教师是人类知识财富的传播者。教师强烈的爱国之情首先表现在对自己祖国灿烂文化、历史的珍爱和尊重,并通过自己的教学实践,不断继承和弘扬祖国优秀的文化传统,表现出民族的自重和自信。教师与祖国优秀文化遗产的继承、弘扬是息息相关的。祖国的灿烂文化哺养、滋养着广大教师,而教师又以传播、继承、弘扬祖国的优秀文化为业。因此,教师有了对祖国的深厚感情,就能认真学习祖国灿烂的历史文化,积极吸收世界各民族的优秀文化成果,丰富祖国的文化宝库;就能满腔热忱地去教育学生爱我们的民族,爱伟大的党,爱社会主义,从而坚定建设中华、振兴中华的必胜信念。

其次,热爱社会主义教育事业。教师要把从事教育工作作为报效祖国的根本途径。教师强烈的爱国之情表现为深深爱

---

① [苏联]波诺马廖夫:《共产主义教育词典》,成都:四川社会科学出版社,1986年,第187页。

自己的教学工作,一丝不苟地教书育人,为祖国多培育优秀人才。人民教师工作的好坏,直接关系祖国的强盛兴衰。衡量一名教师是否具有爱国主义的思想政治素质,不只是看其口头上是否关心祖国命运,还要看他能否把对祖国、对党、对社会主义的爱转化为对教学工作的高度责任感和义务感。一名教师真挚地爱艰巨而高尚的教学工作,实质上就是爱社会主义祖国的事业,就是爱国主义情感的具体体现。

再次,热情地向学生宣传爱国主义。把爱国主义精神渗透到自己的教学工作中。教师教育活动的根本目的,是要把学生培养成为热爱祖国、具有现代化知识和技能的建设人才。因此,教师强烈的爱国之情不仅表现为对祖国、对事业的爱,还表现为在教育活动中热情向学生宣讲爱国主义思想,培养学生爱国主义情操等方面。教师在对学生进行思想教育过程中,更要宣讲爱国主义思想。对学生进行爱国主义教育,是思想政治教育的重要内容之一。一个热爱祖国的教师,会在工作中自觉通过各种途径对学生进行爱国主义教育。

3. 实事求是的科学精神

教师具有坚持真理、实事求是的科学精神,是由教师的基本职责所决定的。教师不仅要传播准确、科学的知识,而且在任何条件下,都要坚持真理、讲真话。人民教师勇于坚持真理的品格,则表现为在教学活动中热情地传播真理,勇敢地坚持真理。这是教师思想政治素质的又一个重要内容。

首先,热情地传播真理。教师要用科学的世界观、方法论引导学生,影响学生。传播真理,是人民教师的天职。青年学生渴求知识,追求真理,喜欢思考和探索,对社会、人生及周围发生的事情,爱刨根问底。对此,教师应当满腔热忱地教育、引导学生,向他们推荐各种优秀的理论著作和介绍科学知识,帮助他们辨别真伪,培养他们尊重科学、尊重真理的良好品德。青年学生正处于"染于苍则苍,染于黄则黄"的身心发展阶段,教师是他们心目中的楷模,他们常将教师的一言一行奉为准则。因此,教师更应注意把真理的种子播入学生的心田。

其次,敢于捍卫真理。人民教师要做到勇敢地捍卫真理,即必须坚持真理,尊重事物发展的客观规律。人民教师勇于坚持真理的品质,还表现为敢于探索,大胆创新,不断发现真理,丰富、完善真理。人民教师应当正确认识事物的发展规律,在科学的世界观和方法论的指导下去认识真理,要大胆探索各门学科知识的内部规律。认真研究和吸收人类一切优秀文化成果,不断更新教学内容,改进教学方法,丰富各门学科体系的内容,从而更加深刻地认识教学活动的规律,使科学真理的内容日趋完善。

(二)教师的道德素质

教师的道德素质是具有根本意义的。师德是构成人民教师完善人格的核心因素,它渗透于教师职业活动的各个方面,随时随地发挥着作用,支配着教师的全部职业活动。所以提高教师自身素质,一定要把提高师德素质放在首位,加强教师队伍建设,一定要以加强师德建设为本。

教师的道德素质是指教师在道德品质方面的修养,是教师道德认识、道德情感、道德意志和道德行为方面稳定特征的综合。它不仅是做好教育工作的前提,也对学生道德素质的形成产生重要作用。学高才能为人师,德高才能为人范。教师的道德素质综合起来有如下几个方面:

1. 高尚的职业道德观念

教师在社会定位中的认同及其表现——敬业意识。南宋教育家朱熹:"敬业者,专心致志以事其业也。"人民教师崇高的敬业精神的具体表现是无限热爱自己所从事的教育事业,愿意以积极的态度去从事教育劳动。对教育劳动之于社会的发展和进步,对个人的前途和未来的伟大意义有着深刻认识。当教师能够从自己的工作中产生自豪感、光荣感、责任感的时候,他才能用忘我的敬业与奉献精神,尽善尽美地去完成自己的工作。敬业精神是教师履行职责、努力克服一切困难、出色地完成本职工作的内在动力。它促使教师不是仅仅把教师工作视为谋生的职业,而是把它当作自己毕生奋斗的事业,教师的爱岗敬业是一种德、一种善。

教师职业目标理想的确立及其表现——乐业意识。爱岗敬业精神是教师乐业的动力源泉。只有具有敬业的精神,才会有乐业的态度。当岗位职责成为教师积极情感的对象,而不是一种约束时;当教育事业的发展成为教师的精神寄托、职业目标理想,而不是无关于己的身外之事时;当学校教育工作的开展、国家教育事业的兴旺已经和自己的命运紧密联系在一起时,爱岗敬业往往会从一种道德准则或道德规范转变成教师个人道德理想的行为表现——乐业。教师只有具备这种乐业精神,才能以平和、乐观的心态去面对学生,才能处处为人师表、教书育人,并从中获得人生的乐趣。教师只有热爱自己的本职工作,才能具有强烈的事业心和责任感,才能树立正确的教育思想,才能取得成绩和荣誉,从而获得事业上的成功。

总之,教师的敬业乐业精神,包括高度的职业责任感和使命感,高尚的职业尊严感,目标明确的事业心和成就感,以及实事求是、艰苦奋斗、勇于创造、进取开拓的职业信念、信心等,并通过守规、勤业、精业的职业态度和职业行为表现出来。

2. 崇高的职业道德精神

教师的勤业与精业是教师对其职业价值的积极追求,是教师具有崇高职业道德精神的重要表现。勤业体现着好学上进、主动进取、精益求精的精神。勤业要求教师勤于学习,不断丰富自己,开阔视野;勤于钻研,掌握从教规律;有锲而不舍的精神,勇于创新。精业表现为精于业务,精心做事,忠于职守,不敷衍塞责,认真对待日常工作,它是实现职业劳动最佳效益的价值追求。勤业与精业是相辅相成、辩证统一的。勤业是精业的前提,精业是勤业的必然结果。教师通过自己的教学、教育活动,把知识传授给学生,为学生将来适应社会打下扎实的基础。因此,教师必须勤奋学习,精通业务,切实掌握所教学科的专业技能,不断丰富和扩大自己的知识领域,充分发挥自己的一切智慧,把学生培养成国家需要的栋梁之材。只有具有勤业与精业的精神,教师才能积极面对自身的社会责任和社会义务,以育人为乐;才能自觉强化自身修养,不断完善自我,从而在教育活动中有所收获。

3. 高尚的职业道德行为

教师的道德行为是道德意识和道德品质的外在表现,是实现道德动机的手段。师德不仅是对教师个人行为的规范要求,而且是教育学生的重要手段,起着"以身立教"的作用。它不仅深刻地作用于学生的心灵,塑造学生的品质,而且通过学生作用于家庭和社会;它不仅影响学生学习期间的成长,还影响学生今后的生活道路、甚至他们的一生。青少年时期正值世界观、品质、性格形成的时期,这一时期学生的特点是摹仿性强,可塑性大,易受成年人和外界环境的影响。因此,教师必须要坚持科学严谨的治学态度,用科学的精神陶冶学生,用科学的知识培育学生,用科学的方法引导学生,这是教师恪守职业规范,坚持高尚职业道德行为的表现。这就需要教师注重知识传授上的科学性,要以准确的科学知识和例证进行教学,使学生获得对世界的正确认识;注重学生人格发展上的全面性,以公正、健康、积极、向上的思想意识和行为,教育学生形成健康的人格;注重思想品德教育上的道德性,要以道德的方式方法,以人为本地去实施道德教育,使学生心悦诚服地接受教育。高尚的职业道德行为是教师职业道德的综合表现。教师的一举一动、一言一行,都会对学生产生深刻影响;教师的言谈举止、行为态度、待人处事,乃至气质、性格,都对学生起着熏陶、感染的作用。因此,坚持高尚的职业道德行为应成为教师从教的最高追求和指针。

第五章
教师职业道德

　　教师职业道德，简称师德，是教师在从事教育劳动时所应遵循的行为规范和必备的品德的总和。它从道义上规定了教师在教育劳动过程中以什么样的思想、感情、态度和作风去待人接物，如何处理问题、做好工作、为社会尽职尽责。它是教师行业的特殊道德要求，是调整教师之间、教师与学生、教师与学校领导、教师与学生家长以及教师与社会其他方面关系的行为准则，是一般社会道德在教师职业中的特殊体现。

　　当今世界，科学技术突飞猛进，综合国力竞争日趋激烈，人才的作用日见突出，教育的地位日显重要，国运兴衰、社会进步系于教育。如果说教育是国家发展的基石，教师就是奠基者。有好的教师，才可能有好的教育。截至2010年，我国有1600万名教育工作者。他们长期以来兢兢业业，默默耕耘，不计名利，甘为人梯，培养了一批又一批优秀人才，为我国教育事业和现代化建设做出了不可磨灭的贡献。①但是必须看到,我国教师队伍整体素质亟待提高、教师的地位待遇有待提升、教师管理机制需要完善。能否造就一支师德高尚、业务精湛、结构合理、充满活力的高素质专业化教师队伍,是我国教育发展中一项重要而紧迫的任务。我们必须更加重视教师职业理想和职业道德教育,增强广大教师教书育人的责任感和使命感。习近平在庆祝第三十个教师节时指出:做好老师有四个标准,要有理想信念,要有道德情操,要有扎实学识,要有仁爱之心。广大教师要自觉加强师德修养,"学为人师,行为世范"。要以自己的人格魅力和学识魅力教育感染学生,做学生健康成长的指导者和引路人,让教师成为最受尊重的职业。

一、热爱学生

(一)热爱学生是教师的基本条件

1. 热爱学生有助于学生良好思想品德的培养

教师尊重信任学生,关心学生,学生感受到教师对自己的关心爱护,会更"倾心"于教师,更加乐于接近教师,更愿意接受教师的教育,所谓"亲其师、信其道"就是这个道理。教师热爱学生的态度和行为,本身对学生良好思想品德的形成具有陶冶作用。在关系和谐、心理相通、感情相融、乐于相互交往、易于相互沟通的氛围中,师生间不仅相互尊重信任,还常常伴随相互学习的行为,教学相长能得到最明显体现。教师给予学生的关心、热爱,使学生不仅仅感受到爱的温暖,而且感受到人格的真善美所在。学生能从教师的态度和行为中体验到如何待人,如何为人,懂得真诚与合作的价值,感受到人世间的美好,从而形成乐观的生活态度和真诚助人的品格。正是在这个意义上,

---

① 储朝晖:《学习楷模事迹,争做优秀老师——教育界人士畅谈学习全国教书育人楷模先进事迹》,载《中国教育报》,2010年9月15日。

许多教育家都强调,教师只有尊重信任学生,关心学生,才能培养起学生良好的情感和品德。

2. 热爱学生有利于增强学生从事各种学习的动力

现代教育极其重视学生的主体性,这就是要发挥学生的主体作用,没有动力,学生主体作用的发挥也不可能,就不会激发学生的积极主动性。学生学习动力来自何方?教育专家们已有了明确的答案,它包括学生的兴趣、爱好、动机、需要、表扬、奖励等,还有教师对学生的热情期待也是学生努力学习的动力来源。它能有效推动学生的发展,促进学生的进步。

教师是肩负社会重任来进行教育工作的,所以教师爱学生的这种态度和行为中,也必然包含对学生发展的良好期待,如对学生德智体发展的期待、对学生良好言行的期待、对学生未来良好成就和作为的期待等。这种期待伴随教师对学生的尊重信任、关心爱护的实际言行,会不知不觉传递给学生。当学生感受到这种期待,体验到教师对他们的真情关切,并且知道教师希望他怎样学习、怎样活动、怎样做人的时候,其内心往往会产生一股强大的动力,这种动力能源就来自教师的期待。

3. 热爱学生有利于学生保持良好的学习状态

如何创造一个积极愉快的学习氛围,使学生保持良好的学习状态?需要师生双方共同努力,其中教师对学生的态度和行为是形成良好学习氛围的关键因素,教师热爱学生有利于创造积极愉快的学习氛围,积极愉快的学习氛围能够激发学生丰富的想象,活跃学生的思维,使学生全身心地投入学习。它能在相当大程度上影响学生的学习状态。教师和蔼可亲、善于鼓励、言行经常体现对学生的尊重和关心,进而为学生提供及时的帮助和指导,学生就会轻松愉快,有个良好的学习心境。反之则会造成学生情绪上的紧张,使他们烦躁、恐惧,学习效果就会不好。

(二)热爱学生的基本内容

1. 热爱学生,诲人不倦

教师对学生的爱和情,既是教师高尚品德的表现,又是一种教育手段,在塑造学生的灵魂和人格方面是一种巨大的力量。热爱学生就是由衷地喜爱学生所特有的纯洁心灵和强烈的求知欲望。教师爱学生与家长爱子女在情感方面有着相似之处,但又有所不同。教师爱的是他的工作对象,而这种对象不是"产品",也不是商品,而是中国特色社会主义的建设者。他们是有血有肉、有思想、有个性、有情感的人。这种爱来自于教师在履行培养接班人这一崇高职责时产生的自然情感,它不是出于血缘关系,也不是出于教师个人的狭隘感情,而是出自教师对教育工作的忠诚和热爱。

诲人不倦,是教师热爱学生达到一定程度而升华的一种崇高境界,它是一种美好而积极的情感,它能激起教师对自己劳动的兴趣和爱好,促使教师创造出各种优良的、受学生欢迎的教学方法。这种爱又是一种重要的教育力量,它能促使学生内心产生积极的情绪,增强自信心,进而转化为学生接受教育的内在动力,使学生发挥自己的聪明才智。这样,教师的授课往往会取得事半功倍的效果。教师的教导会像春风吹进学生的心田,教师也会从学生对自己的敬爱和纯真感情中得到一种精神上的满足。

2. 热爱学生,关心他们的成长

许多人已经有了这样的共识:那就是只会做一件事的学生将会被社会所淘汰。国外社会学家通过调查和预测也已传出信息:21世纪最受社会欢迎的人是全面发展的人。作为老师,对学生的爱不仅表现为关心他们的学习、考试和分数,而且要站在育人的高度去全面关心学生的成长。为此,教师应做到以下几点:一是要教育和指导学生把坚定正确的政治方向放在首位。要使学生懂得一个人不关心政治,不懂政治,在政治上不成熟,恰恰是一个人尚未成熟的表现。二是要指导学生发展健康的个性。教师不仅要为学生的健康成长指明方向,而且要帮助学生找到自己个性、才能的优势,这是现代教育和学校德育所致力的目标。三是要指导学生处理好做人与做学问的关系,教育学生确立积极的人生态度和理想的人格追求。四是要用传统美德教育学生。要让学生认识到传统美德诸如爱国主义和集体主义精神、诚实守信、助人为乐、勤劳勇敢在现代和新世纪对一个人、一个民族仍然具有重要的意义和价值。五是要培养学生的效益意识。正确的效益意识有利于帮助学生认识"效益"对促进发展的重大作用。为将来步入社会做好心理准备。六是要培养学生的法律意识,增强他们的民主与法制观念,这不仅是教育思想的一大转折,是教育模式的一种突破,也是新的历史和社会条件下党和国家对人民教师更高的职业道德要求。

3. 热爱学生,严格要求学生

只有严爱结合,才能使学生成才。对此,教师必须做到以下几点:一是要严得合理。所谓严得合理,是指教师对学生提出的一切要求都要符合党的教育方针,都要有利于学生的生理心理健康,有利于学生学业进步和良好行为习惯的养成,让学生心服口服,心甘情愿地接受。二是要严得适度。教师对学生提出的各种要求都要符合他们的身份、年龄和特点,学生的思想水平、认识水平、知识水平以及理解能力不可能完全相同,教师要区别对待,适度要求学生,这样才会收到好的教育效果。三是严而有方。教师对学生的严格要求能否收到成效,关键在于方法。教师对学生的严格要求也要通过与学生耐心沟通,寓教于教学中,寓教于各种活动和师生的接触中。只有方法恰当,才能培养和训练出出色的学生。四是要严而求恒。所谓恒就是要坚持长久,对学生的严格要求绝不能时有时无,既然已对学生提出某种高标准的要求,就要坚持到底,任何时候都不要放松。五是要严中求细。教师要从生活、学习、思想、劳动、工作、活动以及家庭等方面了解学生,关心学生,要善于从细微处发现潜在的问题,及时引导和规范,防患于未然,避免酿成大错。

教师要把学生培养成社会需要的有用人才,就要对他们倾注无私的爱和真挚的情,这种爱和情就是关心、体贴、帮助和严格要求。这种爱和情既深刻又博大,慈母对孩子之所以无私,是因为血缘关系,教师对学生付以无私的爱和真挚的情感,付以慈母般的柔情,那是一种更崇高而伟大的爱,它强烈地感化着青少年一代,影响他们一生。

(三)热爱学生的基本要求

1. 树立正确的学生观

学生观是指教师对自己的教育对象最基本的看法,是教师认识学生、评价学生的根本观点和思想方法。学生观是教育观的核心,是调节师生之间道德关系的思想基础。因此树立正确的学生观,是对教师职业道德要求的一个重要方面,也是教师做好教书育人工作的一个根本性前提。学校教育工作者有无正确的学生观,是他们能否对学生进行素质教育的关键。教育教学的主要矛盾是教与学的矛盾,教与学是对立统一的,教师与学生的关系也是对立统一关系。教师是教育者,在教育教学工作中起主导作用,教师代表学校、社会、政府对学生进行教育,因此教师必须正确发挥主导作用。学生是学习的主体,在学习过程中,学生自身的作用是内因,教师的作用是外因,外因必须通过内因才能起作用。因此,教师正确发挥主导作用的突破口,就要从爱护学生和关心学生出发,经常了解学生,在此基础上实行民主教学原则和方法,充分调动学生的主动性和积极性,发挥学生的主观能动作用。

教师热爱学生是为了教育学生。而要教育好学生,就得先了解学生。只有真正了解学生,才能更好地热爱学生。俗话说:"知之深,爱之切。"所以,了解学生是教育的前提和基础。教育工作是从了解学生开始的。不了解学生的内心世界,就搞不好教育,达不到教育目的,收不到教育效果。只有掌握学生的思想状况、个性特点,学习、生活情况等,才能从学生的实际出发,有目的地进行教育。在进行素质教育时,教师应该把了解学生、研究学生的心理需求作为掌握教育艺术的基本功,这也是教师应具备的基本素质。

2. 科学公正地评价学生

热爱学生必须科学评价学生。教师对学生的评价常被学生看作是社会衡量自己的标准,也是对自己的思想、行为进行反馈的一种渠道。教师要用发展、变化的科学观点看待每个学生,学生的个性特征具有相对性和可塑性。每个学生都有发展潜能,没有发展潜能的学生是不存在的。现代教育与教学的目标不应该只是传授知识,更重要的应是开发学生的潜能。教育首先要承认每个学生都有闪光点,并在教育教学过程中创造各种条件,激发学生的不同潜能,使每个学生都有机会发现并展示自己的才华。教师还要认识到,学生的发展是有先后的。人的天赋、发展的可能性、能力和爱好确实是无可限量的,每个人在这些方面都有自己的不同特点。人民教师的神圣职责,就是要在每一个学生的身上发现他们创造性劳动的源泉,帮助每一个学生正确认识自己,看到自己身上的闪光点,并树立信心不断发展和壮大它,从而成为一个坚强的、不断进取的人。因此,在教育教学活动中,教师要客观、公正、科学地看待和评价每一个学生。

3. 尊重信任学生

尊重、信任学生是教育获得成功的基础。教师热爱学生就要尊重、信任学生,这也是素质教育条件下新型师生关系的体现,是促进学生健康成长的重要条件。尊重、信任学生就是要尊重学生的人格和自尊心,尊重学生的个性、爱好和隐私。为此教师要坚持用平等、友好的态度对待学生,不允许粗暴批评、压制、体罚、训斥、辱骂、讽刺学生。要明确教师与学生之间没有人格上的尊卑、贵贱之分,教师不能以家长式的作风专断蛮横地对待学生,向他们发号施令。

自尊之心,人皆有之。尊重学生的尊严和自尊心,是师德情感的体现,是教育规律的客观反映和学生的心理要求。教育过程,是"教"与"学"的统一,只有既发挥教师教的积极性,又发挥学生学的积极性的时候,才能取得最佳的教育效果,达到教育目的。教师对学生的尊重、信任,包含对学生个体存在价值和上进愿望的肯定,是调动学生积极性的关键。对青少年的心理研究表明,青少年学生具有很强的自尊心和强烈的独立性,希望老师尊重自己的人格,尊重自己的意见,信任自己,当这种要求得到满足时,他们就会感到愉悦高兴,产生一种满意的情绪体验,从而激发一种向上的进取力量。反之,如果教师不尊重学生的人格和尊严,对学生冷嘲热讽、粗暴训斥,则会伤害学生的自尊心,让学生感到失望、屈辱,丧失追求美好生活的信心,甚至走上轻生道路。学生的自尊心,是教育工作取得成功的起点和基础。维护学生的自尊心,就是维护他们前进的动力;而伤害学生的自尊心,就会阻碍学生的进步和发展。每位教师都应维护学生的自尊心,无论如何都不要去碰触他们心中最敏感的角落。

尊重学生就要信任学生。尊重出于信任,信任是一种无形的教育力量。它可以鼓励学生上进,是培养和教育学生的一个好手段。特别是对于后进或犯过错误的学生,更要给予信任,这样才能促进他们转变,激发他们自尊上进的勇气。信任也具有教育力量,当代青少年学生的自我意识增强,他们要求用自己的眼睛去认识事物,自己去判断是非、决定取舍,渴望别人的理解和信任。教师相信学生,可以给学生以信心和力量,可以变消极因素为积极因素。因此,教师不但要相信学习好的学生,对有缺点或错误的学生也应该充分相信、信任,引导他们不断前进。学生往往从教师的信任和期待中,体验到为人的尊严,激发自己不断进取,从而使先进更先进,后进赶先进。

4. 平等公正地对待学生

在加强素质教育的今天,教师在教育教学过程中要平等公正地对待每个学生,这就要求教师要以无私的胸怀去热爱全体学生,不以个人的好恶为标准,不以学生的家庭分亲疏,不以学生成绩优劣、智力高低、品貌好坏定好恶。教师不仅要爱"白天鹅",而且要爱"丑小鸭"。尤其对那些成绩较差的学生,教师要给予更多的温暖和爱心,将"生命的火、赤诚的心、真挚的爱"献给他们,使他们健康茁壮成长。

平等地对待学生是人民教育事业对教师的要求。古人云:"尺有所短,寸有所长。"世界上没有完美无缺的东西。任何事物都有两重性。"只爱白天鹅,不爱丑小鸭",不是师爱而是偏爱,这是师德所不允许的。如果教师见了一部分学生喜笑颜开,见了另一部分学生则冷若冰霜;把一些学生视为掌上明珠,而把另一些学生当成包袱。这样势必会给一部分学生造成心理伤害,使他们丧失前进的勇气,甚至会给学生留下阴影,葬送掉一些未来的人才。

5. 爱而不溺,严而有格

教师对学生的爱不是骨肉血缘之爱,也不是单凭印象的偶然之爱,而是按照党的教育方针,把学生培养成德、智、体、美、劳全面发展的社会主义"四有"新人的神圣使命之爱。这种爱具有原则性和导向性,它强调教师对学生的爱不是溺爱和宠爱,而是建立在严格要求基础上的爱。俗话说:"严师出高徒","教不严,师之惰","严是爱,松是害"。人的身心发展状况,主要取决于后天的影响和教育。人的良好思想品德和行为习惯的养成、正确的政治观的确立、智力的发展、科学知识的掌握等,都是在教育者的严格要求、热情关怀、精心教育下形成的。因此,教师只有严格要求学生,才是真正爱护学生,才能按照社会主义人才培养的规格,把学生培养成有用之才。然而教师对学生严格要求,并不是一味斥责,而应做到严而有格、严而有理、严而有情、严而有方、严而有恒,把热爱与严格要求结合起来,做到严出于爱,爱寓于严,对学生爱而不纵,严而不凶。正如苏霍姆林斯基说的"要进行教育,首先是要关切地、深思熟虑地、谨慎小心地触及青年的心灵"。千万注意不要为了严格要求学生,而粗暴简单地对待学生。

二、献身教育

(一)献身教育是教师道德的基本规范

献身教育是指将教育事业作为职业选择的理想目标,立志在教育岗位上全身心投入。他要求教师做到:树立崇高的职业理想,把从事教育工作,培养社会主义现代化建设需要的优秀人才,作为自己的志向和抱负;培养对教育工作的职业情感,忠于人民教师的崇高职责,以从事教育工作为荣,以献身教育事业为乐,全心全意搞好教育工作,把自己的全部精力无私地奉献给社会主义教育事业。

1. 献身教育是社会主义教育职业劳动本身对教师提出的最基本的道德要求

在社会主义社会,教师和其他各行各业的职业人员一样,都是中国特色社会主义事业的建设者,具有自己的社会职责和义务。教师的社会职责和义务,是通过自己所从事的教育职业劳动,把学生培养成"四有"新人,来为整个社会服务。一名教师能否出色地履行自己的崇高职责和义务,不仅取决于他具有的知识和才能,还取决于他对社会主义教育事业的态度和情感。教师只有真心实意地热爱自己的教育工作,全心全意把自己的知识和才能贡献给人民的教育事业,才能把教育工作真正做好,才能有益于教育事业的发展,有益于社会的整体利益。反之,如果一名教师心猿意马,不热爱教育工作,势必不能把教育工作做好,既损害了个人利益,又损害了教育事业的利益和社会的整体利益。

2. 献身教育是社会主义道德原则、规范在教育劳动中的集中体现

社会主义道德对教师提出的热爱祖国、热爱社会主义、全心全意为人民服务等一系列原则和规范不是空洞的口号,它要求教师的一切教育活动必须从人民的利益出发。我国正处在社会主义初级阶段,全国人民的根本任务就是进行社会主义现代化建设,把我国建设成为富强、民主、文明、和谐的社会主义强国,这也是人民的根本利益所在。而要实现社会主义现代化,科学技术现代化是关键,教育是基础。只有通过教育,提高全民族思想道德和科学文化素质,培养大批社会主义新人,建设社会主义强国的目标才能逐步实现。没有知识,没有人才,建设中国特色社会主义事业只能是一句空话。因此,献身教育这一师德原则,就是要求人民教师在工作岗位上全心全意为人民服务,为国尽力,造福人民。

3. 献身教育是教师遵守社会主义教师道德的基本起点,是整个教师职业道德规范体系的核心

献身教育制约和影响着其他一系列师德原则和规范的贯彻。一名教师只有在献身教育这个崇高的师德信念支配下,才能自觉遵守"教书育人"、"为人师表"、"热爱学生"、"严谨治学"、"关心集体"、"以身作则"等其他师德原则。教师只有立志献身教育事业,甘为人梯,才能在教育劳动中热爱教育对象,做到谆谆教诲,循循善诱,全心全意地培养学生;才能同其他教师团结协作,共同完成教书育人的任务;才能处处以身作则,做学生的表率,将言传和身教结合起来,达到理想的教育效果。一句话,只有献身教育才能自觉履行教师的职业道德要求,为教育事业做出应有的贡献。献身教育是教师职业道德基本规范体系的核心。

(二)献身教育作为师德规范的必然性

1. 献身教育是教育价值、教师价值实现的根本途径

狭义的教育是指按照一定的社会要求和受教育者身心发展的特点,教育者对受教育者施加的有目的、有计划、有组织的影响,以便把受教育者培养成一定社会需要的人的活动。它起源于人类劳动和集体生活的需要,是人类所特有的经验传递手段,也是人类社会得以延续和发展的必要手段。作为人类特有的社会现象,教育一方面为一定社会的政治、经济制度和生产力发展水平所制约,另一方面又反作用于一定的政治、经济制度,促进生产力的发展。教育的价值集中体现为教育对一定社会的政治、经济和生产力发展的重大能动作用。

教育的功能,是通过教师的职业劳动表现出来的。因此,教育价值的实现,是通过教师价值的实现来体现的。教师是用自己的知识、才能等,向下一代传播科学技术和生产生活经验,为社会培养和造就各种人才的劳动者。教师是连接过去与未来的纽带,是人类逐步走向文明的桥梁。人类在长期的社会实践中积累了丰富的经验,创造了灿烂的科学文化,留下了宝贵的精神财富。每一代人都要在前人留下的这些财富基础上进行创造性实践活动,建设新生活。这个环节中,教师起着承前启后的作用。他们对人类积累起来的社会精神财富,诸如科学、技术、思想、观念、道德等进行批判总结,然后传给青年一代,并在这一过程中不断开发青年一代的智力,使他们在较短时间内具有进行创造性实践活动的能力。

教师在人类社会发展中的作用是重大的,任何一个国家,任何一个民族,都不能没有教育,不能没有教育的承担者——教师。《中国教育改革和发展纲要》中说:"振兴民族的希望在教育,振兴教育的希望在教师。"足见教师角色的重要,而这也正是教师的价值之所在。价值的实现,要通过一定途径。价值不同,实现的途径也不同。教育价值的实现,主要是按照教育方针,采取一系列措施,努力实现教育目的,为社会培养出德、智、体、美、劳全面发展的,有理想、有道德、有文化、有纪律的社会主义现代化建设人才。教师价值的实现,主要是教师将自己的全部精力投入到教书育人的实践中,使自己的思想品德、知识、才能对象化,培养出符合社会需要的人才。教师价值实现的过程,是一个艰苦的、充满创造性的劳动过程。教师既要对学生进行指引,又要进行细致入微的点拨。而要做到这些,首先要求教师具有高度的敬业精神,将自己的职业劳动同远大理想联系起来,树立正确的价值观念,遵守献身教育的师德规范,通过平凡细致的辛勤劳动,实现自身价值,从而实现教师的价值。所以,献身教育是教育价值和教师价值实现的根本途径。

2.献身教育是社会主义职业道德原则在教育劳动中的集中体现

任何职业都把敬业乐业、忠于职守作为基本的职业道德要求。社会主义社会仍然需要把热爱本职工作、献身本职工作作为各行各业都应当遵守的职业道德规范。这是因为:第一,只有热爱并献身本职工作,才能增强责任感,勤奋地学习本职工作所需要的各种知识、技能,探索、掌握做好本职工作的规律和方法。否则,就不可能下大力气去探求做好本职工作、提高从事该项工作所需要的本领,也就不会是一名称职的职员。第二,只有热爱并献身本职工作,才会具有工作积极性、主动性,才能产生源源不断的动力。一个厌恶本职工作的人,不会有职业进取心,至多只能处于被动应付的状态。第三,只有热爱并献身本职工作,才能有坚强的职业道德意志和品格。人们在实现职业目标过程中,不可能一帆风顺,常常会遇到各种困难,受到挫折和失败。但是,一个人有了对事业的炽热追求和为此而献身的信念,就会产生克服困难、摆脱困境和不利局面的勇气,在实践中培养坚强的意志,成为具有高尚职业道德品质的人,从而对人民、对国家做出较大的贡献。

热爱并献身本职工作、忠于职守这一社会主义职业道德规范，同样适用于从事教育事业的人们。人民教师只有遵守献身教育的职业道德规范，才能产生强烈的社会责任感，将自己的本职工作同中国特色社会主义事业密切联系起来，努力提升自己，以自己渊博的学识、高超的技能以及高尚的人格，言传身教，积极主动、创造性地去做教书育人的工作，才能成为合格的人民教师。所以，献身教育是社会主义职业道德原则在教育劳动中的集中体现。

（三）献身教育的基本要求

献身教育是教师职业道德的基本规范，它在调整教师行为的过程中，一般要按认知、立志、行动的顺序，通过行为者对自己职业重要性、崇高性的自我认知，进而付诸实践，产生动力，最终达到目的。

1. 要充分认识教师在教育工作中的价值特点

首先，要看到教育工作在社会主义建设事业中的重要地位和作用。邓小平认为，实现现代化的基础在教育。他在论述教育在社会主义现代化建设中的地位和作用时明确指出："我们要实现现代化，关键是科学技术要能上去。发展科学技术，不抓教育不行"，"抓科技必须同时抓教育"。[①] 其次，要充分认识教师在教育中的地位和作用。教育是关系社会发展的恒久而伟大的事业，在整个社会系统中处于优先发展的地位。教育要发展，需要大量合格教师的辛勤劳动，教师在教育活动中处于特别重要的地位，起着重要作用。人才成长和发展的每一步都渗透着教师的心血和汗水。由此看来，教师的作用是重大的。再次，教师职业的伟大、崇高寓于平凡之中。有人曾经说过："教师没有历史。"这句话的确言中了教育者职业的根本特征。

---

① 《邓小平文选》第2卷，北京：人民出版社，1983年，第37页。

课堂是平静的,不见壮丽、不见豪迈,平凡得让人说不出教师整天都做了些什么,以至于有了"教师没有历史"之说。可透过这平静的表面,展现的却是另一番绚丽的风景,教育平凡而崇高。

2. 要正确处理教育事业利益与教师个人利益的关系

教师要真正做到热爱教育、献身教育,并不是一件容易的事。在教育工作实践中,经常会遇到如何正确处理教师个人利益与教育事业利益关系的问题。正确认识、处理教育事业利益与教师个人利益的关系,必须始终坚持社会主义、集体主义原则。

要坚持教育事业利益与教师个人利益的和谐统一。在社会主义条件下,教育事业利益与教师个人利益在根本上是一致的。教育事业利益,是包括全体教师利益在内的社会教育职业劳动的整体利益,它以为社会培养德、智、体、美、劳全面发展的人才,促进社会主义物质文明建设与精神文明建设为基本道德尺度。教师个人利益,是指教师个人正当的经济、政治和精神文化利益,它以与社会主义教育事业利益保持目标、方向上的一致为基本道德尺度,受社会经济文化发展水平的制约。人民教师是国家的主人、社会主义教育事业的建设者,教育事业利益与教师个人利益不可分离地联系在一起。一方面,教育事业利益离不开教师个人利益。在我国改革开放之初,邓小平就十分关心广大工人、农民、知识分子的个人物质利益,多次强调,在精神上鼓励教师终身从事教育工作的同时,物质鼓励也不能少。他深刻指出:"人是需要一些个人利益来从事生产的。"提倡为人民服务和集体主义精神"决不是说可以不注意个人利益"。[①] 发展社会主义教育事业利益,必须充分调动每一个教师的积极性和创造精神,促使广大教师同心同德,努力奋斗。离开教师正当的个人利益,社会主义教育事业利益就无法实现和

---

① 《邓小平文选》第 2 卷,北京:人民出版社,1983 年,第 175 页。

保证。另一方面,教师个人利益也离不开教育事业利益。教师个人利益的实现,根本上依赖于全社会物质和文化生活条件的逐步改善,而要改善全社会的物质和文化生活条件,必须大力发展教育和科技,提高人的素质,实现现代化。离开教育事业利益,教师个人利益也就成了一句空话。因此,以社会主义集体主义原则为指导,在处理教育事业利益与教师个人利益关系时,其基本出发点和追求目标,应是使两者利益和谐共生、同步实现。

要大力发展和促进教育事业利益,重视和提高教师个人利益。在教育劳动中,每个教师都应当充分认识自己对社会所承担的神圣职责和义务,热爱教育工作,全心全意为培养下一代辛勤劳动。凡是有利于教育学生、提高教育质量的事情,就应努力去做;凡是不利于教育学生、有损教育事业利益的事情,就应避免去做。教育事业利益是每个教师的共同利益,也是每个教师的根本利益和最大利益。教师应当把教育事业利益放在首位。只有大力发展和促进教育事业利益,教师个人利益的改善才有条件和保障。强调每位教师应当为国家、集体的利益即教育事业利益奋斗,并不排斥和否认教师正当的个人利益。贯彻社会主义集体主义原则,要求我们在鼓励广大教师为教育事业利益而奋斗的同时,重视和提高教师的个人利益,关心和改善教师个人的物质文化生活条件。教育事业利益脱离每一个教师的积极劳动,是无法实现的。教师为了有效地从事教育工作,必须得到足够的物质和精神补偿,以恢复在劳动中消耗的脑力和体力。同时还要看到,社会主义建设的根本目的,是为包括教师在内的广大人民群众创造日益完善的物质和文化生活条件,促进人的全面发展。促进教师个人生活的改善,本来就是社会主义的重要目标和内容之一。

要坚持集体利益高于个人利益的原则,在教师个人利益与教育事业利益发生矛盾冲突时,提倡教师个人利益自觉服从教育事业利益。以集体主义为指导的社会主义教师道德,既强调教育事业利益与教师个人利益的统一,又强调作为集体利益的教育事业利益高于教师个人利益,强调以社会主义教育事业利益作为评价教师行为善恶的最高标准。在社会主义教育劳动中,教育事业利益与教师个人利益在根本上是一致的。但是,并不是说,这两种利益在任何场合、任何时候都不会发生矛盾。有时会出现两种利益暂时不能兼顾的情况。社会主义教师道德要求在这种特殊时候,教师应把教育事业利益放在头等重要的地位,个人利益服从集体利益。这是一名教师能否贯彻社会主义集体主义原则的关键所在,也是其能否遵循献身教育这一师德原则的关键所在。

社会主义教师道德,之所以强调教育事业利益至上,是因为只有更注重集体利益,个人正当利益才可能得到实现,没有集体利益的优先实现,个人利益也就成了"空中楼阁"。集体利益高于个人利益,意味着必要情况下个人可为集体利益作出一定牺牲。一个真正热爱教育事业的教师,在自己的教育和教学工作中应表现出忘我的、崇高的奉献精神。

同时我们还应该看到,我国是一个发展中国家,正处在社会主义初级阶段,经济文化生活条件有待改善,办学和教学条件大多比较艰苦,这要求教师要有"先天下之忧而忧,后天下之乐而乐"的奉献精神。当前,应当批判和克服部分教师"一切向钱看"的利己主义观念和个人至上的价值观,大力倡导爱国主义、集体主义和全心全意为人民服务的精神,继承和发扬人民教师克己奉公,先公后私,顾大局,识大体,事事处处以教育事业利益为重,忠诚于教育事业,无私奉献的美德。

3. 要树立正确的人生价值观

热爱教育,献身教育,要求教师努力确立正确的人生价值观。应该看到,教师的个人价值,是和社会主义教育事业的价值紧密联系在一起的。在社会主义社会,一个教师的价值,不仅取决于他的存在是否从他人、社会那里得到承认和满足,而且取决于他为培养学生尽了什么责任,为教育事业做出了多大贡献。一个教师为社会、为教育事业、为学生作的贡献越大,他个人的价值就越大。

社会主义制度为教师实现自己的人生价值创造了良好的社会条件。教育事业是永恒的事业,与人类社会共存,是人类社会赖以生存和发展的重要条件,在社会主义现代化建设中起着关键性作用。既然教师工作是社会主义事业不可缺少的组成部分,教师上的每一堂课,组织的每一次活动,也都是在为社会主义培养人才。教师只要忠实履行自己的社会职责,献身教育事业,为培养合格的人才做出贡献,他的人生价值就能得以实现。教师照亮着青年一代成长的道路,同时他也从学生的成长和人民事业的发展中,得到千百倍"报偿",教师的人生意义也才得到体现。

三、教书育人

(一)教书育人的基本内容

江泽民在北京师范大学建校100周年庆典时对教育和教师问题发表了重要讲话,讲话中,他把教书育人作为教师的任务之一明确提出。所谓"教书育人",一般是指教师在传授知识的教学过程中自觉地、有目的地利用一切可能的条件对学生进行思想和道德品质方面的教育。教书和育人是一个不可分割的有机整体,是学校教育的两大基本目标,是教师的两项基本任务,也是教师的社会职责。教书是教师育人的基本途径,育人是教师教书的根本宗旨。"育人"不限于教书,但教书必须育人。凡教育均应如此,这是由教育的规律所决定的。

人民教师必须从德、智、体诸方面全面关心学生的健康成长。教师不能只重视智育,而轻视体育,忽视德育;不能只顾传授业务知识,不管思想品德的培养,要在培养良好的道德、掌握丰富的知识、发展能力、锻炼身体几个方面对学生进行经常的、系统的工作。其中,培养良好的道德是根本,教师若不注重学生的社会主义觉悟、共产主义思想及道德品质,学生即使掌握一定的知识技能,也不能为社会主义现代化事业贡献力量,甚至可能受到精神污染,走上邪路。丰富的知识是育人的基础,学生的主要任务是学习,教师要把自己的全部知识无私地传授给学生。发展能力是育人的关键,教师在教育过程中要注意开发学生智力,潜心研究学生的智能结构,寻求最佳的教育方法,以培养学生具有敏锐的观察能力、高度的注意力、丰富的想象力和严密的逻辑思维能力,在社会主义现代化建设中发挥更大作用。锻炼身体是育人的保证,教师要十分注意引导学生进行体育活动,增强体质,提高健康水平。

职业责任和职业道德要求教师不仅仅是传授知识的老师,也是育人的导师。知识和美德在教师身上的和谐统一,会深刻影响学生,对学生的道德行为起着潜移默化作用。一方面,教师的工作特点和职业性质,使得教师时刻处在学生的关注下,因此教师必须严格要求自己,以高尚的道德行为作出示范;另一方面,为了完成教育任务,教师必须坚持身教重于言教,以身立教。诚然,教师的言教是重要的教育手段,但如果忽视身教,教育就失去力量,言教也就成了一句空话。俄国 19 世纪著名的教育家乌申斯基说过,教师个人的范例,对于青年人的心灵,是任何东西都不可能代替的最有用的阳光。如果教师口头上讲一套,实际上做一套,就会影响教师在学生心目中的道德形象,从而对学生产生负面影响。因此,教书育人是教育过程中必不可少的内容。

(二)教书育人的基本要求

随着教育体制改革的不断深入,整个社会由"应试教育"向"素质教育"转化,加之科学技术突飞猛进和国际竞争日趋激烈,知识经济和全球化对教书育人提出了新的要求。

1. 知识经济和全球化对"教书"的新要求

由于素质教育的目标和内容结构体系的要求,赋予教师"教书"的含义以全新的内容。从外延上说,它不再仅仅是传统意义上的"授业"和"解惑",而是包括课堂教学、课外活动、社会实践等校内外教育,以及家庭教育、社会教育等广阔范围的教育教学实践活动;从内涵上说,它不再是指单纯地传授科学文化知识,而是包括传授德、智、体、美、劳诸多方面的知识,以及培养学生实践能力、创新精神等许多内容。

首先,要向学生传授当代最先进的科学文化知识。人类已处于信息时代和知识经济时代,知识量以几何级数与日俱增,知识更新的周期越来越短,而且各种先进的传媒手段如雨后春笋般涌现出来,促使信息传递越来越快。教师的任务也因此而越来越艰巨。教师必须向学生传授当代最先进、最前沿的科学文化知识,不能再靠自己过去在学校所学到的知识包打天下,一用终生,教师必须不间断学习新知识,不断给自己"充电"。

其次,要向学生全面传授德、智、体、美、劳的知识。素质教育的目标要求学生具有全面和谐的知识结构。所以教师要教学生学会做人、学会求知、学会审美、学会劳动,等等。这除要求教师夯实本专业知识功底外,还要学习其他相关知识。

再次,要向学生传授法律、法规知识,培养和增强学生的法制意识,市场经济就是法制经济,依法治国要求国民素质的普遍提高,素质教育的全面实施也必须依靠法治教育和依法执教来保证,所以教师要向学生传授法律、法规知识,使学生在学校就形成较强的法制意识,就要求教师首先要学习各种相关的法律、法规及法学知识,做到知法、懂法、守法。

最后,要培养学生的实践能力和创新精神。素质教育要求以培养学生的创新精神和实践能力为重点,这关系新世纪我们民族的兴衰存亡。所以,"教书"时如果教师没有把握住这个重点,就会偏离"教书"的大方向。

2. 素质教育对"育人"的新要求

素质教育"育人"的目标体系要求教师通过"教书"培养出具有高素质、能迎接新世纪挑战的社会主义建设者和接班人,这就要求新时期的"育人"必须做到以下几点:

首先,必须提高学生的思想政治素质。江泽民在第三次全国教育工作会议上指出:"思想政治素质是最重要的素质,不断增强学生群众的爱国主义、集体主义、社会主义思想,是素质教育的灵魂。"要使有中国特色的社会主义事业沿着老一辈无产阶级革命家开辟的道路前进,就必须使我们一代又一代的接班人树立起爱国主义、集体主义和社会主义的坚定信念。

其次,要培养学生良好的创新品质。当今时代,各个国家都需要高素质的人才,需要具有极强的创新品质、能站在世界科学技术前沿的学术带头人和尖子人才。世界人才争夺战,早在第二次世界大战结束时就已开始,现今则愈演愈烈。要实现我国第三步发展战略目标,就更需要具有良好创新品质的高素质人才。所以,教师在"育人"时,必须把这个事关国家发展前途命运的人才标准放在重要位置。

最后,要培养学生具有较强的适应能力,迎接新世纪的挑战。当今世界格局正在走向多极化,世界范围内科学技术革命突飞猛进,以经济实力、国防实力和民族凝聚力为核心的综合国力的竞争愈演愈烈,各个国家、特别是发展中国面临着各种严峻的挑战。人们必须清醒地看到:国际竞争日趋激烈,经济、科技上同发达国家的差距给我们带来很大压力,一个民族、一个国家要立于不败之地,就必须以"面向世界、面向未来、面向现代化"的"三个面向"为指针,培养出能迎接各种挑战的人才。

(三)教书育人的培养

新的教育理论,要求教师立足于学生思想实际,更好地贯彻教书育人的根本宗旨。这应该引起教师的重视和思考。然而,有些教师对教书育人认识不到位,只管教书,不管育人;有人认为"教了书,自然也就育了人";有人说"育人是思想政治理论课教师的任务,不关其它专业课教师的事"。这些片面的认识,把教书和育人分离开来,把教书看成是单纯地传授知识,严重阻碍了教书育人的贯彻落实。中共中央、国务院在《关于进一步加强和改进大学生思想政治教育的意见》中指出:高等学校各门课程都具有育人功能,所有教师都负有育人职责。广大教师要以高度负责的态度,言传身教,以良好的思想、道德、品质和人格给大学生以潜移默化的影响。要把思想政治教育融入大学生专业学习的各个环节,渗透到教学、科研和社会服务各个方面。要深入发掘各类课程的思想政治教育资源,在传授专业知识过程中加强思想政治教育,使学生在学习科学文化知识过程中,自觉加强思想道德修养,提高政治觉悟,把握做人的基本准则。

1. 认真学习马克思列宁主义理论

通过理论学习,使教师不断提高思想政治觉悟和马克思主义理论水平,明确自己所肩负的历史使命。当前,要认真学习和掌握当代中国的马克思主义——毛泽东思想和中国特色社会主义理论体系。在教书育人过程中,要用中国化的马克思主义理论来武装学生,使他们树立正确的世界观、人生观、价值观、道德观和政治观,明确学习目的和未来的发展方向,立志为改革开放和现代化建设贡献力量。

2. 转变教育观念,改革人才培养模式

观念是指思想意识,是指导教师行动的理念。1999年通过的中共中央、国务院《关于深化教育改革、全面推进素质教育的决定》要求:智育工作要转变教育观念,改革人才培养模式,积极实行启发式和讨论式教学,激发学生独立思考和创新的意识,切实提高教学质量。要让学生感受、理解知识产生和发展的过程,培养学生的科学精神和创新思维习惯,重视培养学生收集处理信息的能力、获取新知识的能力、分析和解决问题的能力、语言表达能力,以及团结协作和社会活动的能力,这为教师指出了教书育人的重要方法。

3. 积极进行教学改革,提高课堂教学质量

课堂教学是教书育人的重要内容,要提高课堂教学质量,必须积极进行教学改革,改革课程体系,调整课程结构,更新课程内容,建立新的基础教育体系。改变课程过分强调学科体系,脱离时代和社会发展以及学生实际的状况;更新教学内容,加强课程的综合性和实践性,重视实验课教学,培养学生的实际操作能力,大力改进教育技术手段,提高课堂教学质量。

4. 把教书育人延伸到课外活动中

课外活动不仅是课堂教学的重要补充,还是进行思想教育的广阔天地,有人将课外活动定义为"第二课堂"、"第二渠道"。教师在课外活动中和学生打成一片,交心谈心,感情融洽,能了解学生的秘密,捕捉教育时机。课外活动对于促进学生德、智、体、美、劳全面发展有着重要作用,这是教书育人不容忽视的方法。教师结合教学内容开展课外活动,可以寓教于乐,寓理于情,使学生在不知不觉中接受思想教育。要增强活动的教育性,教师必须进行有计划、有目的的启发、引导。在课外活动中,学生的言行态度、思想情感、组织纪律性、团结互助、爱护公物、热爱劳动、集体主义精神、对社会生活中的各种现象的看法等,很容易表现和反映出来。为此,教师应抓住机会,及时教育,才能达到教书育人的目的。

四、为人师表

为人师表就是指教师躬行自明,严于律己,言行一致,表里如一,时时、事事、处处做学生的表率。

（一）为人师表的基本内容

1. 教师要成为高尚道德情操的垂范者

情操是指人的情感和操守,是人们思想观念、情趣爱好、品德操行的总称。高尚的道德情操是教师优秀道德品质的主要标志,也是教师应有的重要师德风范。道德品质决定一个人的发展,为人提供精神支撑和动力保证。注重道德修养,陶冶情操是中华民族的传统美德,也是伟大的民族精神和崇高的民族气节形成的重要支柱。儒家把合乎道德作为最高的价值追求,以合乎道德为"荣",以道德沦丧为"耻"。儒家经典《大学》的开篇之言就是"大学之道在明明德"。就是说,天下各种学问,尤以做人为大,故称"大学"。做人之道在于明白、追求最高之德,光明正大、公正无私。儒家还提出以德修身、以德齐家、以德治国等一套独特的"德治"理论。可见,德的重要地位不言而明。毛泽东倡导的"德、智、体全面发展"、"又红又专",邓小平提的培育"四有"新人、"德才兼备",都把"德"放在首位。

对于教师来说,其劳动的示范性特点,决定了教师的道德修养具有特别重要的意义和价值。教师的道德情操不仅是教师从教的基础,而且是作用于学生的教育手段,在学生道德品质形成过程中占据主导地位,是学生高尚情操形成的催化剂和推动力。正是在这个意义上,夸美纽斯认为教师应该是道德卓越的优秀人物。苏霍姆林斯基强调"学校里所做一切都应包含深刻的道德意义"。[①]人类道德实践的历史证明,各个社会和阶级总是对教师的道德水准提出较高的要求,历代的教师也总是处在社会道德的较高水平上,对社会道德的传播和发展起着桥梁作用。

2. 教师要成为炽热道德情感的践行者

道德情感就是人们基于一定的道德认识,从某种人生观和

---

① [苏联]苏霍姆林斯基:《给教师的建议》,北京:教育科学出版社,1984年,第158~159页。

道德理想出发,面对现实生活中的道德关系和道德行为,所产生的倾慕或鄙弃、爱好或厌恶的情绪态度。教师的道德情感,是指教师对现实生活中的道德关系和道德行为好恶的情绪态度。在人的各种情感中,道德情感居于特殊地位,对人的理智感、美感等高级情感具有重要作用。同时,道德情感还是人们道德信念、道德行为和精神力量的血肉和心脏,没有情感的道德就变成干枯的、苍白的语句,难以指导人们去践行。道德情感是伴随道德认识而产生的一种内心体验,但并非有了某种道德认识,就一定会有相应的道德情感。只有当教师的道德认识同世界观、人生观和道德理想结合,才会形成对现实道德关系和道德行为的爱憎或好恶的情绪态度,道德情感也才会形成。道德情感比道德认识具有更大的稳定性。它一经形成就会转化为一种强大的力量,推动教师作出正确的道德行为。

3. 教师要成为健康生活情趣的引领者

情趣是指人们对生活的一种追求、一种价值取向和一种品位。培养健康生活情趣的内容包括:

一是要具有积极的人生态度,热爱生活。只有热爱人生、热爱工作,对生活怀有炽热感情的人,才能感受到生活的乐趣和人生的意义。罗丹曾经说过,生活中不是缺少美,只是缺少善于发现美的眼睛。因此,教师要树立积极的人生态度,培养乐观向上的情绪,以献身教育事业为荣,以培养天下英才为乐,对生活充满热爱。只有这样,教师才能以良好的精神面貌和自己的辛勤劳动不断发现美、体验美、创造美,成为生活的强者,而不是碌碌无为的过客。

二是要具有广泛的兴趣爱好,丰富生活。教师具有广泛的兴趣爱好,不仅是培养健康生活情趣的需要,而且是育人的需要。广泛的兴趣爱好可以开阔教师的视野,培养优良的个性品质,增强生活情趣,提高生活质量,为教师做好育人工作提供保障。随着生产力水平的不断提高和个人闲暇时间的增加,教师充分发展自己的兴趣爱好,安排好业余生活,不但是提高个人生活质量的需要,也是现代教育发展的需要。一个兴趣贫乏的教师,必定是一个索然无味的人,他就不可能成为合格的教师。

三是要具有高雅的生活品位,创造生活。高雅的生活品位是健康生活情趣的核心,也是高尚道德情操的重要体现。教师的生活品位越高,他的精神世界就越充实,道德情操也会随之得到提升。一个生活品位高、追求高尚精神生活的教师即便身在陋室,粗茶淡饭,也会因遨游在广阔的精神世界,或饱读诗书,或挥毫泼墨,或沉醉于音乐中而感到精神振奋和生活充实。

(二)为人师表的基本要求

教师为人师表的具体要求并不是一成不变的,它要紧扣时代脉搏,体现每一时代的特征。在当代,教师为人师表的要求概括起来有如下几点:

1. 勇于开拓,乐于进取

我国的教育改革需要造就千百万开拓型教师。做一名开拓型教师,必须具有创造第一流教学和工作的气概;善于听取学生和他人的意见,不仅能清楚教育的现状,而且能预测教育的未来;坚持真理,修正错误,不迷信权威,敢于标新立异,勇于创造新颖的教育形式。

2. 脚踏实地,艰苦奋斗

我国现阶段教育文化事业还不太发达,九年制义务教育的普及率还未达到发达国家水平,教育教学条件也有待改善,特别是偏远地区的农村中小学,教育教学条件仍极为艰苦。因此,教师要从我国国情出发,发扬艰苦奋斗的光荣传统,不怕困难,为发展我国的教育事业,提高人口素质,推进我国社会主义现代化进程而奋斗不息。

3. 投身教改,敢于创新

当代教育的特点是强调培养学生的创新性,并将创新教育作为素质教育的主要内容。要培养学生的创造性,首先教师应富有创造性。试想,一个毫无创造性的教师,怎样能培养出富于创新的人才?因此,现代教师要有意识地培养自己的创新意识,积极投身教育教学改革,以富于创新的形象影响学生。教师的创造精神具体表现在:一是事业心强,求知欲旺盛,善于猎取广博而专深的知识,刻苦钻研教学和教学艺术;二是勇于探索和求异,善于独立思考,提出问题,勇于实践;三是敢于突破传统模式,善于推陈出新;四是善于观察,观察一般人容易忽视的问题,独辟蹊径;五是想象力强,由此及彼预测事物发展的未来;六是不固执,不自满,勇于自我解剖,善于分清是非;七是注意力集中,看准问题,执着研究;八是思维敏捷,思路畅通,实事求是,勤于理论思考,创造优异的教学和工作成果。

(三)为人师表的培养

在学生眼中,教师是知识的化身,是自己学习的榜样。教师能否做到为人师表,直接关系学生的健康成长。为此,教师应该有意识地培养自己以身立教、为人师表的品德。

1. 师生之间要倡导民主

学生模仿性强,可塑性大,教师对他们的思想和行为影响很大。而真正能打动学生的是人格和道德的力量。这力量才是长久的,它将影响学生的一生,是学生未来的立身之本。学生的大部分时间是在学校度过的,教师通过自己的模范言行,把教育内容,生动形象、直观地展现在学生面前,有助于学生形成正确的认识和内化为己的行动,达到心灵的净化和美化。学生都愿意与有道德的人接近、交往,当然也愿意接近有道德的教师。所以要做一名让教师和同学都愿意接近的学生,或者要做一名让教师和学生都愿意接近的教师,其本身就应当是一个有道德的人。

民主是现代文明社会的重要特征。但是,在传播知识、播种文明的校园,却有部分教师缺乏民主意识,有些中小学教师甚至成了"专制"的代名词,可见教师倡导民主并身体力行的必要性。倡导民主也就是在教学过程和教育管理中,对学生不能过多指责和否定,如指责学生学习不努力、生活散漫、胸无大志等。即使这种指责是善意的、有根据的,学生也是难以接受的。因为学生的需求和个性被忽视了,他们的主体地位得不到体现,而且有的批评和指责带有主观武断色彩,因此,民主作风是确立和发展学生主体性的基础,是师德师风建设中不可或缺的重要内容。

2. 师生之间要保持一种人格上的平等

为人师表,是教师教育威信的源泉。但教师威信完全是建立在以身作则基础上的。受传统教育思想的影响,"师道尊严"往往使学生在教师面前失去自我,特别是在中小学阶段,平等观念几乎完全为"师道尊严"所替代。在教育培养人的社会实践活动中,教师和学生不是简单的主体与客体的关系,而是教育主体与受教育主体间的双向交流关系。向学生灌输平等意识,使他们的主体意识觉醒,并在学习和其他社会实践活动中不断发展其主体性,是教师义不容辞的责任。教师只有从内心深处确立了学生的主体地位,且学生的主体意识逐步觉醒和发展,教育主体与受教育主体间才能进行有效交流和沟通,从而使教育实践活动取得良好效果。

3. 知行合一、重在力行

再高尚的社会理想,再科学的价值观念,再先进的科学技术,如果不用于实践,也不可能造福社会,不可能成就自己。正是在这个意义上,任何教育家都强调知行合一,重在力行,强调教师的身教胜于言教。孔子曾说:"学而不行,可无忧与?"荀子也说:"道虽迩,不行不至;事虽小,不为不成","闻之不若见之,见之不若知之,知之不若行之"。①王阳明认为:"知之真切笃实处便是行,行之明察处便是知。"②因此,在育人过程中,教师必

---

① 《荀子·效儒》。
② 《王文成公全书·答友人问》。

须严于律己,以身作则,要求学生做到的,教师必须首先做到;要求学生不做的,教师要带头不做,用实际行动给学生以示范。

当然,师德不仅是教师个人问题,而且是教师群体问题,即风气问题。个人师德不好只是小范围的事,但如果教师群体风气不好,特别是与社会上的不良风气沆瀣一气,这时师德问题就演变为整个教育行业的道德问题。可见师德师风问题是与行风紧密相关的,而行风又与世风相伴相随。一般来说,世风日下,必然行风日下;行风不正,必然师风不正。所以整顿师风必先整顿行风,整顿行风必先整顿世风。由于教育行业对后代的影响超过任何其他行业,所以,任何时候提倡教师的师德师风都是非常必要的。

第六章
教学道德

目前,中国的教育正由传统的应试教育向素质教育转换,如何在构建社会主义和谐社会的大背景下实现向素质教育转换的目标呢?前一章我们分析了教师的职业道德要求,本章主要对教师在教学方面的要求作一分析。具体来说,就是要求教师必须做到掌握渊博知识、钻研教学方法、把握教学艺术、注重改革创新四个方面。

一、掌握渊博知识

(一)掌握渊博知识的必要性

1. 知识经济时代的要求

知识经济是以知识为基础的经济,它是以现代科学技术为核心,建立在知识和信息的生产、存储、分配和使用之上的经济。与以往经济形态相比,知识经济的最大不同在于,它的繁荣不是直接取决于资源、资本、硬件技术的数量、规模和增量,而是直接依赖于知识或有效信息的积累和利用。

知识经济的发展需要高素质人才、开放型人才、创新型人才。第一,知识经济的良性发展离不开高素质人才,高素质人才是知识经济系统中最富能动精神的因素;知识经济社会将大量增加对掌握高科技知识人才的需求。第二,知识经济是信息化、网络化的经济。信息网络技术的飞速发展,加速了全球经济一体化及经济结构调整的步伐;随着全球信息高速公路的全面开通,人们可以通过交互式网络获取大量知识和信息;人们面临着立体式、全方位的开放时代。唯有开放型人才,才能更好地适应这样的时代。第三,世界经济的竞争关键是高科技产品的竞争,而高科技产品的竞争归根结底是人才的竞争、人的创新能力的竞争;知识经济时代的人才必须具备较强的创新意识和创新能力。

2. 教师职业的要求

澳大利亚未来委员会提出:教师应掌握"三张通行证":一张是学术性通行证,强调读写和运算能力;一张是职业性通行证,指在一个技术快速变化的世界进行劳动所需要的教育;一张是事业心和开拓能力的通行证,具有提出新的创造性想法和发展这些想法,并坚定不移付诸实施的能力。过去人们往往重视前两张通行证,而忽视教师的事业心和开拓能力,现今普遍认为如果教师缺乏事业心和开拓能力,其学术和职业潜能就不能很好地发挥。

1993年2月26日,中共中央、国务院发布的《中国教育改革和发展纲要》指出:教师是人类灵魂的工程师,必须努力提高自己的思想政治素质和业务水平;热爱教育事业,教书育人,为人师表;精心组织教学,积极参加教育改革,不断提高教学质量。教师的主要任务是向学生传播科学文化知识。成为一个好教师的基本条件之一,就是要有渊博的知识和多方面才能。教师必须精通所学学科的基础知识,熟悉学科的基本结构和各部分知识之间的联系,了解学科的发展动向和最新研究成果。为此,教师所掌握的学科知识必须大大超过教学大纲的要求,即要做到教给学生"一滴水",自己要有"一桶水",甚至要有"一潭水"。

3. 构建社会主义和谐社会的要求

教育的作用不仅表现在提高全体公民的综合素质,提高社会生产力和社会管理水平,形成普遍的国家认同和社会认同,促进社会的稳定和国家的统一,实现社会的公平和正义等方面;而且表现在通过对人的培养、陶冶等教育活动,促使人的意识觉醒和精神得到提升。和谐社会既是物质生态、制度结构的和谐,又是人的和谐。和谐发展的群体与和谐发展的个体是建设和谐社会的对象和依靠,而和谐发展的群体与和谐发展的个体的培养,很大程度上依赖于教育。所以作为一名现代教育工作者,应该努力提高自身素质,培养能够适应社会主义和谐社会需要的现代人才。

(二)掌握渊博知识的具体内容

教师自身所具有的科学文化知识结构和水平,直接影响学生对科学文化知识的掌握。

1. 必须具有深厚的思想政治素养

马克思列宁主义、毛泽东思想、中国特色社会主义理论体系揭示了社会发展的普遍规律,是我们一切行动的指南。认真学习马克思列宁主义、毛泽东思想和中国特色社会主义理论体系,并掌握其立场、观点和方法,对教师做好教育教学工作具有重要意义。2006年3月4日,胡锦涛在全国政协十届四次会议民盟、民进联组会上,首次提出以"八荣八耻"为主要内容的社会主义荣辱观。认真学习社会主义荣辱观,对树立正确的人生观、培养高素质的人才具有重要的指导意义。"荣辱观是对荣与辱的根本看法,是道德体系中的核心内容,是人生观的一个核心支柱"。①"胡锦涛同志提出的社会主义荣辱观体现了社会主义道德教育和思想品德教育的基本内容和要求,对培养高素质的人才,推动和谐社会中教育改革和发展具有十分重要的指导作用"。②

2. 必须具有精深的专业知识

教师的专业知识是指与教师承担的某门课程有关的专门知识。专业知识在教师的知识结构中属于核心内容,因而教师精通某一方面专业知识,成为教师进行教育活动的必要条件。

教师的专业知识一般具有全面性、系统性、基础性、理论性的特点。"精"要求教师全面、系统、准确无误地掌握所教学科知识的基本结构和各部分知识间的内在联系,做到扎扎实实、精益求精、融会贯通、举一反三、触类旁通。"深"则要求教师掌握学科的发展动向和最新研究成果,做到教一知十,甚至教一知千。孟子说:"资之深,则左右逢其源。"③只有掌握比较精深、坚实的基础知识的教师,才可能准确把握教材的重点、难点和关键,才可能从整体上深入把握学科的结构及其发展趋势,把所教学科的知识教活、教好,使学生学得主动、扎实。

3. 必须具有广博的基础文化知识

随着科学的发展,科学知识一方面高度分化(知识的专门化),另一方面又高度综合(知识的一体化)。各门学科知识都不是孤立存在着,它们之间是相互渗透、相互关联的。数理化之间、文史哲之间、社会科学和自然科学之间的联系日趋密切。任何一个教师对学生所发生的影响绝不限于某一专业领域。青年学生求知欲旺盛,好奇心强,兴趣广泛,思维活跃,上至天文,下至地理,从远古到未来,从宏观到微观,无所不想知。他

---

① 袁振国:《深刻认识社会主义荣辱观的重大意义》,载《教育研究》,2006年第4期,第8页。
② 谢维和:《荣辱观与养成教育》,载《教育研究》,2006年第4期,第5页。
③ 《孟子·离娄下》。

们常常向教师提出一些预想不到的问题。因此,一名合格的教师,不仅要具有一定专业方向、学科方向的知识,而且应拥有广博的基础文化知识,努力做到既有专长,又广泛涉猎;既精通一门学科,又研究相邻学科。只有这样,教师的学科教学才能更加充实,更具吸引力,才能取得更好的教学效果,从而满足学生的求知欲,促进学生的全面发展,同时也能赢得学生的尊敬。

4. 必须具有扎实的教育科学知识

教育活动有自己的规律,学生的身心发展也有自己的规律,这一切都要求教师掌握教育科学,以减少工作的盲目性。教育科学是研究教育规律的各门教育学科的总称,它包括教育学、教育心理学、教育管理学、教育评估学、教育哲学、教学法以及心理学、学习心理学、人格心理学等。教师应熟悉和掌握这些知识。

首先,要学习教育学方面的知识。教育学从理论上系统总结和揭示了教育的科学规律和方法。教师研究教育学的规律体系,有利于实现教育工作的科学化,促进教育事业的发展。教师只有通过对教育学的系统学习,才能详细了解教育目的、教学原则和方法等一系列重要的教育理论和实践问题,才能自觉运用教育规律,根据教学内容、学生实际情况,选择行之有效的教学手段,提高教学效果。

其次,要掌握心理学方面的知识。心理学系统阐述了人的心理机制、心理过程以及心理差异等心理发展规律。教师学习和掌握了这些方面的知识,熟悉不同年龄阶段学生身心发展的特点,并且依据学生身心发展的顺序性、阶段性、个体差异性的规律和特点开展教育教学活动,从而促进学生身心健康发展。此外,教师自身也需要学习一定的心理学知识,养成良好的心理素质,这样才能在教学中创造出奇迹,取得优异的教育教学成绩。

(三)掌握渊博知识的途径

教师只有掌握渊博的知识才能在教育教学工作中,发挥自

己的潜能,从而高质量地完成教书育人的任务。而要想掌握渊博的知识,其途径一是实践,二是学习。具体来说,有以下几种形式:

1. 向书本学习

书本是人类文明积淀的知识,教师要学习党的有关教育的方针、理论,阅读与教育、教学、本职工作有关的书籍,以充实和提高自己,教师要有终身学习的自觉性。同时教师要努力吸收本门学科的最新研究成果,学习优秀教师的先进经验,增强对与自己教学专业相关的边缘学科知识的了解,借他山之石攻玉。不断地将新学科知识融入专业知识体系,在牢固掌握基础知识的前提下,向"博、大、精、深"迈进。能博采众长,使自己的专业知识结构自成一体,独具特色,努力使自己成为专博相济、一专多通、一专多能、主精辅熟的"通才"。

2. 向同行学习

古人云:"三人行必有我师焉。"① 每个人都有自己的长处,特别是老教师,他们教学时间长、经验丰富,年轻教师要多旁听他们的课,同行之间要多交流,善于取长补短,这样才能不断进步。同时,教师应紧密结合自己的教育实践,在职学习,采取相互研讨、取长补短的方式,实现自我提高。例如,教师参加各种学术会议、教育经验交流会,走访专家、学者、优秀教师、模范班主任等。发挥群体优势,开展横向联系,活跃学术交流,以弥补专业知识的不足,为专业知识的提升增添新鲜血液。

3. 在实践中学习

实践是检验真理的唯一标准。只重视理论学习,忽视实践环节,往往不能达到良好的教学效果。通过社会实践,可以紧密结合自身专业特色,让自己所学的专业理论知识在实际操作中得到巩固和提高。通过社会实践,可以检验教师的知识和能

---

① 《论语·述而》。

力,加深和巩固原来在理论上的模糊认识,使理论上的欠缺在实践环节得到补偿,从而加深对基本原理和基本理论的理解、消化。教育工作者只有在教育教学实践中,不断进行总结、增加经验的积累、努力探索、大胆创新,才能更好地教书育人。

4. 利用网络学习

21世纪是网络与信息时代,一个合格的教师必须充分利用网络资源。网络是一座"取之不尽、用之不竭"的矿山。教师要利用现代信息技术,从网络中攫取对教学有用的知识。同时对学校而言,要高度重视教师知识素质的提高,采取多种形式、多种渠道,创造有利条件对教师进行培训,例如,有计划地安排教师进修,定期请专家讲座,组织校际之间、校内之间的各种学术交流等。教师只有知识素质水平高,教学质量才能上得去,学校发展才有后劲,才能提高学校的知名度,也才能适应知识经济的要求。

二、钻研教学方法

(一)教学方法的概述

1. 教学方法的概念

由于时代背景、社会背景、文化氛围和研究者研究问题角度的差异,使得中外不同时期的教学理论研究者对"教学方法"概念的界定不尽相同。

别洛夫斯基认为,教学方法是一种阐明讲授内容的方法;凯洛夫认为,我们所理解的教学方法,就是教师的工作方法,他凭借这些方法,使学生了解、掌握知识、技能和技巧,并发展他们的智力和才能;巴班斯基认为,"教学方法是教师为了完成教学任务,实现教学目的,在教学过程中所采用的一系列方法措施"。[①] 尽管人们对"教学方法"的概念给予不同的界定,但这些

---

① 关苏霞:《教学论教程》,西安:陕西师范大学出版社,1987年,第196页。

不同界定间也有共性,那就是:教学方法要服务于教学目的和完成教学任务的要求,教学方法是师生双方共同完成教学活动内容的手段,教学方法是教学活动中师生双方的行为体系。

基于以上认识,教学方法的概念可以表述为:教学方法是教学过程中教师与学生为实现教学目的和完成教学任务的要求,在教学活动中所采取的教与学相互作用的行为方式的总称。既包括教师教的方法,也包括学生学的方法,是教的方法和学的方法的统一。

2. 两种对立的教学方法思想

历史上形成的教学方法很多,教学中教师所采用的教学方法是否能发挥作用,与其所选教学方法的指导思想有关。从教育者的指导思想来看,教学方法分为两大类:一是启发式,二是注入式。启发式与注入式是两种对立的教学方法指导思想。启发式是从学生的实际出发,本着充分调动学生学习的主动性、积极性,诱发学生学习的内在动机,培养学生独立思考的能力,而运用的教学方法指导思想。注入式则是从教师的主观愿望出发,简单地向学生灌输知识而运用的教学方法指导思想。注入式教学把学生看成是单纯接受知识的机器,忽视学生学习的主观能动性,因而压抑了学生的思考力、主动性和独创精神,人们称之为"填鸭式"教学。

教学中的各种方法,在不同教学思想的指导下,既可起到启发式作用,也可出现注入式情况。两者的教学效果截然不同。教师若以启发式思想为指导,运用讲授、谈话、讨论、实验等教学方法,就能调动学生学习的积极性,激发学生的求知欲,启发学生独立思考,达到举一反三、触类旁通、一通百通的学习效果。反之,如果以注入式思想为指导,用同样的方法进行教学,其结果只能导致学生成为一个接收器或记忆器。学生的思维得不到应有的训练,缺乏灵活性和创造性,以至严重阻碍学生智力的发展。所以,在运用教学方法时应坚持启发式,反对注入式。

(二)常用的教学方法

目前常用的教学方法从宏观上讲主要有:以语言形式获得间接经验的教学方法,以直观形式获得直接经验的教学方法,以实际训练形式形成技能、技巧的教学方法等。这些教学方法之所以经常被采用,主要是因为它们都有极其重要的使用价值,对提高教学质量具有特定功效。下面就对这些教学方法作一简单介绍。

1. 以语言传递为主的教学方法

这类教学方法是指以教师和学生的口头语言活动、学生独立阅读书面语言为主的教学方法。它主要包括讲授法、谈话法、讨论法和读书指导法。

讲授法是教师运用口头语言向学生描绘情境、叙述事实、解释概念、论证原理和阐明规律的一种教学方法,其包括讲述、讲解、讲读、讲演等方式。讲述是对事物或事件作系统的叙述和描绘;讲解是对概念、原理、规律、公式等进行说明、解释和论证;讲读是在讲述、讲解过程中指导学生阅读教科书,做到有讲有读;讲演是在广泛、深入地分析和论证事实的基础上得出科学结论。其优点是:能使学生在短时间内获得大量系统的科学知识。教师合乎逻辑的论证、善于设疑解疑的表达,以及生动形象的语言等,有助于开发学生的智力和对学生进行思想教育。

谈话法,又称问答法。它是通过师生的交谈来传播和学习知识的一种方法。分为复习谈话法和启发谈话法两种。复习谈话法是根据学生已学知识向学生提出一系列问题,通过师生问答形式帮助学生复习、深化、系统化已学的知识;启发谈话法是通过向学生提出启发思维的问题,一步一步引导学生深入思考和探求新知识。其特点是教师引导学生运用已有的经验和知识回答教师提出的问题,借以获得新知识或对已学知识查缺补漏。

讨论法是在教师指导下,由全班或小组围绕某一中心问题通过发表各自意见和看法,共同研讨,相互启发,集思广益地进行学习的一种方法。其优点在于:一是在讨论中学生处于主动地位,能很好地发挥主动性和积极性;二是发言的内容可不受教材限制,有利于发挥学生的独立思考和创造精神;三是集体成员之间进行多项信息交流,学生在听取不同发言时可进行比较,取长补短,共同提高;四是有利于提高学生的口头表达能力,并促进学生灵活运用知识和提高分析问题、解决问题的能力。

读书指导法是教师有目的、有计划地指导学生通过独立阅读教材和参考资料获得知识的一种教学方法。它包括指导学生阅读教科书、参考书,指导学生预习、复习、使用工具书以及阅读相应的课外书籍。其优点在于:有利于调动学生学习的主动性和培养认真读书、独立思考的习惯与能力,可以弥补教师讲授的不足;也有利于扩大学生的知识面,丰富学生的精神生活,从而提高学生自学和自我教育的能力。

2. 以直观感知为主的教学方法

这类教学方法是指教师组织学生直接接触实际事物并通过感知获得感性认识,领会所学知识的方法。它主要包括演示法和参观法。

演示法是教师把实物或实物模型展示给学生观察,或通过示范性实验,利用现代教学手段,使学生获得知识的一种教学方法。它是辅助的教学方法,经常与讲授、谈话、讨论等方法配合使用。其优点在于:能够使学生获得丰富的感性材料,加深对事物的印象;可以激发学生的学习兴趣,有利于培养学生的观察力和加深学生对所学知识的理解、记忆。

参观法是根据教学目的要求,组织学生到校外场所——自然界、生产现场和其他社会生活场所,使学生通过对实际事物和现象的观察、研究而获得新知识的方法。其优点在于:有利于使教学和生产、生活实际紧密联系,开阔学生的眼界,让学生在接触社会和自然中受到生动实际的教育。

3. 以实际训练为主的教学方法

这类教学方法是以形成学生的技能、行为习惯,培养学生解决问题的能力为主要任务的一种教学方法。它主要包括练习、实验和实习等方法。

练习法是学生在教师的指导下巩固知识和培养各种学习技能的基本方法,也是学习过程中学生一种主要的实践活动。练习法一般要在掌握特定知识的基础上运用,对学生牢固掌握知识、形成技能技巧、培养坚强意志和认真负责的品质,具有重要作用。

实验法是学生在教师的指导下,使用一定的设备和材料,通过控制性操作,引起实验对象的某些变化,并通过对这些变化的观察获得新知识或验证知识的一种教学方法,它也是自然科学学科常用的一种方法。其优点在于:它可以使学生获得直接知识,有利于激发学生的学习兴趣,培养学生动手操作的能力和一丝不苟、实事求是的精神,也有利于学生逐步掌握进行科研的基本方法。

实习法是学生在教师的带领下,利用一定的实习场所,参加一定的实习工作,以掌握一定的技能和有关的直接知识或验证间接知识,综合运用所学知识的一种教学方法。实习法有利于培养学生的独立性和创造性,对于教学中理论联系实际和实现劳动技术教育任务具有重要的意义。

4. 以探究活动为主的教学方法

这类教学方法是指教师组织和引导学生通过独立的探究和研究活动而获得知识的方法。以探究活动为主的教学方法主要有发现法。发现法,又称探索法、研究法,它是从学生的好奇、好问、好动的心理特点出发,以发展探究性思维为目标,以学科的基本结构为内容,在教师指导下让学生自己去发现、回答和解决问题。运用这种方法,可使学生成为知识的发现者,充分发挥认识能动性,培养探究和创造精神。

5. 以欣赏为主的教学方法

这类教学方法是指教师在教学中创设一定的情境,或利用一定的教材内容和艺术形式,使学生通过体验客观事物的真善美,陶冶情操,培养他们的兴趣、理想和审美能力的方法。以欣赏为主的教学方法主要有欣赏法。欣赏法最主要的特点是,通过教学中的各种欣赏活动,使学生在认识所学习事物的价值之后,产生积极的情感反应。

(三)教学方法的选择与运用

科学、合理地选择和有效运用教学方法,要求教师能够在现代教学理论的指导下,熟练把握各类教学方法的特性,综合考虑各种教学方法的各要素,合理选择适宜的教学方法并能进行优化组合。

1. 教学方法的选择

第一,依据教学目标与任务选择教学方法。不同领域或不同层次教学目标的达成,要借助相应的教学方法和技术。教师可依据具体的目标来选择和确定具体的教学方法。如果教师是为了完成传授新知识的教学任务,应选择以语言传递信息为主的教学方法、以直观感知为主的教学方法;如果教师是为了形成和完善技能、技巧,应选择以实际训练为主的教学方法。

第二,依据教学内容的特点选择教学方法。不同学科的知识内容所要求的教学方法不同,不同阶段、不同单元、不同课时的内容所选择的教学方法也不一致,这些都要求教学方法具有多样性和灵活性。如从学科的角度而言:语文、外语应多采用讲读法;物理、化学应多采用实验法、演示法;数学应多采用练习法。总之,必须根据教材的性质和具体内容的特点来选择适当的教学方法。

第三,依据学生的实际特点选择教学方法。学生的实际特点直接制约着教师对教学方法的选择,这就要求教师能够科学而准确地研究、分析学生的特点,有针对性地选择和运用相应的教学方法。从学生的心理特点来看,学生的年龄不同,学习的心理过程也就不同,因而教师的教学方法也应随之变化。对年龄比较小的学生,采用以直观感知为主的教学方法和以语言传递为主的教学方法比较适合;对年龄比较大的学生(如大学生、研究生等),可以采用以探究活动为主的教学方法。从学生的知识基础来看,学生已掌握的知识及其构成方式对选择教学方法有很大影响。如在学生已掌握的知识中包含有与新知识相关联的若干观念或概念,教师就可以采用启发式的谈话法,反之,教师就不适合采用谈话法。

第四,依据教师的自身素质选择教学方法。任何一种教学方法,只有适应教师的素养条件,并能为教师充分理解和把握,才有可能在实际的教学活动中有效发挥功能和作用。因此,教师在选择教学方法时,还应根据自己的实际优势,扬长避短,选择与自己最相适应的教学方法。如,有的教师形象思维水平高,可以用生动形象的语言把问题的现象和事实描绘得生动具体,然后从所讲事实出发,由浅入深地讲清道理,依据这一特点,可多选择以语言传递信息为主的方法;而有的教师善于运用直观教具,在直观教具的配合下有效讲清理论,就可多选择以直观感知为主的方法进行教学。

2. 教学方法的运用

教师选择教学方法的目的,是要在实际的教学活动中有效运用。首先,要坚持综合性。每种教学方法都有自己的功能、特点及应用范围、具体条件,同时又有各自的局限性。因此,为了更好地完成教学任务、提高教学效率,教师应根据具体的教学实际,对所选择的教学方法进行优化组合和综合运用,充分发挥教学方法体系的整体性功能。其次,要坚持启发性。教学中的具体方法很多。但无论选择或采用哪种教学方法,都要以启发式教学思想为指导思想。启发式是相对于注入式而言的,它不是一种具体的教学方法。最后,要坚持高效性。要善于综合、灵活地运用教学方法,取得最优化的教学效果。为了完成教学任务,实现教学目的,必须坚持运用多种教学方法。在教学过程中,学生知识的获得、能力的培养、智力的发展,需要配合使用多种教学方法。从心理学角度来看,单一的刺激容易产生疲劳,如果一堂课甚至一个教学阶段只采用一种方法,那么学生就会疲劳;如果采用多种教学方法,调动学生的多种感官参与教学活动,就能提高他们学习的积极性,从而取得较好的学习效果。

三、把握教学艺术

(一)教学艺术的概述

关于教学是一门艺术的认识,古今中外早已有之。距今两千多年的我国伟大的教育著作《学记》中曾写道:"善歌者使人继其声;善教者使人继其志。"这里的"善教者",显然具有像"使人继其声"的"善歌者"一样的高超艺术。三百多年前,捷克教育家夸美纽斯在他的教育学名著《大教学论》中明确提出教学论是一门艺术的著名论断;美国教育家艾德勒指出"要使教育过程成为一种艺术的事业";日本学者斋藤喜博明确阐述了教育的艺术性:"教师的工作是艺术,教师是艺术家。"承认教学既是一门科学又是一门艺术,也就是逻辑地承认教学具有科学和艺术的二重性。从这个意义上说,教学是科学与艺术的综合体,是一种融科学与艺术为一体的特殊而复杂的创造性劳动。

关于教学艺术的定义,具体包含以下几层意思:首先,教学艺术要遵循教学的规律和美的规律。其次,教学艺术要借助教学手段来完成。再次,教学艺术具有创新的特质。最后,教学艺术具有教育意义和审美价值。基于以上认识,我们可以把教学艺术的概念表述为:教学艺术是一种艺术化的教学,是使用具有审美价值的特殊技艺而进行的创造性教学活动。教学艺术融入了施教者对人生的体验、情感、创造等,因而是对艺术技巧的一种超越和升华。

(二)教学艺术的特点

1. 形象性

形象性是艺术的首要特征。艺术是以具体的形象来反映社会的现实生活,表现情感。艺术如果没有形象性为依托,也就没有了艺术。教学如果离开鲜明生动的直观形象,离开和谐、均衡、多样、统一的表现形式,就不可能是艺术性教学。所以在现代教学艺术中,教师应运用形象化的语言、形象化的板书、多媒体技术手段给学生一种形象美感,从而达到教学的和谐。

2. 情感性

情感性是艺术的基本特征,是艺术的灵魂。情感因素在很大程度上决定着艺术的成败。众所周知,科学是以理服人,而艺术则要以情动人,情感因素是艺术形象具有感染力的主要原因。教学艺术的情感性首先表现在教师对学生、对所教学科的爱,这种爱是一种巨大的情感力量,它可以融化学生心中的"冰块",点燃学生智慧的火花,成为师生沟通感情的桥梁,是教师搞好教学的原动力。其次表现在教师在教学过程中善于发挥情感作用,创建愉快、和谐、合作、轻松的学习氛围,提高课堂教学效率。再次表现在教师在教学过程中善于创造条件,使每个学生都有获得成功的机会,都能品尝学习取得进步的欢乐。所以要使教学活动成为教学艺术,就必须有情感的交流,爱心的传递,形成富有情感意味的教学情景。教育者能"春风化雨",受教育者自然就能"如沐春风"。

3. 审美性

众所周知,一切艺术都有自己特有的审美特征。教学艺术作为一种特殊的艺术,当然有其别具一格的审美特质,审美性就成为教学艺术的一大特色。

教学艺术的美是内容与形式的有机统一。在内容上,教师讲授的内容要富有科学性。在形式上,教学表达的形式要美。如字字珠玑、抑扬顿挫的教学语言美;层次清晰、简洁明快的板书、板图美;水到渠成、天衣无缝的衔接自然美;有张有弛、劳逸结合的教学节奏美;起伏有致、疏密相间的课堂结构美;启发诱导、虚实相生的教学方法美;突破时空、回味无穷的教学意境美,等等。

教学艺术的美是手段与目的的有机统一。教学艺术是一种艺术化的教学,是使用具有审美价值的特殊技艺而进行的创造性教学活动。所以教学艺术作为一种手段,最终目的是引导和促进学生的全面发展。

4. 创造性

创造性是一切艺术的生命,也是教学艺术的突出特点。没有创造,也就没有教学艺术。在传统的教学中,学生只是被动接受、机械记忆,片面追求知识量的积累。现代社会要求现代人具有高度发展的创造能力,这种社会要求反映到教学任务中,这种新要求最突出的表现就是人的创造性——创造能力和创造精神。而培养这种创造型人才靠传统教学是不行的,必须依赖新的创造性教学。换言之,即只有创造性教学才能完成现代教学所负有的培养创造型人才这一重大的历史使命。当然,我们强调教学艺术的创造性,并不否认教学过程中有一般的或普遍的规律存在。这里的关键是要在创造性教学艺术中,因人、因时、因地灵活运用这些规律。

(三)教学艺术的功能

对教学艺术功能的系统认识和全面表述,非常有助于教师提高认识,在教学实践中充分发挥教学艺术的功能。教学艺术的功能主要有以下几个方面:

1. 高效功能

教学艺术的高效功能,是指教学艺术能有效地提高教学效率,使学生在较少的时间内,学到较多的知识,并充分发展其认识能力,以保证学生能高效率地达到预期效果,高效率地实现预期目标。教学艺术是教师个人才华的充分显露,一个教学艺术水平较高的教师,在教学中就能以亲切的教态、幽默的语言、精练的讲评吸引学生的注意,激发学生的学习兴趣与动机,调动学生的一切非智力因素参与学习过程,从而达到学习的高效率。

2. 激励功能

教学艺术的激励功能,是指教学艺术能吸引学生的注意,激发学生的学习动机、学习兴趣和学习热情,调动学生学习的主动性、积极性和创造性,丰富学生的想象力,推动学生不断向新的目标迈进。具有精湛的教学艺术的教师能以生动、形象的语言、优雅、亲切的姿态、炽热、动人的情感,清楚、整洁的板书,准确、恰当的讲评在学生心中树起一座丰碑,成为学生学习的楷模,激励学生求实、求真、求善、求美。

3. 审美功能

教学艺术的审美功能,是指教学艺术能引起学生的审美感受,培养学生正确的审美观点和审美情操,提高其欣赏美、追求美、创造美的能力。具有精湛的教学艺术的教师能用自身的行为美、知识的内在美、教学的过程美、目标的崇高美、气氛的和谐美吸引学生、感染学生、打动学生,使学生产生美的遐想、美的向往、美的追求,给学生以良好的审美体验。

(四)几种主要的课堂教学艺术

1. 教学组织艺术

组织教学是课堂教学艺术的重要组成部分,它贯穿一堂课的始终,是课堂教学得以顺利进行的基本保证。

(1)掌握适当的教学节奏。一堂成功的讲课犹如奏乐,按照主旋律,曲调抑扬顿挫,音节明快和谐,各个环节有机相连,整个课的节奏会给人以艺术享受。课间教学节奏艺术主要表现为教学进程速度的快慢适宜、教学活动外部特征的动静相生、教学活动信息量度的疏密相间、教学过程的起伏有致、教学语言调节的抑扬顿挫以及课堂教学的整体和谐等。课堂教学的艺术节奏必须根据教学需要综合考虑、巧妙安排、灵活调控、富有变化,使整个课堂教学节奏分明、充满活力,给学生以美的艺术享受,使学生在身心愉悦中接受教育。

(2)掌握导课的艺术。课堂教学导课的教育功能,表现在激发学生的认识兴趣和情感,启发和引导学生思维,让学生用最短的时间进入到课堂教学的最佳状态中。好的导课如同桥梁,联系着旧课和新课;如同序幕,预示着后面的高潮和结局;如同路标,引导着学生的思维方向。可以说,导课是整个课堂教学的"准备动作",为师生即将进行的思维活动做好心理准备。教师精心设计导课环节,可以起到先声夺人的效果,为整堂课的进行打好基础。实践证明,教师对导课环节是否重视,是否精心设计,其教学效果是迥然不同的。教学导课艺术性的高低,反映着教师审美创造能力所达到的水平;精彩的导课,往往能够为整个课堂教学艺术取得成功奠定基调。

(3)掌握教学应变艺术。苏霍姆林斯基认为,教育的技巧并不在于能预见课堂的所有细节,而在于根据当时的具体情况,巧妙地在学生不知不觉中作出相应的变动。课堂教学是一个充满变化的复杂过程,教师应时刻把握课堂变化的脉搏和发展趋向,及时采取灵活有效的应变策略,以保证教学活动的顺利进行和教学目的的圆满达成。一旦课堂教学中出现偶发事件,教师应沉着冷静地了解情况,分析事情真相,以爱护学生为前提,迅速作出恰如其分的处理。同时注意发掘其中的积极因素,做到顺势诱导,化消极为积极,变阻力为动力,使其成为启迪学生智慧、磨炼学生品质、激发学生情感的契机,使全体学生都受到一次教育。再就是在课堂教学应变中应将时间和效益有机统一起来,以达到费时少、收益大的效果,而不应让偶发事件喧宾夺主,以至冲淡课堂教学的主题。

2. 教学语言艺术

课堂教学语言艺术是指教师创造性地运用语言进行教学的艺术实践活动,教师的教学语言艺术水平,对教师的教学效果和效率具有决定性影响。课堂教学语言要求做到规范、精确、形象、生动、幽默。研究表明,学生的知识学习同教师表述的清晰度有着显著相关性,而教师讲解得含糊不清则与学生的学习成绩呈负相关;教学语言艺术的内在逻辑性,可使所表达的内容系统、条理清晰,增强语言的说服力和论证性;教学语言艺术的动听程度,决定着教师语言感染力的大小和学生的语言接受程度。我国著名美学家朱光潜指出:"话说得好就会如实地达意,使听者感到舒适,发生美感,这样的说话,就成了艺术。"[①]教学语言艺术是教师最主要的教学手段,它综合地反映教师的全部教学素养,应引起教师的高度重视。

3. 教学启发思维艺术

苏霍姆林斯基认为:"真正的学校乃是一个积极思考的王国。"[②]那么,启发思维就更应是课堂教学的主旋律。而课堂教学中教师启发思维的实效如何,要看教师是否真正掌握并灵活运用了启发思维的"点金术",因为良好的方法乃是走向成功的关键。实践证明,教师准确地把握时机,有利于在思维的最佳突破口点拨学生的心灵乐曲,启迪学生的智慧火花。同时,教师启发思维的问题难易要适中、广度大小要恰当、量度多少要相应,才能恰到好处地引发学生积极思考。此外,学生的思维

---

① 李伟:《数学老师的语言艺术》,载《河南教育(苏教版)》,2014年第6期,第51页。
② 刘长君、周玉芹:《也谈培养初中学生历史思维能力》,载《成才之路》,2011年第22期,第49页。

发展总是从具体到抽象、从个别到普遍、从简单到复杂的,教师循其"序"而导引,就可使学生的课堂思维活动富有节奏感和逻辑性。

4. 课堂板书艺术

课堂教学板书是教师普遍使用的一种教学手段和表现形式,是课堂上最简易、师生利用视觉交流信息的渠道。教师在进行板书设计时,要注意板书的准确性、精练性、整体性、实用性、形式美。从一定意义上说,教师高超精湛的教学板书艺术是打开学生智慧之门的钥匙,是教师教学风格的凝练和浓缩。教学板书要书之有效,就得书之有方,讲求构思与设计,做到明确要求,书之有用;抓住重点,书之有据;精选词语,书之有度;确定形式,书之有格;排列先后,书之有序;留有余地,书之有节。这样,教学板书才能达到科学、精当、醒目、规范、易记的要求,有效克服因教学板书的盲目性、随意性而带来的低质量、低效率的弊病,进而登上艺术的殿堂!

5. 教师教态艺术

课堂教学教态包括教师的手势、表情、眼神、体态、仪表等方面,教学时教师将之恰当配合、灵活运用,便构成精妙入微的教态艺术,有时甚至能收到"此时无声胜有声"的效果。实践证明,教师的精神状态直接影响教学气氛的形成和学生的情绪。所以,教师讲课时要注意做到情绪饱满、精神振奋、态度端庄、和蔼可亲,让学生"亲其师而信其道"。研究也表明,教师的教态对教学语言表达起着一定的配合、修饰、补充、加深、评价等辅助作用,在课堂中以表情姿态助说话,可以使教师的表情达意更准确、更丰富,更易于为学生理解和接受。

6. 教学提问艺术

课堂教学提问艺术是教师教学的重要手段和教学活动的有机组成部分。高质量的教学提问具有增进师生交流、集中学生注意、激发学生学习兴趣、启迪学生思维、锻炼学生表达能力、提供教学反馈信息等教育功能。优秀教师的课堂教学往往波澜起伏、有声有色,令学生入情入境、欲罢不能,一个重要原因就是他们精妙的提问艺术发挥了不容忽视的作用。教师课堂教学提问一要注意"问什么",即要精心设计将要提问的问题;二要注意"问谁",即要考虑所提问题的对象;三要注意"怎么问",即要讲究提问的方法与技术。如此方可增强教学提问的艺术性,使之更加富有成效。

四、注重改革创新

创新是时代的特征,任何行业只有不断创新,才能继续发展,同样,教师只有具备创新意识和创新能力,才能培养出具有创新能力的学生,从而推动教育改革的深入进行。

(一)传统教育教学的不足

传统的应试教育注重教师的知识传授,轻视学生的全面培养;注重教师的主导作用,轻视学生的主体作用;注重简单划一要求,轻视因材施教。学校成为按一个模子改造人的"教育机器"。人的个性发展未能受到应有的重视,而且传统的应试教育极易助长学校教育中的管理主义和权力主义倾向,对培养和丰富学生的个性十分不利。此外,被世界各国视为未来教育最重要和追求目标的创造力的培养,也需要一种宽松、民主、自由、丰富多彩的学校教育氛围。追求真理,勇于探索,独立思考,敢于冒险和主动精神等创造性个性在这种氛围中才能涌现。而传统的应试教育模式为学生提供的是一个封闭的、禁锢的、狭隘的、高压的学校牢笼,这样培养出来的学生充其量只能是一些操作型人才,而不是创造型人才。传统教育模式的不足主要表现在:

1. 在教育观念上

长期以来,在传统的应试教育思想的影响下,教师以传授知识为目的,学生则以接受知识为任务。这样就形成教师上课满堂灌,学生被动接受、机械记忆的传统教学模式。如果学生只追求知识量的积累,而没有形成勇于探索未知领域的创新精神和独立获取知识、分析问题、解决问题的能力,就无法成为一个适应创新教育的创新型人才。因此,教师应突破传统教育教学思想的束缚,重点培养学生的应变能力和创新精神。

2. 在教学方法和教学手段上

传统教育以知识的继承和传递为主、以既往文化和道德教化为最高价值,与之相应的是崇尚书本、崇尚先人的思维模式,和以记忆、模仿为主的学习方法。传统的教学方法被概括为"三个中心",即以教师为中心,以课堂为中心,以课本为中心。在教学过程中,教师的任务是通过系统的工作把教学计划、教学大纲和教科书里规定的知识、技能和技巧教给学生。传统的教学方法片面强调教师的主导作用,忽视学生在教学这一特殊认识过程中的主体作用;教学同实际生活相脱节;教学局限于书本知识的传授。这导致学生的学习积极性不易被调动,教学过程显得呆板、机械和形式化,同时也难以达到预期的教学目标。传统的教学手段,一般采用教科书、粉笔、黑板、图表、模型等静态设备进行教学。"一张讲桌、一块黑板、一支粉笔、三尺讲台"的陈旧模式,确实无法适应日新月异的时代变化,不能给学生带来新鲜感,使学生逐渐失去对学习的兴趣。所以我们有必要采用信息教育手段来拓宽学习渠道,活跃课堂气氛。

3. 在教学评价上

传统的教学评价主客体单一,整个课堂中的评价活动几乎限于教师对学生的评价,没有学生对学生、学生对教师、学生自我、教师自我的评价,同时评价层次较低。传统的教学中,学生学业成绩评定的依据是掌握的死记硬背的知识量的多少。教师对学生的评价主要强调陈述性知识的回忆,而如对学生具有启发性的方面如思维、技能、品质、作品等没有评价。这种以考试、分数为评定学生好坏标准的应试教育模式歪曲了考试的目的,考试不是为了检测、反馈和服务教学。相反,考试成了教学的目的,教学只是为了考试,是为了评分排序等,考试的功能和作用被严重局限,不利于学生身心健康发展。同时,对教师而言,传统的教学评价只有学校领导或同行的评价,忽略学生和教师本人对课堂教学的评价,许多学校甚至把学生考分和升学率,同教师工资、奖金挂钩,导致教师队伍竞争加剧,加重教师的心理压力。

综上所述,传统的应试教育模式虽然把智育放在第一重要的位置,但智育的目标却是片面的、狭隘的。智育是传授知识、发展智力的教育,其中发展智力是智育最重要的目标,但是,传统的应试教育从应试这一角度出发,过分强调传授知识和技能,强调知识的熟练程度,大多采取过度学习、强化训练的手段,把学习局限在课本范围,致使学生无暇参与课堂以外的、对发展智力十分有益的各种活动,从而出现知识面狭窄、高分低能的情况。有人说"课堂学知识,课外出人才"是颇有道理的,应试教育则是强迫学生死读书,读死书,禁锢人的智力发展。所有这些与现代教育培养合格公民的基本宗旨,即:发展个性,学会学习,学会创造是格格不入的。

(二)现代素质教育的特点

与应试教育相比,素质教育具有许多新的特点。认真研究和把握这些特点,对于促进基础教育由应试教育向素质教育转轨,推进素质教育的实施,具有重要的意义。

1. 素质教育的全体性

素质教育的全体性,又称为全员性或大众性。素质教育作为一种以全面提高全体学生的基本素质为根本目的的教育,是与应试教育的"选拔性"、"淘汰性"相对立的。素质教育必须面向全体学生,使每个学生都具有作为新一代合格公民应具备的基本素质。素质教育的全体性要求:一方面必须使每个学生在原有基础上都得到应有的发展;另一方面必须使每个学生在社会所要求的基本素质方面,达到规定的合格标准,使每个学生都成为合格的毕业生。

2. 素质教育的全面性

素质教育的全面性,又称为整体性,即要求受教育者德、智、体、美、劳诸方面全面发展。素质教育是与应试教育的"片面性"相对立的。它要求受教育者的基本素质必须得到全面和谐的发展。这就从教育内容上规定了素质教育的性质。素质教育的这种全面性要求是有其社会学、教育学和心理学依据的。社会发展对人的素质要求是全面的,而非单一的。从心理学角度看,人的心理活动具有整体性,认知过程与情意过程的产生与发展是相互交织、相辅相成的。因而,人的素质发展也具有整体性。素质教育既不是"为升学做准备",也不是"为就业做准备",而是"为人生做准备",即为人生打基础的教育。

3. 素质教育的主体性

素质教育的主体性,又称为主动性,马克思主义认识论告诉我们,内因是变化的根据,外因是变化的条件,外因要通过内因起作用。因此,学生的学习过程必然是主动获取、主动发展的过程,而不是被动接受、灌输或塑造的过程。从根本上说,素质教育的主体性就是教师要尊重学生在教育教学过程中的自觉性、自主性和创造性。教师要尊重学生的独立人格。尊重学生的独立人格是教育的前提,也是对待学生最基本的态度。尊重学生的独立人格就是尊重学生的人格价值和独特品质。不仅包括他的优点和长处,也包括他的缺点和短处。教师不可能喜欢学生的一切,但教师要认识到学生是一个有价值的人,一个值得尊重的人。教师要把学习的主动权交给学生,在教育教学过程中,教师要善于激发和调动学生的学习积极性,教会学生学习,让学生有自主学习的时间和空间。

(三)教育教学的改革创新

1. 教育理念的创新

思想观念是行动的先导,更新教育观念,转变教学思想是深化教育改革、促进教育发展的先导,是实现教育创新的前提条件。教师的教育理念对他们的教学态度、教育行为有着显著影响。目前,我国的教育教学工作中仍然存在一些认识误区和行为偏差,究其深层原因,就是在更新教育思想观念的问题上没有突破性进展。教学理念仍然是那种传统的应试教育思维,而不是真正的现代素质教育。

2. 教学内容的创新

传统的教学内容较少为学生的主动性探索提供服务,这样不利于培养学生探究性学习的能力和创新才能。教师应该以创造性的教,去促进学生探究性、创造性的学,为学生提供能引发创新的教学内容。因此,教师应善于处理教材、调整教材,重组教材内容,充分挖掘教材中的创新教育因素,补充创新内容,不断激发学生去创新。

3. 教学方法的创新

现代教育以引导学生"会学习"为教学的主要任务,主张"教"为"学"服务,故而提倡具有启发性、发现性、独立性和个别化特点的教学方法。

教学方法既是一门学术,也是一种综合能力。正确的教学方法会有力地促进学生创新素质的形成,而落后的教学方法则会成为学生创新素质发展的阻碍因素。因此,要提高学生的创新素质,就必须采取有利于创新的教学方法,即培养学生创新性思维和能力的教学方法。教师在教学设计时就应该给学生预留探索创新的空间,创造"海阔凭鱼跃,天高任鸟飞"的教学环境,让学生的才智和潜能得到充分发挥。所以,培养学生创新素质的教学方法必须具备以下几个方面要素:

第一,必须注重启发,引导学生主动探索。传统的教学方法只注意知识的记忆,忽视对知识的理解和深入思考,阻碍学生主观能动性的发挥,更谈不上创新思维和创新能力的发展。只有通过启发引导,才能调动学生的主动性、自觉性,使学生成为课堂的主人,使课堂教学氛围充满活力和激情,激发学生积极思维,培养学生分析问题和解决问题的能力。

第二,实行教学民主,鼓励学生独立思考,提出创造性见解。传统的教学方法过分强调教师的权威而忽视学生在教学过程中的主体性,学生的主动性无法得到发挥。因此,我们要寻求有利于学生创新素质发展的教学方法,必须把民主性原则融入教学方法和方式之中。在课堂教学中,教师要尊重学生的见解和提出问题的权利,努力使学生保持一种开放自由的心态,鼓励学生标新立异,鼓励学生勇于探索。

第三,提倡开放式教学。知识的迅速膨胀和传播信息化是新世纪社会发展的基本特点之一。在这样的社会背景下,课堂教学的内容就不能仅局限于教师有限的知识,教师应当努力培养学生开放式的学习思维,突破以往课堂教学中封闭的教育方式,以开放的教育形式,如组织学生进行智力竞赛、论文比赛、听讲座、成立科技小组、参加文体活动,以及社会调查等,促进学生创新素质的发展。

4. 教学手段的创新

传统的教学手段,基本以一块黑板、一支粉笔、一本书、一张嘴为主。但教育现代化已是大势所趋,网络、多媒体,已成为现代教育必不可少的一部分。它们因其方便、快捷、高速、直观等而被人们所接受。

孔子曰:"工欲善其事,必先利其器。"[①]当前,现代教育的教学手段主要是电化教学。教育心理学告诉我们:人们从听觉获得的知识,能够记忆15%;从视觉获得的知识,能够记忆25%。如果把视觉、听觉结合起来,能够记忆的内容达65%,[②]而现代化教育手段正是通过声音、图像等多种表现形式,让学生对知

---

① 《论语·卫灵公》。
② 岑春云:《多媒体教学在乡镇中学的应用》,载《广西右江民族师专学报》,2006年第19卷增刊,第78页。

识掌握得更加透彻,提高其探索能力,为创新性脑力劳动提供条件。

随着科学技术的日新月异,现代信息技术在教育过程中的应用越来越普遍。不可否认,多媒体作为一种新的教学手段,有着传统教学手段无法比拟的优势,它以生动形象的画面、言简意赅的解说、悦耳动听的音乐激发学生的学习兴趣,调动学生学习的积极性,从而提高教学质量。计算机多媒体进入教学,对大面积提高教育质量、培养创造型人才、提高教学效率具有重要意义。一方面多媒体不受地域、空间狭小的限制;另一方面通过多媒体,可以传递无限量的知识。无论是其传递知识的数量,还是质量都是传统教学方式不能达到的。因此,它弥补了传统教学手段的缺陷,拓宽了教学资源的来源渠道。

另外,通过信息教育手段的辅助性学习,学生实现了差异化学习、探究性学习,在教育教学过程中,对于差异性较大的学生群体来说,不应一味地以同一水准的教学内容对待,如对于那些能够很快消化、理解知识内容的学生来说,过于细化的教学方式无疑是浪费时间;但又不能以他们为标准,而忽略那些理解能力相对较差的学生,对于他们来说,信息教育可以提供更宽广的空间,实现差异化学习。

5. 教学评价的创新

在传统教学中,学生学业成绩评定的依据,是掌握的死记硬背的知识量的多少,不利于培养学生的创新能力。所以当代教学评价则应体现以学生为主体和以人为本的教学思想,培养学生的创新意识和创新能力。下面就对学生的学业评价作一简单介绍,具体有以下几点:

首先,要建立创新的考试评价标准。在考试内容上,考题不止考教师讲过的题目,还要考一些没有标准答案、可以让学生充分想象、表达自己创见的题目。在检查评定方法上,一是采取教师检查和学生自我检查相结合的方法,使每一个学生看到自己的学习结果,并自觉克服学习中的缺点;二是采取口试、笔试、开卷、闭卷和实践能力考查等多种形式,评定方法尽量新颖活泼,使学生不怕考试,乐于考试。

其次,应改变以分数为评价学生优劣的唯一标准。现代素质教育具有全面性的特点,它要求学生在德、智、体、美、劳诸方面全面发展。所以对学生的评价不能仅局限于学生的"智"上,而应有一个全面评价。

最后,应改变由教师单一评价的模式。在对学生进行学业评价时可采用学生评价和教师评价相结合的综合评价模式,调动学生学习的积极性并提高他们的自主学习能力。

第七章
学术道德

"6月10日的一大早,当记者打开自己邮箱的时候,突然收到了来自郝柏林院士的一封信。信里没有内容,只有附件。这是一篇文章,来自美国《科学》杂志2006年6月9日一期中的新闻聚焦,题目是《学术腐败丑闻动摇中国科学》,文章的压题照片上,是炫目的上海外滩夜景,图片说明上写,'黄金般的,上海的地平线反映了鼓舞中国在科技领域增加投资的日益增长的雄心。'但是文章的副标题上写着,学术腐败的日益增多将迫使中国的科技界领袖或者选择清理门户,或者眼看他们这样混乱下去。时光倒流到十年前,该杂志的评论可能会被认为是'别有用心',然而今日,这样的评论已不会引起中国人太过激动的反应了。"这是2006年6月25日15:10来自新浪网的一段文字。"这样的评论"为何不会引起中国人太过激动的反应呢?是因为评论所指是有事实根据的——在我国学术理论繁荣发展的背后,确实存在严重的学术腐败和学术失范现象。

一、学术道德及学术失范现象

(一)学术道德的定义

道德是社会意识形态之一,是反映和调整人们现实生活中的利益关系,用善恶标准进行评价,依靠人们的内心信念、传统习惯和社会舆论来维系的价值观念和行为规范的总和。当前,学术活动主要集中在高校和科研院所,其中高校是开展学术活动的主要场所,作为高校学术活动主力军的高校教师的学术道德,是指他们在从事学术研究活动的整个过程及结果中,处理人与人、人与社会、人与自然关系时,应遵循的行为准则和规范的总和。学术道德是治学的起码要求,是学者的学术良心,其实施和维系主要依靠学者的良心及学术共同体内的道德舆论。

(二)学术失范现象

学术道德具有自律和示范的特性,学术道德的缺失无疑意味着学术失范现象的产生和蔓延。自20世纪90年代末以来,学术不端、学术失范、学术腐败等学术道德失范事件不断发生,最近几年更是呈愈演愈烈之势。在市场经济大潮的冲击下,相当多的人有浮躁情绪、急躁情绪,甚至把做学问也变成一种买卖。互联网上竟有论文"超市",论文覆盖了文学、法学、医学、金融、计算机等多个学科领域。明码标价,本科、硕士、博士论文价钱不等。这些行为不仅败坏了学术风气,也阻碍了我国学术发展,在社会上造成了恶劣的影响,与我国建设社会主义和谐社会的要求格格不入。学术失范现象主要表现在以下几个方面:

1. 急功近利,粗制滥造

我国现在正处于社会转型时期,在各方面体制、机制还不是很完善的时候迎来了市场经济大潮,社会上急功近利、浮躁之风盛行。在这种情况下,我们的科研队伍难免受到影响,许多科研人员虽然也想静下心来作一些具有长远意义的研究,但许多硬性考核指标的要求,使得能静下心来扎扎实实作研究的人越来越少,急功近利贪图实惠的人越来越多。有的学者急于成名,且对做学问的出发点和目的认识有偏差,丢失了做学问的独立精神。有些人做学问仅仅是为了名和利,而忘记学术本身的特点和学者所肩负的责任。现在许多学校实行教师聘任制和津贴分配制,而这些制度是建立在量化考评基础上的,量化考评集中在科研水平上即课题的等级、论文发表刊物的级别和发表论文的数量等。这也成为教师晋级的要求,一些教师为晋级或聘任岗位的需要而急功近利,学术上粗制滥造,缺乏严谨性和科学性,忽视教书育人这一本职工作。就科学的本质和规律而言,大多数学科想取得一点成绩,没有一二十年时间的积淀是不行的,正所谓"十年磨一剑"。

2. 学术泡沫化

学术泡沫化的出现是与以量化指标为要素的学术成果考核评价方式同步发展起来的,根源之一在于高校过于强调量化的评估和考评体制。20世纪80年代末,以量化指标为要素的学术成果考评体系被借鉴到教学科研改革中。在当时的历史背景下,这种做法由于改变了高校教学、科研管理的无序状态,收到了良好的效果,对高校教学科研的高速发展起到很好的推动作用。但对学术而言,这些量化评价标准中包括发表文章、出版著作、获奖多少以及承担多少研究课题等,显然都是以追求数量为目标。诚然,数量是学术繁荣的基础,但质量更是学术繁荣的关键。攀比数量导致教学科研人员急功近利,搞"短、平、快",这种浮躁的学术研究风气导致的直接后果,就是科研质量的下降。这些年出现的学术泡沫化就充分证明了这一点。不健康的学术价值观使得科学工作者缺乏创新意识,心浮气躁,急功近利,片面追求数量的低水平重复,表现在论文、专著等方方面面,尤以高校教材、教参问题显著。许多人不写论文,却在一本接一本地出书。学术泡沫化,不仅造成人力、物力、财力的浪费,而且造成"信息污染",对学术发展贻害无穷。学术造假已成中国"学术之癌",国家每年投入大量的科学研究费用,结果制造了大批的"学术垃圾",真正的科技创新却严重不足。有人称,中国的学术为"注水"的学术,虽然有些夸张,但基本是符合实际情况的。

3. 学术道德败坏,抄袭剽窃成风

"天下文章一大抄,看你会抄不会抄",已成了绝大多数中国知识分子谋生方式的真实写照。抄袭和剽窃在中国知识分子和高校教师中泛滥,更成为中国学术界最大的公害,有人戏称为"学术蝗祸",其泛滥之广,已近乎达法不治众的地步。有学者说:现在最大的问题是大家对抄袭剽窃都没有羞耻感。南京大学校长蒋树声教授在九届全国人大一次会议小组会上指出:抄袭剽窃不治,学术将完。北京大学外国哲学研究所教授陈启伟在谈到学界学风不正问题时强调:近年来,学术界不正之风污染之重、侵袭之深,前所未有。拿抄袭、剽窃现象来说,过去虽有,但毕竟少见,而且一经揭露,抄袭者在学术界立即丑声四闻。现在抄袭剽窃"几成学界一大公害,其猖獗张狂之势令人愕然惊心"。[①]更有甚者,干脆搞假冒伪劣。假冒他人名义"著书立说"。学术研究中的相互抄袭,造就了一大批"高产学者"。如今,每年出版几本甚至十来本大部头"著作"的"高产学者"已不少见;每年发表十几篇甚至几十篇"论文"的"高产学者"更是屡见不鲜。然而,上网检索一下就会发现,这些高产"著作"或"论文"大部分没有什么价值,基本上都是抄袭或拼凑别人的学术成果,因而,这些高产著作或论文也基本上成了学术垃圾。

另外,学术评奖和立项(争取研究课题立项)中的腐败也为广大知识分子所痛恨。评奖被喻为学霸与官僚的分赃,有句顺

---

① 贺照田:《学术思想评论》第 2 辑,沈阳:辽宁大学出版社,1997 年,第 131 页。

口溜:"评奖就是评委分赃,你给钱,我评你,剩下十之二三,再拿来装门面。"形象地说明了这其中的门道。争取项目有很多"潜规则",一些学者说,我们不怕平等竞争,但是现在缺乏公平竞争的环境。一些科研领域甚至成为某些权威或领导的势力范围,只有进入"小圈子"的人,才有可能得到资金支持力度较大的项目,而"外围"的科研人员,只能得到一些子课题,或者一些资助力度小的课题,甚至什么也得不到。

(三)学术道德失范现象产生的原因

学术道德失范现象严重败坏了我国学术界的形象和学术风气。随着科教兴国战略的实施,我国的教育改革发展进入一个新的阶段,科研队伍不断壮大,学术氛围空前活跃,学术研究成果丰硕,一个学术繁荣的良好局面正在形成。但是,我们也必须清醒地看到,当前在我国学术研究工作中存在非常严峻的、危及我国学术健康发展的学术失范问题。究其原因,主要有以下几方面:

1. 官本位思想和人才官员化现象严重

目前学术领域的腐败问题多与官本位思想有关,表现为权力被滥用在学术领域。一方面是官员当教授甚至当院士的,当了官后就相当于有学术地位了,这种思维导致学术腐败;另一方面搞学术的人想当官,似乎不当官就难以体现自己的身价,同样导致学术腐败。又因为目前我们的学术机构尤其是高校始终突破不了"泛行政"的框架,行政意见依然是至高无上的力量,这就引出一个体制问题。学术机构体制缺乏独立性,仍实行官本位体制,院士是副部级身价,校长是副部级或厅级身价,系主任是处级身份等,而由于他们本身就是官,科研体制被纳入官僚体制,所有这些集中到一起,"官场"衍生出学术腐败就在所难免。如袁济喜所言:"官本位已经越过了一个社会道德良知能够承受的底线,其集中表现就是浸淫与攻略神圣的学术领域。在许多高校与科研院所,不论学识高低,只要弄上一官半职,就可以凭借现有的官本位笼罩下的学术体制,轻而易举地搞到职称与项目,然后再利用权势找人吹捧,很快就成为'学术名流'。"①因为搞学术的人有官本位思想,学术成果评估的办法也就走了样。以科学成果为例,目前盛行的听证会、鉴定会,几乎流于形式。有官职的人利用职务之便,搭官职之车,邀请一些专家,闭着眼睛说瞎话;而一些没有权力的人,为了捞得荣誉(相当一部分为了官职),花大把大把的钱,找一些权威专家,吹捧一番。

2. 缺乏健全的学术评价机制

评价机制标准的片面化,是学术腐败产生的土壤。一些学术上的投机者对于学术既缺乏虔敬之心,也无意于艰苦的学术劳作,不过假学术之名谋其私,甚至自觉地去追求知识权力,从不惮其烦地卖弄新概念到以各种形式进行公开或半公开的剽窃,"而缺乏一种公正、合理和有权威性的学术评判机制,则使得这类学术上非道德现象无法得到有效遏制"。②现有的评价机制不是靠学术成果和教学科研来评价学者,而是靠官职大小、论文和获奖数量来评价,存在重"量"轻"质"的倾向。诸如职称评选就硬性规定要有多少篇论文在什么级别的刊物上发表,把公开发表的论文数量或出版的学术专著,作为一个"硬指标",而不是强调论文的质量。如果论文数量达不到规定要求,无论这个教师在教书育人方面做得如何好,其有限的论文中包括质量多么高的一两篇论文,也无法得以晋升。这就导致不少学者迫于无奈而发表文章,这样的学术成果是没有很大价值的。诚如天津师范大学教授谭汝为所言,这种只重"量"而不重"质"的评审机制,就导致一些人盲目追求数量,采取拼凑的方

---

① 袁济喜:《学术腐败逼近最后的道德防线》,载《当代法学》,2000年第3期,第72页。
② 杨玉圣、张保生:《学术规范读本》,郑州:河南大学出版社,2004年,第18页。

法,一篇文章凑成几篇,或几篇文章再凑成一篇,还有人把以前的论文改头换面后重新发表,造成论文低水平重复,重复别人也重复自己,剽窃他人也剽窃自己。

3. 缺乏完善的学术惩戒机制

美国哈佛大学教授何毓琦给中国工程院院士宋健的信中写道:"据我所知,在中国,违背学术和道德行为准则所遭受的惩罚很轻,甚至不受惩罚,仅仅是一句'下不为例'的警告。俗话说:'杀鸡儆猴'。在西方,对剽窃和其他学术劣行的惩罚是极为严厉的,常常导致当事人失去工作或被剥夺职业资格。因此,同行的压力和自律常常足够使不良行为降到最低。中国的政府和学术界领导必须设立严格的纪律。"①针对我国现存的严重的学术腐败、学术失范现象,我们国家应该建立健全相应的学术惩戒机制,对学者的学术行为进行刚性制约。教育部《关于印发〈关于加强学术道德建设的若干意见〉的通知》中,对于建立学术惩戒处罚制度也有相关规定:对违反学术道德的行为,各级教育行政部门和相关机构一经查实,要视具体情况给予批评教育,撤销项目,行政处分,取消资格、学位、称号,直至解聘等相应的处理和处罚。根据需要,可聘请相关学校的校内外专家组成学术规范专家界定小组,具体负责对违反学术规范的不道德现象和行为进行界定。对严重违反学术道德、影响极其恶劣的行为,在充分了解事实真相的基础上,通过媒体进行客观公正的批评。触犯法律的,依法追究有关当事人的法律责任。

除从外部找原因外,我们更应重视学术研究主体方面的原因,因为在学术工作中起决定性作用的因素还在于学术研究主体本身。由主客观方面因素造成的学者不健康的学术价值观是如今学术道德失范现象产生的关键性原因。学术道德失范

---

① 何毓琦:《中国学术失范的原因及实例——一位外籍院士写给中国工程院院士宋健的信》,载《科学时报》,2006年2月6日。

绝不是一个孤立的问题,它是与整个社会大背景息息相关的。在社会转型期,受假冒伪劣、弄虚作假、浮躁、浮夸风气和商业上投机心理的影响和侵蚀,面对巨大的名利诱惑,一些饱读圣贤书的"学者"们早已丢弃"富贵不能淫"的古训。学术研究不再是为了追求真知和创新思想,而是变成评职称、捞外快、加官晋爵的敲门砖,功利主义、个人主义、实用主义的不良学术价值观在学术界泛滥。如果听任学术风气不正、学术道德失范问题发展下去,就会严重污染学术环境,影响学术声誉,阻碍学术进步,进而影响社会发展和民族创新能力,阻碍我们全面建成小康社会伟大目标的实现。

二、构建惩防学术不端行为的工作体系

加强学术道德和学风建设是践行社会主义核心价值观的内在要求,治理学术腐败和学术失范现象,应着力构建教育、制度与监督相结合的惩防学术不端行为的工作体系,从行政、法律、媒体等方面着手发挥其协同效应,形成学术反腐的立体防治体系。

(一)推进学术道德机制建设

治理学术失范和学术腐败应该依靠四种力量,即道德力量、制度力量、法制力量和媒体力量,从学者的道德自律意识培养、学术管理体制及学术规范建设和完善入手,把学术活动中应遵循的道德原则化为学术主体的自觉行为,促进学术进步和科技创新。

1. 确立科学、公正、客观的学术评价机制

学术必须有评价机制,这是不言而喻的。但这种评价应该科学合理,否则不利于学术的发展。科学的学术评价机制有利于遏制学术腐败、净化"学术生态"、促进学术繁荣、实现创新与成果转化。建立健全、公开、公平、公正的学术评价制度,在论文答辩、发表论文、出版著作、科研立项与评估、学术奖项评定

等方面,严格推行匿名评审制,改变重"量"不重"质"、"学"与"术"分离的取向。学术评价重视的是对评价结果的审核,而不是对评价过程的规范;它得以成立的前提是参与评价的学者对自己学术声誉的珍视,而不像现行做法那样,学者参加临时组成的评委会,评审结束后对自己的评审结果不必承担任何责任。为了中国学术的健康发展,应该建立起科学的学术评价机制。

2. 制定相应的政策法规,建立健全学术惩戒机制

对中国科学研究诚信问题十分关切的美国印第安纳大学教授傅新元说:"中国现在缺乏对学术不端指控的适当处理机制。这会导致造假者未能得到适情处罚,或无辜的被指控者得不到合法保护,正常的研究招致困扰。这种情形不仅毁坏有关被指控的科技工作者的声誉,也会影响正常的科学研究和国际科学界对中国科技工作者的信任。"[①]如傅新元教授所言,针对我国现存的严重学术腐败、学术失范现象,我们国家确实缺乏应有的惩治力度,通过相关的政策法规建立健全相应的学术惩戒机制,对学者的学术行为进行刚性制约刻不容缓。

3. 有效利用媒体,加强舆论监督

媒体监督,也就是舆论监督。加强媒体监督,对那些较为恶劣的学术腐败行为,及时在媒体上进行曝光,以起到监督、威慑等作用。通过媒体曝光,可及时匡正学术腐败行为,纯洁学术氛围,净化文化环境,形成良好的社会氛围,使人们不敢违背学术道德。

前面所述都属于机制范畴的建设,属于学术道德的他律,从根本上是一种外在的强制性约束机制。然而,道德他律只是反对学术失范和学术腐败的一种手段。加强学者的道德自律,提高其自身素质才是学术反腐的关键。因为仅仅依靠机制建

---

① 原春琳:《百余名海内外知名教授致信 关切科研诚信问题》,载《中国青年报》,2006年5月10日。

设是不足以防止学术失范和学术腐败现象的发生,因为任何机制都不可能对现实生活进行面面俱到的调整,要更好地防止学术失范和学术腐败现象的发生,需要所有学术工作者加强道德自律,做一个有学术诚信的人。再者,机制约束主要适用于学术失范和学术腐败问题发生之后,而道德手段则主要适用于问题发生之前,道德自律与学术规诫应互为补充,相得益彰。故要从根本上防止学术失范和学术腐败,在加强机制建设的同时,必然要求大力加强学术研究者的道德建设,提高广大学术工作者的道德素养,塑造其高尚的学术人格。在学术反腐中,应高度重视道德建设。这不仅是目前我国学术反腐现实的需要,也是国外学术反腐的重要经验。法国学术界就认为,法律制裁只是学术反腐的一种手段,而加强学者的道德自律,提高其自身素质才是学术反腐的关键。不管学术规范的他律机制具有多么大的强制性,学术道德内在的自律还是起着相当重要的作用。

(二)强化学术道德意识培养

学者的学术道德,是指学术工作者在学术活动中所表现的道德,主要体现在学术研究方面,核心是要求把握研究者与研究对象的关系,也就是研究者应以什么样的精神进行学术研究。学术研究体现的是一种对民族以及对人类的责任。学者的学术道德体现在为科学而科学,诚实面对科学事实,尊重前辈和他人的劳动,重视社会责任,坚持学术公正。

1. 强化学术道德意识,净化学术环境

学术道德,作为学术研究中的基本规范,已经成为关系学术研究有效进行、科学健康发展、科学和学者的社会功能充分发挥的重大问题。针对目前存在的严重学术失范和学术腐败行为,强化学术道德意识尤其重要和迫切。

首先,强化学术道德有利于引领好的社会风气。学术道德是社会道德的重要方面,对良好社会风气的形成具有示范和引导作用。知识界与学术界应该是一个民族文明和良知最有觉悟的守望者。在社会上一些不良风气盛行的情况下,强化学术道德应当引起我们的足够重视。强化学术道德,有利于引领好的社会风气。真正的知识分子是具有道德含量的,学者不仅仅是一种职业称谓,也是具有强烈社会责任感和正义感的道德楷模。作为知识与真理的发现者、传播者,学者的言传身教对社会和受教育者有着深远影响。如果不强化学术道德,整个学术界和知识界恐怕会陷入"劣币驱逐良币"的循环之中,并给整个社会带来严重影响。

其次,强化学术道德有利于维护人才的公平竞争。如果学术道德出了问题,人才公平竞争的游戏规则就会被破坏,科研人才就会大量流失,而他们关系着一个民族的前途。因此,在院士增选等学术评价活动中,突出学术道德是十分必要的。它同时警示我们,传统知识分子所具有的优良风骨不能在今天丢掉,以后任何时候也不能丢掉,它关系的不仅是学术界的尊严,也是整个社会的进步和正义。

再次,强化学术道德有利于重塑学术精神,提高学术质量。学术道德是科学研究的基本伦理规范,是提高学术水平和研究能力的重要保证,对增强自主创新能力、促进学术繁荣发展具有不可忽视的重要作用。遵守学术道德是事关学术繁荣发展的根本性问题,事关中国学术事业健康运行的关键性环节。寻找不良学风出现的原因并加以根治,应引起学者们的高度关注。

2. 学术道德是学者应该具备的内在学术规范

学术道德规范是学术规范的基本内容之一,遵守学术道德是对学者的基本要求。作为一名学界中人,只要是以学术为业——无论是从事高等教育还是科学研究,都应遵守学术道德,即学术共同体成员形成的公认的学术伦理。对于学者来说,遵守学术道德是学者尊重自己的基本表现。他们对国家、对民族、对社会乃至对整个人类负有强烈的科学或学术责任感和使命感是十分重要的。正是这种强烈的科学或学术责任感和使命感,成为其追求学术、追求科学、追求真理不竭的精神源泉和动力。宋代哲学家张载曾提出:"为天地立心,为生民立命,为往圣继绝学,为万世开太平。"①这体现了一个中国古代学者的责任感和使命感。冯友兰以此"横渠四句"为自己的座右铭,表达了"高山仰止,景行行止,虽不能至,心向往之"的愿望,这体现了一个当代中国学者的责任感和使命感。时代不同,但作为有良知的学者的追求和心声却是共同的。纵观中国历史,中国历代知识分子大都以"修身、齐家、治国、平天下"为己任。应该说,这是中国知识分子一个优良的、需要认真继承的治学传统。

　　学术道德之所以重要,还与学者的使命有关。按照费希特的观点,提高整个人类的道德风尚是每个人的最终目标,也是学者全部工作的目标。"学者的职责就是永远树立这个最终目标,他在社会上做的一切事情都要先想到这个目标",②学者"应当成为他的时代道德最好的人,他应代表他的时代可能达到的最高水平"。③"如果出类拔萃的人都腐化了,那还能到哪里去寻找道德善良呢?"④学术研究事业本身就是追求真善美,唯真理而从,故学者应有"出淤泥而不染"的风范。学术道德也是学术良知的体现,它反映一个人的学术操守和为学之道,关系到学术人格的培育。学术道德主要以健康的品格和内在的自律为取向。学者不应有道德优越感,而应保持道德上的谦虚,修身正己,自我约束,从培养学术诚信做起,从科研工作的每一个

---

① 张载:《张载集》,上海:中华书局,1978年,第320页。
② 阎世笙、马延龙:《费希特〈论学者的使命〉与学生培养》,载《延安大学学报(社会科学版)》,2004年第6期,第123页。
③ 王学风:《论研究生学术道德教育的内容和途径》,载《学位与研究生教育》,2008年第1期,第45页。
④ 杨雪冬:《风险社会与官员责任》,载《决策》,2011年第4期,第13页。

环节做起。

3. 强化学术道德自律意识的培养,实现"以德治学"

面对令人担忧的学术道德现状,应如何改善当前的学术道德状况,确立学者在学术道德建设中的主体地位。作为学术主体和学术道德的维护者、建设者,广大学术工作者一定要恪守学术道德,坚守学术诚信,在追求真理的过程中修身正己,从以下几个方面努力做学术道德和良好学风的维护者、践行者和弘扬者:

首先,明确学术道德建设的基本要求,树立学术荣辱观。加强学术道德建设是实施科教兴国战略、维护学术价值、促进学术发展的需要。学术工作者应认真学习领会教育部《关于加强学术道德建设的若干意见》,明确学术道德的基本要求和界限,了解哪些是符合学术道德要求可以做的,哪些是违反学术道德规范不能做的。对于学术理论界而言,学习践行社会主义核心价值观则集中表现为遵守学术道德、端正学术风气、重铸学术精神。就目前来说,树立学术荣辱观是加强学术研究者道德建设的核心。目前全国上下正在为践行社会主义核心价值观而不懈努力,这为反学术腐败、改善学术风气提供了有力的社会支持。学者是社会精神产品的创造者,他们不仅应当率先践行社会主义核心价值观,而且应当切实完善自己的学术人格,以求实创新为自己的学术生命,以向社会奉献优秀的精神产品为自己的天职,要具有高度的历史使命感、政治责任感和社会正义感,勇于承担学术责任和学术义务。如果学者们能在学术研究中普遍践行这样的核心价值观,用自己的行动弥补和修复自身价值观的偏差,学术道德失范就将失去泛滥的基础。

其次,树立正确的学术价值观,认清身负的学术使命。在市场经济条件下,欲望的满足取代了意义的追求,知识精英受到商业精英的排挤,学术精神往往被歪曲为学术精神的实用化。要坚持学者的学术使命,就要改变功利主义的价值观,确立新的价值观。中国学者的学术使命应该以人为本,重新回到超越一切自然物的人身上来。从事学术理论工作的知识分子历来被视为社会的良心,是维系伦理、凝聚民心的重要力量。这就要求他们由崇高的学术精神衍生出一种强烈的使命感。学者要以发展成为具有高度学术责任心、社会责任心和全球视野、开放理念、过硬的学术创造力影响力的现代学者,做探求和传播科学真理、弘扬和培育民族精神、引领文明进步的执着追求者和忠实实践者作为自身发展的目标。刻苦努力、认真履行学术责任,以体现科研工作者应有的高尚情操。

再次,保持高度的学术责任感,坚守学术良知和独立品格。从事学术理论研究是一项严肃而艰辛的脑力劳动,来不得半点虚假和投机取巧。而有的人搞学术研究不是为了对党和人民的事业负责,不是为了服务于社会,而只是从个人名利出发,急功近利,不是通过诚实艰辛的学术研究获得成果,而是剽窃抄袭别人的学术成果,以骗取名誉、地位和金钱,我们必须要坚决反对这种不光彩的行为。各学科的学者在学术观点上无论有多么大的差异,都是本着"学术为民"、"学术为社会"的思想在从事教学和研究工作。要坚持严谨治学、实事求是的学风;要甘于寂寞、淡泊名利、力戒浮躁、潜心钻研;要加强学习、深思勤作、厚积薄发;要追求卓越,出精品,出上品;要加强团结、和谐合作,在学术研究中相互切磋,共同进步;要反对学霸作风,尊重但不迷信学术权威;在各种学术活动中,坚持公平、公正原则,不徇私情;在物欲诱惑面前,坚守自己的学术良知和独立品格。学术工作者要保持内心的自由和独立的人格——不墨守成规,不迷信古人、洋人和权威。对经济、社会发展中的矛盾问题敢于研究,敢于说真话,敢于发表独立见解,不掩盖事实真相,得过且过,遇到问题绕道走,看到矛盾不研究。"说真话",是巴金先生一生的追求和写照。我们应以巴老为榜样,在社会科学研究中说真话、说实话、说对社会有用有利的话。学术良知的培养和展现,是我们科研工作者的学术命脉之所在。

最后,强化学术自律意识,反对学术腐败。中共中央《关于进一步繁荣发展哲学社会科学的意见》中明确要求,哲学社会科学工作者要增强社会责任感,加强学术道德修养,提倡做人、做事、做学问相一致,坚决抵制各种不正之风。这同样是对所有学术工作者的要求。为了反对学术失范和学术腐败,维护学者和中国学术共同体的形象,学术工作者要秉持学术良知,与学术剽窃、学术造假、学术泡沫等不正之风作坚决的斗争,捍卫学术的尊严和纯洁。要从个人做起,恪守坚持真理、诚实劳动、亲贤爱才、密切合作的职业道德,自觉遵守学术规范,实现自我约束。树立法治观念,保护知识产权,尊重他人的劳动和权益。在科学研究和学术活动中自觉坚持四项基本原则,遵守国家的法律法规、社会公德和公序良俗。

2006年5月23日,教育部正式成立学风建设委员会,它是教育部社会科学委员会下设的专门委员会,是全国高等学校哲学社会科学学术规范、学术道德、学术风气建设的指导机构和咨询机构。学风建设委员会以马克思主义为指导,倡导严谨治学、实事求是、民主务实、勇于创新的学风。学术道德的践行要学者注重学术精神的培养和传承,成为良好学术风气的维护者。唯有如此,才能造就良好的学风,保证学术研究的持续发展,提高研究人员的创新能力和科技竞争力,为科教兴国和民族复兴做出巨大的学术贡献。

三、做学术精神的坚守者

学术精神是一种诚笃的精神、独立的精神和超越的精神。学术工作作为一项特殊的事业,其复杂性与严谨性要求学术工作者具备三个方面的学术精神:即严谨治学、创新意识和团结协作精神。

(一)严谨治学

《辞海》里,"严"的意思为严格、严厉、严肃、严密;"谨"的意思为小心、慎重、不疏忽、不苟且。"严谨"的要义是严密谨慎，一丝不苟。即严肃认真、严格要求、严密组织的科学态度，要谦虚谨慎，戒骄戒躁，精益求精。严谨是追求真理的科学态度，更是具有学术道德意识的学者必须有的学术态度。韩愈有言："业精于勤，荒于嬉；行成于思，毁于随。"①优良的学术精神的一个重要要求就是严谨治学，实事求是。科学史上许多的发明创造，都不是侥幸得来的，都是科学家严谨治学、百折不挠的结果。王国维著名的治学三境界之第二境界"衣带渐宽终不悔，为伊消得人憔悴"，意指：治学的道路是艰苦的，要想学有所成，必须要下一番苦工夫。"为伊消得人憔悴"，就是说要像渴望恋人那样，废寝忘食、孜孜不倦，人瘦衣宽也不后悔，只有耐得住艰苦、耐得住寂寞的人才有可能在学术上取得突破。在治学路上，很多人正是因为受不住衣带渐宽的艰辛而退缩，从而无法达到"众里寻他千百度，蓦然回首，那人正在灯火阑珊处"之境界。第三境界只要工夫用到，自然会豁然开朗，有所发现，有所发明。马克思说过："在科学上没有平坦的大道，只有不畏劳苦沿着陡峭山路攀登的人，才有希望达到光辉的顶点。"②也正如北宋政治家、文学家王安石所言："夫夷以近，则游者众；险以远，则至者少。而世之奇伟瑰怪非常之观，常在于险远，而人之所罕至焉，故非有志者不能至也。"③学术研究是一项十分艰辛的劳动，要想取得突破性成果，必须能够吃苦，坐得住冷板凳，经得起寂寞，要具备严谨治学、实事求是的学术精神。江泽民同志在强调哲学社会科学工作者要增强创新意识时，明确指出要"坚持严谨治学、实事求是、民主求实的学风。要甘于寂寞，淡泊名利，力戒浮躁，潜心钻研；要认真读书，多思慎思，关注现

---

① 《讲义解》。
② 《马克思恩格斯选集》第3卷，北京：人民出版社，1995年，第618页。
③ 《游褒禅山记》。

实世界,注重学术积累;要厚积薄发,出精品,出上品"。① 学术研究是一项严肃的活动,追求真理是学术研究的最终目的和最高价值。历史上有成就的学术工作者都是严谨治学、实事求是的典范。

1. 严谨治学,贵在进取

严谨治学,一丝不苟,是学者实事求是科学态度的体现,是完成学者职责必须具有的品德。要严谨治学,就必须勤于进取,刻苦攻读,学而不厌。社会在前进,科学在发展,即使学者已有的业务基础扎实,也要勤奋学习,更新知识,才能不断提高科研和做学问的水平。学者应坚持严谨治学的学风,自觉杜绝学术不端行为。习近平同志指出:当代中国的理论工作者,必须承担起学者的责任,以严谨的科学态度搞好理论研究,大力推进理论创新,用中国的学术理论和话语体系解读中国实践、中国道路、中国经验,打造具有中国特色、中国风格、中国气派的马克思主义中国化理论创新成果和哲学社会科学创新体系。

2. 坚持实事求是,反对浮躁治学

学术道德失范中的一个重要表现就是作风浮躁。心浮气躁,缺乏净气是治学的大忌。"宁静致远"是古人在长期的治学实践中总结出的治学规律。《大学》开宗明义就说:"大学之道,在明明德,在亲民,在止于至善。知止而后有定,定而后能静,静而后能安,安而后能虑,虑而后能得。"这里表达了静心安心是思有所得的前提的思想。学术界的浮躁风气,是学术道德失范的根源。浮躁之人作学术研究,不对现实情况进行深入调查,不对问题作由表及里、深入细致的分析研究,而是从书本到书本,从现象到现象,闭门造车,建"空中楼阁",搞"花拳绣腿",这样制造出来的作品,不是空话连篇、无的放矢,就是装腔作势、夸夸其谈,既不能反映社会实践活动的真实面貌,也不能指

---

① 赵有生:《加强学风建设 推进哲学社会科学的繁荣发展》,载《中国教育报》,2002年5月22日。

导社会实践活动,对我们的事业有害无益。我们要坚决反对学术上急功近利的浮躁习气和浮夸作风,坚持实事求是的科学精神。毛泽东同志早就说过,正确的结论产生于调查研究的末尾。他指出:"实事"就是客观存在的事物,"求"就是调查研究,"是"就是客观规律。① 我们搞学术研究,只有通过从实际出发,认真、严谨、科学地进行调查研究,才能认识客观存在,发现客观规律,才能在实践中总结出符合客观规律的方针、政策和办法。

3. 提倡精益求精,反对粗制滥造

学术研究要多出精品,这是社会实践的需要,也是从事学术理论研究工作的同志应该追求的目标。要出精品,理论工作者在从事学术研究过程中就要有精益求精的研究作风和写作态度。我们应当承认,绝大多数从事学术研究工作的同志,由于具备这种作风和态度,研究出许多对各项工作有指导意义的理论成果,对社会实践活动产生了指导作用。但是也应当看到,在我们的学术研究文稿中,也不乏粗制滥造的东西,如,有的论文东抄西抄,低水平重复,没有新意,没自己的见解,没有解决问题的正确思路和科学办法;有的论文行文随意,结构混乱,表述不准确,论点不清楚,文字冗长;有的甚至可以说是学术垃圾。现今的学术界有种说法:十万字原地踏步,百万字才刚起步,千万字水平才算数。毛泽东同志曾经指出:"无产阶级的最尖锐最有效的武器只有一个,那就是严肃的战斗的科学态度。"②我们的理论工作者应当拿起这个武器,以严肃的科学态度对待学术研究活动,提倡精益求精,反对粗制滥造,自觉遵守学术规范,潜心研究,努力铸造学术精品,力争贡献出对社会实践活动有指导作用的学术成果。

---

① 《毛泽东选集》第 3 卷,北京:人民出版社,1991 年,第 801 页。
② 《毛泽东选集》第 3 卷,北京:人民出版社,1991 年,第 836 页。

(二)创新意识

正如俞吾金教授所言:"学术规范的灵魂是学术创新。换言之,只有把学术创新理解为学术规范的本质内涵,这样的学术规范才值得我们加以肯定。"①学术研究贵在创新,学术的生机与活力也在创新。遵守学术规范的必要体现是,要加强创新意识,注重探索前沿。创新是学术的生命,没有创新,就不能够称为学术。创新是科技进步的灵魂,科技工作者要不断学习,不迷信前人成就,重视实践,开拓进取,在继承前人科学技术成果的基础上,不断追求新知。社会科学理论研究也要与时俱进,紧跟时代步伐,走在时代前列。学术研究最好能标新立异、卓尔不群,不能做到别具慧眼、独树一帜,至少也得发掘点新材料,提出点新观点,否则就不能算是学术研究成果,所发表的文章在学术上也一文不值。要知道,创造新知是学术研究的终极目标和神圣使命,也是学术的生命之所在。学术只有不断创新,才能保持旺盛的生命力。学术创新一旦终止,学术也随之停滞、窒息、死亡。学术犹如生物有机体,新陈代谢一旦停止,生命也就随之终止。

力争在 2020 年把我国建设成为创新型国家,已成为全社会的共识和努力目标。建设创新型国家的核心内涵是增强自主创新能力,学术创新工作对于我国的建设发展有举足轻重的作用。20 世纪 90 年代末以来,在高校科研院所时有发生的学术失范、学术不端、学术腐败等学术"丑闻",对我国创新型国家的建设和学术研究事业的繁荣、发展极为不利。学术创新是个人的追求,更是民族的伟业。一个民族如果缺乏社会科学的学术创新,就会失去生机与活力;如果缺乏自然科学的技术创新,就会在激烈的国际竞争中陷于被动。民族的崛起需要学术创

---

① 俞吾金:《学术规范的灵魂是学术创新》,载《中华读书报》,2004 年 4 月 20 日。

新,创新型社会需要学术创新,学术创新吹响民族崛起的号角,号手就是追求创新的学者。一些急功近利的学者,是不可能取得学术创新成果的。要做一个学术创新的学者,首先要有强烈的社会责任感,要有对国家、对民族负责的敬业精神。只有真正以民族崛起为己任的学者,才能承载起学术创新的重任。

学术创新是学术本身发展和我国建设创新型国家的要求。虽然目前对学术创新的概念尚无明确界定,但学术创新本身还是有其基本的评判标准的。有关专家指出,学术创新,简单来说,是指学术研究要创造出新的东西,或发明出新范式和新方法,或孕育出新思想和新见解,或发掘出新材料和新证据。一言以蔽之曰——创造新知。学术创新,乃是对旧文本的突破。无突破,就无创新。在这个过程中,或突破概念,或突破命题,或突破方法,总之是以同构度高的新文本代替同构度低的旧文本。学术创新不是为了创新而创新,不是人为地追求创新,更不是在词汇翻新上做文章,那是徒有创新之名而毫无创新之实的瞎折腾。把自己关在书房里,从理论到理论来祈求学术创新,无论创造出的是什么样的"鸿篇巨制",最终都毫无意义。"任何学术创新无一不是基于已有学术起点的创新,任何低水平的学术重复都与创新无缘,只会耗费原本并不丰富的学术资源,庇护学术懒汉,妨碍学术创新"。[①]那么,作为学术工作者,应该如何努力实现学术创新呢?

1. 知识积累是学术创新的前提

没有量的积累,就没有质的突破。根深叶茂,本固枝荣。学术研究也是这样,没有积累就不会有创新。积累是逐渐聚集,是对已有知识、技能的掌握,而创新是在积累的基础上产生新知识、新技能。任何创新技能、创新意识、创新精神的形成都不是一蹴而就的,它需要从小抓起,从点滴开始,创新不会凭空

---

① 郭世佑:《握住论据的手》,载《文汇报》,2000年12月16日。

产生。如果说积累是基础,是内化,那么创新就是升华,是内化基础上的外化,没有积累,没有扎实的基本理论知识和基本实验技能,学术研究就难以推陈出新。在学术领域进行创新是十分必要的,但是要真正做到创新却并不容易。真正的创新是以厚积而薄发的方式实现的。而有的人却把"创新"看得太容易,束书不观,游谈无根,下笔千言,离题万里,动辄宣称自己"创新"了什么。当前,学术界存在一种怪现象:写的书比读的书多。鲁迅告诫人们写不出的时候不硬写,但现在有的人不是"硬写",而是"硬凑",没话找话,光著书不立说,有论文无论点,藻华丽,包装时髦,却没有任何学术价值。一个重要原因就是他们知识积累太少,没有底蕴。不少学术著作貌似横空出世,其实不过是拾人牙慧,或是变相抄袭。

2. 问题意识是学术创新的必备条件

学术创新还要求学术工作者在学术积累的基础上发现问题,具有强烈的问题意识。心理学研究表明,没有问题的思维是肤浅的、被动的,问题意识在思维活动,乃至人的认识活动中占有重要地位,问题意识是发明创造的前提。缺乏问题意识,不知道什么问题有研究价值,找不到学术生长点就会导致"在不长庄稼的地方下种"。创新就要善于捕捉和提出有意义的问题,并设法解决它。捕捉和提出问题往往比解决问题更重要,因为前者既需要对全局的透彻把握,也需要丰富的想象力,而后者多半只不过是程序性的事情。若是囿于狭隘的视野,或缺乏足够的想象力,提不出、找不准有意义的理论问题和实践问题,就会东奔西闯、事倍功半,最终难以实现创新。

3. 探索前沿是学术创新的基本条件

要在学术上有所成就,必须登高远眺、瞄准学术前沿。探索前沿,是学术创新的基本条件。敏锐的眼光,是探索前沿的必要条件。要搞创新,还必须紧紧盯住学术前沿。"如果不知道他人已经研究了什么,取得了什么成果,那么我们所做的大量研究就可能只是、而且目前实际上就是在重复他人已经做过的事,研究他人已经研究过的课题,'发现'他人已经有的发现"。①对于一个科学工作者来说,只有瞄准其学科领域的前沿问题,才能够在这个领域做出新的科学贡献。自然科学的研究是这样,社会科学的研究也是如此。21世纪的中国学者,只有敏锐了解新形势对学术的新需求,准确把握学术创新的正确政治方向,充分体察广大群众对学术创新的强烈渴求,紧跟学术发展前沿,才能找准学术创新的切入点,在这个切入点上取得创新成果,其创新成果也才能得到党和群众的赞同,得到社会的认可。

4. 学术创新必须具备冒险的勇气

搞创新是要担风险的,它是独辟蹊径,要想人所未想,言人所未言,证人所未证,也许会言说失察,也许会招来非议甚至是指责。《经济学》一书的作者诺贝尔经济学奖获得者萨缪尔森曾说过:"科学是通过一次又一次的葬礼而前进的。"古今中外,有多少推动历史车轮前进的人,反而被历史的车轮无情地碾碎了。无论是在自然科学领域,还是在社会科学领域,要想搞创新,都需要有一种大无畏的气概和不怕死的精神。不拿出点"我不下地狱谁下地狱"的精神,是无法实现创新的。学术创新必然会碰到困难,因为创新往往要突破固有的思维模式,否定大家都认同的观点,提出新的观念,这就需要学术工作者有一种敢为天下先的精神。真正有创新意识的学术工作者要以"天命不足畏,祖宗不足法,人言不足恤","不唯书,不唯上,只唯实"的精神,探索前沿,大胆改革创新,做理论探索的尖兵。

(三)团结协作精神

在《辞海》里,"团结"的意思是合群、结合、联结、结交、集合、凝聚。"团结"的要义是群体中的人们要互相关爱,彼此尊

---

① 杨玉圣:《学术批评丛稿》,沈阳:辽宁大学出版社,1998年,第25页。

重,真诚相待,协作共事;要和谐相处,和衷共济,共同努力,携手前进;要有大局意识,全局观念,团队精神。俗话说得好:团结就是力量,团结就是胜利。实践反复证明,个人的力量是渺小的,无序的力量是散乱的,只有团结的力量才能产生如铁似钢、百折不挠、战胜一切困难的巨大力量。团结协作是一种美德,它体现互尊、互爱、互助、互谅的精神;团结协作也是一种胸怀,它表现海纳百川、宽容谦和、善待他人的情操和气度;团结协作还是一门领导艺术,它要求和谐共事、平等相处。这正是学术研究的特点要求学术工作者应该具备的素质。

　　学术研究的新特点要求学术工作者必须加强团结、和谐合作,在学术研究中相互切磋、共同进步。随着时代的进步和科技的发展,现代科学越来越相互渗透、相互依存从而呈现出综合性、交叉性、复杂性的情形,知识的分类越来越细,每个人都不可能穷尽所有的知识,只有团结协作,依靠集体的智慧,才能在一些重大课题研究上有所突破、有所创新。当今时代,无论是自然科学、重大工程、高新技术还是人文社会科学,越来越注重团体合作或者集体攻关,载人航天工程就是科学求实和注重团体协作攻关的典范。团队攻关已经成为当今科学技术和学术理论创新的重要途径。不但同一领域的不同专家要团结协作,而且不同学科之间、不同单位之间、甚至不同学派之间、不同地区之间,都要团结协作,联合攻关,这样才能创造出在中国领先、位居世界前列的一流科研成果。

　　目前的学术界不乏通过团结协作而取得重大学术成果的成功范例,但也存在一些问题。主要表现在文人相亲,同贵相害,同美相妒。不少人"只注重某个问题是不是自己第一个提出的,是不是第一个使用某个概念或说法等,而不重视在前人基础上进行有积累的创造;对同一类问题,各说各的,不注重或不说明自己对他人成果做过什么参照,自己有别于他人的贡献是什么"。有的研究者不注意建立在交流基础上研究成果的积累,"只与经典对话,却忽视与同行或同类研究之间的对话,因而难以在共同关心的问题上相互交流、印证和推进"。目前许多调查和研究"像狗熊掰棒子,掰一个丢一个,研究中存在大量从同一起点出发,只达到同一水平的重复现象"。①另外,在我国,由于体制等方面原因,自然科学与社会科学脱节,科学和艺术脱节,科学与技术脱节,科技与经济脱节的现象比较严重。这既阻碍各个学科的发展,也严重影响社会的协调发展。做到加强团结、和谐合作要从以下几个方面努力:

1. 倡导学术自由,鼓励良性竞争

学术自由和学者心灵自由是学术有生命的前提条件。百花齐放、百家争鸣,是党关于科学和文化艺术工作的政策,百花齐放、百家争鸣调动了各方面的积极性,能够为我国学术研究提供一个自由的舞台。科研工作者要在遵守社会公德方面率先垂范,严于律己,大力弘扬团结协作的集体主义精神;在科研工作及其他科技活动中,相互尊重,主动搞好协作配合,注意避免不利于团结协作现象的发生。对不同学术观点,应进行平等争论,不得武断压制,更不得进行人身攻击。

我们提倡团结协作,也提倡积极的良性竞争。在眼下这个日新月异、风起云涌、百舸争流、万木向荣的时代,我们需要竞争、提倡竞争,但我们提倡在民族和国家大利益一致前提下的良性竞争、适度竞争,反对只顾小我利益而不顾大局利益的恶性竞争。学术界应该积极提倡平等宽容、和谐竞争的学术文化。我们在参与竞争的时候,要有全局观念、与人为善之心,要有旷达的襟怀、宽容的意识,更要有通过正当手段去竞争的勇气。要努力在我国学术界形成以协作促进竞争,以竞争鼓励协作的和谐发展景象。

---

① 冯小双、李海富:《加强学科建设 回应伟大时代——"中国社会学的学科建设"学术讨论会综述》,载《中国社会科学》,1997年第5期,第103页。

2. 强化学术合作,形成广阔的学术视野

学术工作者应该自觉培养开放型学术视野。学术视野是一种理论胸怀、一种开放眼光、一种包容气度、一种睿智见地。有了这种恢宏而精深的学术视野,就能始终站在学科前沿而不落后,就能融会贯通而不僵化。它不仅需要我们博览群书,而且需要我们不断拓展思维空间,优化知识结构,掌握先进的思维方法和治学方法;不仅要及时了解本学科、本专业的世界发展前沿问题,而且能够将自然科学与社会科学的学术思想、研究方法转化为自己的学术参照系。这些都需要我们从不同学科或跨学科的视野来审视和研究学术问题,注重吸收其他学科的最新理论和方法,注重交叉学科、边缘学科和新兴学科的建设与发展。

3. 注重联合攻关,形成强大的合力

繁荣发展我国的学术建设是所有学术工作者共同的宏伟目标,明确共同的目标,下定奋斗不懈的决心,还须精诚团结、友好合作。具体表现为每个学术工作者把自己所从事的具体研究纳入这一大目标下,埋头苦干,锲而不舍,加强合作,互相支持。这就要求我们树立"一损俱损,一荣俱荣"的整体意识和全局观念,积极提倡集体科研中的协作精神和互补精神,积极组织科研队伍,发扬团队精神,利用群体的力量和智慧,对一些重大的、前沿性的科研项目,展开深入研究。

中国学术的繁荣与发展要求学术工作者必须具备谋全局的广阔胸襟、恢宏气度和大家风范。我们的目标是共同繁荣,只有共同繁荣,才是真正的繁荣。我国学者应该通过团结协作,努力把我们的科学研究工作和研究成果推向全世界,在风云际会的国际学术舞台上,用一流成果与世界一流高手同台竞技、切磋技艺、争雄夺冠,一展中国学术和中国学者的风采才华,为中华民族增光添彩!

第八章
教育公正界说

公正问题是普遍的社会问题,公正对于实现教育的基本宗旨,保证教育的正常运转和健康发展具有极为重要的意义,对于教育过程中所面对的某些学理问题也具有很好的阐释价值。正是在此基础上,我们将公正这一伦理学中最基本的价值概念纳入教育体系,来探讨什么样的教育才是符合整个社会共同利益的教育。教育公正是教育伦理学中一个重要的范畴,教育公正涉及人们受教育的基本权利,因而为社会各阶层人士高度关注。对教育公正的研究,涉及其内涵、特征、作用等问题。

一、公正的含义

公正,是人类普遍公认的崇高价值,是千百年来人类不懈追求的一种美好社会理想和愿望,是人类社会共同的向往和追求。关于公正,古今中外论述这个问题的记载可以说是汗牛充栋、卷帙浩繁。但基本上都是从不同角度、不同立场来分析和论述这个问题。何为公正?其确切的内涵到底是什么?目前已出版的众多伦理学辞书均未列入条目正面予以阐释,因而呈现出见仁见智的情形。

(一) 公正范畴的起源

公正是一个历史悠久的概念。从历史上来考察,人们的公正概念始于原始社会人们要求的平等的感情。即由于当时社会生产力水平极为低下,人们只能共同劳动,平均分配劳动果实,这样就逐步形成原始人平等的感情。这种平等的感情,首先,表现为要求对破坏原始集体规范的人予以惩罚的观念,这也是"公正"的最初表现形式。这种形式被拉法格称为"报复的公正",即原始人为了抑制无休止的流血复仇所造成的毁灭性后果,并满足原始共产主义的平等感情的需要,产生了以命抵命、以伤抵伤的同等报复,正是"同等报复在人类头脑中撒下了正义思想的种子"。①其次,表现为"分配公正",即分配生活资料、土地和劳动成果时的绝对平均。原始人无条件地要求一切人都有同样的东西,在这里,平等分配成了公正的真实含义。

进入阶级社会以后,分配公正一直是社会公正的重要内容。分配公正主要是以经济资源为主体在社会成员之间进行的分配,但不同社会、不同时代的道德赋予分配公正以繁多的尺度。随着社会分工和商品经济的发展,交换的公正成了分配公正的特殊形式。其特殊要求在于,在交换过程中必须遵循等价交换原则:公平交易,童叟无欺。国家产生以后,公正又体现为政治、法律的公正。所谓法律的公正,就是理想的人与人之间的关系,这一点和道德是相通的。古希腊哲学家安提芬曾经说过:"普通所谓正义,就在于不违背一个人作为公民生于其中的那个国家的任何法律条文。"②公正在政治生活中同样也得到深刻体现。柏拉图在《理想国》中主张,政治的公正就在于使大家各尽其职,充分发挥其天赋才能。亚里士多德在《政治学》

---

① [法]拉法格:《思想起源论》,上海:三联书店,1963年,第95页。
② 周辅成编:《西方伦理学名著选辑》上卷,北京:商务印书馆,1964年,第30~31页。

中详尽考察了城邦中公民与其所应承受的职位之间如何达到公平。

公正也是人类最古老的道德观念之一。人类文明伊始,公正就作为一种道德上的衡量标准出现在人们的社会生活中。在古希腊,公正和智慧、勇敢、节制一起,被列为"四德"。古希腊的梭伦通过把"应得"的观念与正义联系起来,使正义成为一个有明确的社会与德性意义的概念。古希腊哲人赫拉克利特认为,人间的道德问题就是公正问题。他对公正的思考,是从不公正开始的:"如果没有那些(非公正)的事情,人们就不知道公正的名字。"①在他那里,"公正"问题是一个现实的生活道德问题,并且是一个现实的社会生活道德问题。赫拉克利特还把公正与善联系在一起,认为公正的即善的,善的只能是公正的,公正的就是道德的,而恶的和不道德的、反道德的就是不公正的,他的这一伦理思考,成为西方伦理学的一个思想传统。这个传统经由德谟克利特、苏格拉底、柏拉图到亚里士多德,得到全面确立。亚里士多德明确指出:"公正自身是一种完满的德性"、"公正集一切德性之大成"、"公正不是德性的一个部分,而是整个德性"。②大致说来,在古代西方政治思想家那里,公正更多地表现为人在社会生活中所采取的个人行为,它所衡量的是个人在理智与道德上的美德。在道德的历史演变过程中,虽然道德体系更迭变换,但公正范畴却始终存在于道德的深层结构之中。

(二)公正范畴与相关概念之间的关系

在英文中,Justice 译为公正、正义、公平、平等。这些词含义大体相同,多数伦理学家认为它们是同一概念。但意义的强

---

① 周辅成编:《西文伦理学名著选辑》上卷,北京:商务印书馆,1996年,第12页。
② [古希腊]亚里士多德:《尼各马科伦理学》,北京:中国社会科学出版社,1999年,第97页。

弱、范围、侧重点有所差别,中文在不同的场合选择不同的词语加以解释。

1. 公正与公平、正义

"公"指无私,"正"指无所偏倚或不偏斜、不倾斜。就其一般含义来说,公正是分配社会权利、义务和利益必须遵循的价值尽度,是社会公共生活领域调节人们相互关系的道德范畴。正义简称义,"义"指宜、合宜,是与利相对立的一个范畴。义被认为是人的行为的最高准则,也即应当。正义就是坚守合宜的事物或行为。公平是指公道、一视同仁,处理事情合情合理,不偏袒任何一方面。公平也是一个历史范畴的概念,公平问题往往具有相对性和情景性。公平虽是相对的,但不是说是无原则的,它也需要根据一定的标准来对事实进行评判。

公平、正义、公正三者中,正义是最高范畴。从广义层面言,它统辖公平、公正,并且是它们得以存在的根据。在英文中,公正与正义是一个词,但正义一般只用于制度或集体行为,而不用于个人;公正、公平则除用于制度外,还可作为对个人的评价,如我们通常说"这个人很公正"或者说他"处事公平",但一般不说"这个人很正义"。① 就公平与正义的关系而言,正义处于核心地位,只有符合正义的才会是公平的,正义是公平的价值标准,是原则。此外,公平能而且只能用来评价社会中的合作关系,而正义的评价范围较广,它可用来评价合作关系与非合作关系。公正则是指做法,就是按正义原则做事,即公平正直,没有偏私。

2. 公正与平等

汉语中的"平等"一词源于佛教用语。佛教认为宇宙本质皆为一体,一切法与众生本无差别,故曰平等。成书于东晋的

---

① 何怀宏:《公平的正义——解读罗尔斯〈正义论〉》,济南:山东人民出版社,2002年,第43页。

《涅槃经》第三卷,有"如来善修,如是平等"的说法。①平等主要可分为两大类:一是自然的平等,如肤色、相貌、身高、性别、种族、能力等,这些无论是先天的还是后天的,都具有不可选择性,无所谓善与恶。二是社会的平等,等同于艾德勒所划分的"环境制约的平等",②即平等与否起源于社会方面,是由社会控制因素造成的。由于自然的平等不具有选择性,我们追求的主要是社会的平等。社会的平等主要是指人们在社会地位、权利以及利益分配等方面的相同状态,主要是一个描述性概念,是人们对于一种事实关系的描述,具有客观性。从本质上讲,平等的根本问题是对权利的分配。法国《人权宣言》中说:"平等就是人人能够享有相同的权利。"即社会如果能够一视同仁地分配每个人的权利,那么就可以说是达到了平等。而公正是一种伦理道德,是权利与义务的相互对等。另外,平等强调"无差别"。萨托利的教育平等观认为:"平等表达了相同的性质,两个或更多的人或客体,只要在某些或所有方面处于同样的相同或相似的状态,那就可以认为他们是平等的。"③ 而公正突出"无偏袒"。如果说"平等"的实质是"异中求同",那么公正的实质就是"同中求异"。这就是为什么做到了平等无差别却没有实现社会公正,而存在一定的差异却有助于社会公正目标的实现。所以,公正是对一种合理的差异的反映。而平等却是可能产生不公正现象的原因之一,因为人的差异的自然存在使得任何平等都可能成为不平等。

(三)公正的含义

公正是一个含义宽泛、极易引起歧义的概念。公正,作为

---

① 李立国:《教育公平辨析》,载《江西教育科研》,1997年第2期,第21页。
② [美]穆蒂莫·艾德勒著,郝庆华等译:《六大观念》,上海:三联书店,1998年,第161~170页。
③ 赵凤娟:《理性理解和推进教育平等:理想与想实的平衡》,载《教育理论与实践》,2004年第3期,第1页。

一种理想的道德范畴,是人类永恒追求的价值目标。亚里士多德说:"在各种德性中,人们认为公正是最重要的。"①这不仅因为公正的理念是构成社会存在的思想基础,也是社会制度井然有序的理论基础,而且人类社会凭借公正的力量正在创造一个合理有序的世界,使得每一个社会成员都能享受到应得的权利,同时尽到应尽的义务,从而使社会稳定前进。古往今来,无数伟大的理论家都曾阐述过他们心中的公正。

在中华民族历史上,诸子百家早就对社会公平和正义问题进行过思考。如孔子提出:"有国有家者,不患寡而患不均,不患贫而患不安。盖均无贫,和无寡,安无倾。"表现出追求公平、均等的社会秩序的强烈愿望,是从社会秩序和分配的角度来论述的。墨子主张"兼相爱",并勾画出一个令人向往的"爱无差等"的公平理想社会,是从制度和分配的角度来论述的。西汉时期的《礼记·礼运》阐述了"大道之行也,天下为公"的博大思想,是从执政理念和社会制度的角度来论述的。董仲舒则从"大富则骄,大贫则忧"的思考出发,提出圣者应使"富者足以示贵而不至于骄,贫者足以养生而不至于忧,以此为度而调均之"的"均产论"主张,是理念和制度建设结合的观念。宋朝王安石推行变法,主张抑制豪强,促使社会公平正义。近代的康有为在《大同书》中提出要建立一个"人人相亲,人人平等,天下为公"的理想社会。孙中山提出用"三民主义"改造旧中国,其民生主义就是要均贫富,使人人有平等的地位去谋生活。这三者基本上都是从执政理念、制度设计、分配公允等角度来论证公平和正义的,是一种先进的观念。

在西方,对公正问题的探索最先出现在古希腊。柏拉图在《理想国》中首先提出公平和正义的问题,强调公平即和谐。同时,他把正义看作是个人和国家的"善德",认为公正是总体的

---

① [古希腊]亚里士多德:《亚里士多德全集》第8卷,北京:中国人民大学出版社,1997年,第96页。

德性,"正义就是只做自己的事而不兼做别人的事",①即每个人在国家中各司其职,执行那种最适合于他的天性的职务,在做好自己事情的同时不干涉他人的事情。按照这一思路,亚里士多德认为公正(正义)首先是人的一种品质,公正(正义)的行为根源于人的公正(正义)品质。并将公正分为普通的公正和特殊的公正。普通的公正即要求全体社会成员的行为必须合乎法律,公正意味着守法,违法便是不公正;特殊的公正又分为分配的公正和交往的公正,其中分配的公正是指社会的财富、权力及其他可以在个人中间进行分配的东西的一种分配原则;交往的公正则是标志社会成员在非自愿性的交往中获得与损失的"中道"。毕达哥拉斯发展了正义是平等的思想。古罗马思想家西塞罗沿着柏拉图、亚里士多德的思路走下去,最先提出正义是"使每个人获得其应得的东西的人类精神意向"。②西塞罗的创新在于,他提出了"使每个人获得以其应得的"这一概念,并将其作为"正义"这种精神意向的实体内容。继西塞罗之后,古罗马法学家乌尔比安给正义下了这样的定义:"正义乃是使每个人获得其应有的东西的永恒不变的意志。"③即每个人都得到他所应得到的东西就是最公正的。14世纪,托马斯·阿奎那把正义视为一种习惯,"依据这种习惯,一个人以一种永恒不变的意志使每个人获得其应得的东西"。对正义的这一阐释在西方思想史上被认为最具经典意义。伊壁鸠鲁则提出社会契约理论,把公平、正义看作是人们彼此约定的产物。近代启蒙思想家伏尔泰、孟德斯鸠、卢梭等人也对实现社会公平和正义进行了多方面探讨和研究。马克思、恩格斯则认为,公正

---

① [古希腊]柏拉图:《理想国》,北京:商务印书馆,1986年,第216页。
② [古罗马]西塞罗:《论共和国、论法律》,北京:中国政法大学出版社,1997年,第216页。
③ [美]博登海默:《法理学——法哲学及其方法》,北京:华夏出版社,1987年,第253页。

是人类社会的崇高境界,是社会主义和共产主义的首要价值之所在。"真正的自由和真正的平等只有在共产主义制度下才可能实现;而这样的制度是正义所要求的"。①马克思、恩格斯还认为,公正应当成为工人阶级最为重要的价值观念。1871年,马克思在修订的国际工人协会"共同章程"中明确指出,"加入协会的一切团体和个人,承认真理、正义和道德是他们彼此间和对一切人的关系的基础,而不分肤色、信仰或民族"。②

伴随社会经济与社会形态的变化发展,对于公正的理解也在不断演变。现代社会,公正已是一个适用性极强的概念。从语义上讲,它与平等、公平等概念、含义交叉而又有所区别,从目前人们对于公正概念的理解来看,它涵盖了程序正义、机会平等、结果公正等诸多层面。从学科角度上看,公正又可分为个体在生物学、经济学与社会学等层面的要求。在生物学上,公正指人们在获取衣、食、住、行等基本生活方面应有的机会均等;在经济学上,公正指人作为经济活动的主体与归属,不仅要求学习、就业机会均等,而且要求劳动成果分配公正;在社会学上,公正指人作为社会的人,要求在特定的社会制度下,拥有公正的人格、自由、权利与地位;同时,公正还属于价值范畴,它涉及人们多方面的权利,如受教育权、居住权、就业权、拥有平等的生存和发展机会权等。因此,当代社会学家、伦理学家常常从权利的角度解释公正。公正的本质是权利与义务的对应关系,一个人如果所享有的权利和负有的义务能够对等,既不多用权利,也没有少履行义务,那么就是公正的,反之即为不公。它所隐含的条件是,不管外部环境如何,社会成员在某一行为或事件上的权利与义务是完全一样的,不会因为某些成员的社会地位、经济条件等因素而受到影响。其中,个人的权利与义务按来源不同,可分为道德的权利与义务和法定的权利与义

---

① 《马克思恩格斯全集》第1卷,北京:人民出版社,1995年,第582页。
② 《马克思恩格斯选集》第2卷,北京:人民出版社,1995年,第610页。

务;按是否必需,可分为基本的权利与义务和非基本的权利与义务。

总而言之,社会生活的方方面面都存在公正与否的问题。关于公正的解释还可以列举很多。可以说,不同时代,不同社会制度、意识形态、历史文化传统,不同国家,不同阶级或群体,不同学派,甚至可以说不同的人,对公正的内涵有着不同的理解。当然,这种众说纷纭的情形,并没有影响人们对公正或正义的价值追求,因为人们可以在相对的意义上找出公正的构成要素,找到识别公正与否的标准,特别对具体的事物可以从公认的意识出发,作出公正与否的判断和选择,追求并努力实现公正的价值。综合关于公正的各种理解,笔者认为,公正的基本价值内涵是:公正是指人们之间权利或利益的合理分配关系,如果人们之间的权利或利益分配——分配过程、分配方式和分配结果——是合理的,则被称为公正;反之,则被称为不公正。也就是说,公正是指人们在分配关系上的合理状态。构成公正的"要素":"公平、平等"是公正的基本原则;"人人共享、普遍受益"是公正的基本宗旨;"相同的情况同样对待"是公正的示例(也称"公式");现实的"价值取向"、"道德标准"是衡量公正的尺度。

二、教育公正的内涵

在教育伦理的诸多议题中,教育公正是一个基本理论问题,更是一个无法回避的重大现实课题。要从理论上真正把握教育公正问题,首先要对什么是教育公正进行科学阐述。教育公正,是教育伦理学的一个重要道德范畴。社会教育关系中实现公正,历来是教育家、思想家和政治家们竭力倡导的价值目标。任何有关教育公正内涵的界定,都不能离开对公正范畴的正确理解。由于对公正词义的不同理解,也引发对教育公正的不同诠释。

(一)西方教育公正思想的历史发展

1. 西方教育公正思想的起源

西方的教育公正理论起源于古希腊。古希腊雅典的公民教育就已隐含了民主公正的教育思想,柏拉图的《理想国》这本西方最古老、最系统的政治与教育专著,就已经闪耀着开放式社会和自由教育思想的光芒。在关于正义的讨论中,他强调国家领袖并非是凭出身和财富的世袭人才,其决定性标准是一定的知识和品德,而这只能通过严格的和选择性的教育制度才能达到。为此,柏拉图把公正作为他的"学园"(academy)的招生原则之一,这一原则后来以"教育机会均等"这一术语沿用至今,实际上就是给所有应试者以均等的应试机会,使之出现自然差别,然后择优录取。尽管学界对这种做法有许多异议,但不可否认,它迄今仍是各国普遍遵循的选拔学生的原则。因为凡是在教育资源稀缺、学生不能被完全录取的情况下,这是唯一行之有效并且在事实上、程序上具有相当公正性的方法。

2. 近代资产阶级的教育公正思想

在近代社会曙光初现之际,西方资产阶级思想先驱开始致力于把新兴市民阶级的"平等"要求推广到教育方面,谋求教育权利的平等。17世纪,捷克教育家夸美纽斯提出"凡是生而为人的人都有受教育的必要"。[①]他反对中世纪教会认为智力迟钝的儿童根本不能求得知识的说法。"我们差不多找不出一块模糊的镜子模糊到了完全反映不出任何影像的田地,我们也差不多找不出一块粗糙的板子粗糙到了完全不能刻上什么东西的地步"。[②]在他看来,人的智力虽有高低不同,但都能接受教

[①] [捷克]夸美纽斯著,傅任敢译:《大教学论》,北京:教育科学出版社,1999年,第28页。

[②] [捷克]夸美纽斯著,傅任敢译:《大教学论》,北京:教育科学出版社,1999年,第53页。

育,同时认为"只有受过恰当的教育以后,人才能成为一个人"。①因而提出普及教育的要求。他对当时的学校仅仅为富人设立,忽视穷人,而且往往埋没才能卓越的人表示愤慨。他要求劳动人民子弟也能进入学校,"一切男女都应该进学校"、"不独有钱有势的人的儿女应该进学校,而且所有城镇乡村的男孩和女孩,不论富贵贫贱,都应该进学校"。② 18世纪,法国启蒙思想家赋予"教育平等"以"人权"的意义。其中,卢梭提出"平等"的原则,认为学生的差别不是出现在机会均等的应试之后,而是在应试之前就已存在,如在家庭的遗传因素、家庭的经济社会地位和学前教育等方面,每个儿童都是不相同的,而这恰恰是他们在应试时表现出差别的根源。机会均等原则却默认这种不均等,这就导致最终没有缩小差别,反而扩大了差别,因而是虚假的公正、真实的不平等。卢梭把这比作让常人与跛子同时起步赛跑,在公正的口实下听任常人把跛子越甩越远。他主张让跛子先跑一段,然后常人再起步,让两人同时达到终点,而达到"结果均等",然后再让他们的后代在同一起跑线上同时赛跑。卢梭由此在教育哲学中引入"补偿原则"。同一时期的法国唯物主义者狄德罗的教育思想也充满资产阶级民主精神。在他看来,善良的自然素质是人人都具有的,因而人人都需要教育来发展这种自然素质,无论贫富比比皆然。过去因为恶劣的社会制度剥夺了人民子女受教育的机会。因此他热忱地拥护人民教育,宣传人民教育的思想,要求改革全部教育制度,使学校向一切儿童敞开大门。至18世纪末期,教育平等的思想开始在一些西方国家(例如英、法、美等国)转化为最初的立法措施;经过西方资产阶级革命,终于在法律上否定了教育特权,

---

① [捷克]夸美纽斯著,傅任敢译:《大教学论》,北京:教育科学出版社,1999年,第24页。
② [捷克]夸美纽斯著,傅任敢译:《大教学论》,北京:教育科学出版社,1999年,第37页。

确认了人人都有受教育的平等权利。

3. 马克思主义的教育公正思想

教育平等观的第三个重大发展是在19世纪下半叶,西方工业化国家开始实施初等义务教育,尽管在有些国家,例如英国,普及初等义务教育是为了大量培养能够操纵新机器的劳动者,但实施初等义务教育的历史意义并不因此而逊色。教育平等观最重要或最关键的发展源于马克思主义的教育理论。马克思在1866年就提出了一个基本观点:教育是"人类发展的正常条件"和每一个公民的"真正利益"。恩格斯在1866年更是明确指出:需要国家出资对一切儿童毫无例外地实行普遍教育,直到他(她)作为社会独立成员的年龄为止。而且认为这只是一件公平的事情,因为每个人都无可争辩地有权全面发展自己的才能。显然,马恩所论述的"教育的平等性",包含两层深刻含义:其一,教育是每个公民都应该拥有的一项平等权利;其二,这种平等表现为每个人智力和能力发展的平等。

4. 二战后的教育公正思想

到了20世纪,关于教育公正的讨论变得普遍起来。各国各领域的学者从不同角度对此进行了研究。而教育平等或教育民主化概念的广泛使用主要是在二战以后。1946年3月,国际教育局举行第九届也是战后第一次大会,会议议题就有"中等教育入学机会均等"。教育民主化进程中一个最重要事件,即联合国大会1948年12月10日通过了《世界人权宣言》。《世界人权宣言》第二十六款对"受教育权"作了界说,它明确规定"教育,至少初等教育以及基础教育应是免费的"、"初等教育是义务的"、"高等教育的入学,应该根据才能对所有人完全平等的开放"。第十四届联合国大会1959年通过的《儿童权利宣言》,更进一步确认了儿童的教育权益。这标志着教育权利平等的全球实现。然而,在法律条文中确定教育平等并不意味着人人都有受教育的机会、人人都能受同样的教育。事实上,教育权利平等的理想并未实现。人们发现教育平等还广泛受制于各种社会因素及其他社会不平等因素,这促成了教育平等观的进一步延伸:教育机会均等概念的演变。国际社会中,"教育机会均等"概念形成的标志乃是在《世界人权宣言》中特别提出,并被1948年联合国大会采用的两项原则:废除种族歧视、人人具有均等地受教育的权利。这两项原则实际上构成"教育机会均等"概念的核心。教育机会均等问题遂成为国际教育界与许多国家教育研究、教育改革运动最关心的问题之一。

但主张教育机会均等的学说受到美国哲学大师罗尔斯的质疑。他认为机会均等实际上是不可能的,因而主张追求结果均等。他的教育分配理论是这样的:家庭经济状况越贫困,儿童越是资质差,就越要得到额外的教育机会,以补偿上几代人被剥夺的教育机会而导致的智商后果;相反,家庭经济状况越富裕,儿童越是先天条件出色,就越要放弃一些教育机会。这一理论被作为选拔人才的原则,就成了比卢梭的"补偿原则"更激进、更彻底的"反向歧视原则"。可以看出,卢梭和罗尔斯都追求结果的均等,开出的药方都是"补偿原则"。"补偿原则"当然不失为一项社会公正原则。但问题在于,没有理由为消灭旧有的不公正而制造出新的不公正,为消灭旧有的不平等而制造出新的不平等。针对此缺陷,英国教育学家彼得斯对平等观点在一般意义上,尤其在教育领域的适用,作出哲学的思考。基于把教育看作是社会利益的分配的观点,他认为平等首先是一个用来对人或事进行比较的术语,比较的结果就能体现出平等或不平等,比如人在身高、体重、智力、敏感性或其他特性方面是明显不平等的。"人人平等"是说要平等地对待一切人,然而这绝非是指要同样地对待一切人,因为同样地对待不同的人是不公正的。由此,彼得斯得出与亚里士多德相同的结论:平等地对待平等的,不平等地对待不平等的。在教育领域,就是这样的规则:儿童应该根据其年龄、资质和能力的不同而接受不同的教育。

今天,在西方各国,为了达到理想中的教育公正,理论家和实践家仍在孜孜不倦地努力着,并且从政府层面进行干预,使之具有权威性。1990年3月,世界150多个国家和地区的代表在泰国的宗迪恩召开世界全民教育大会,提出全民教育的思想。大会通过的《全民教育宣言》宣布,"每一个人——不论他是儿童,青年还是成人——都应能获益于旨在满足其基本的学习需要的受教育机会"。大会还制定了全民教育的世界基本目标,表明教育公正已成为全球范围的共同目标。世界银行1995年的报告《教育的优先发展和策略》建议世界各国应把"公正"放在"优先"的地位。

(二)我国教育公正思想的历史发展

1. 封建社会的教育公正思想

就我国而言,早在春秋时期,我国古代杰出的教育家孔子就提出了"有教无类"、"因材施教"的思想,这可以看作是教育公正思想的雏形。之后,孟子也提出"教亦多术"的主张,倡导在教育过程中要根据学生的不同情况,采取多种多样的方式进行教学,使每个学生都能够发展其才能。而后,随着封建社会的不断发展,特别是到了隋代,科举制逐渐形成并成为公平选拔人才的教育评价方式,标志我国古代的教育公正程度达到了顶峰。科举制采取"怀谍自进"的方式,由应试者在规定的时间内参加国家的统一考试。它允许各方人士自由报名参加。朝廷还规定亲属应试的回避制度、阅卷的糊名誊录密封制度,以防止营私舞弊。而在选拔时,按照成绩高低取舍,任何人不得例外,对世卿世禄、依门第举官进行了否定。这样,一方面把仕途大门向不同阶层的人全面开放,另一方面通过考试手段加以选拔,分数面前人人平等,使科举考试做到了形式上的公正,体现了机会的平等性和竞争的公平性。

科举制的产生是社会政治、经济以及教育发展的必要。科举制的问世,是中国教育领域乃至政治、文化领域的一件大事,作为一种崭新的评价选拔人才的制度,它开启了人才教育评价、选拔的新纪元,并以其鲜明的特点、强大的生命力和作用力对中国和人类社会的发展产生了极为深远的影响。千年之后传入西方时,仍不乏其先进性,并对西方贵族政治产生了革命性影响。公平竞争的科举制倡导人才评价选用的开放性、公平性和民主性精神,正是现代社会进步的方向,也是现代社会追求的主流目标,对今天的教育评价仍有积极意义和借鉴价值。

至明代,理学大儒朱熹的教学原则之一也是因材施教。他说:"圣贤施教,各因其材,小以成小,大以成大,无弃人也。"①在教学实践中如何做到"教人之至难,必尽人之才,乃不误人"②呢?一是要区别资质的高低;二是要抓住个性差异,因人而异,顺势而导;三是要注意年龄的不同,有针对性地进行教导。另一位大家王夫之也提出了相同的观点,认为学生的素质各有不同,有钝有敏,教师必须深入了解学生各个方面的差别,并且做到从实际出发,有针对性地施教,因势利导,补偏救弊,引导向上。清朝末年,维新派领袖康有为在《大同书》中描绘了一个美好的"大同社会",在这个社会,国家对儿童实行"公养"、"公教",每个社会成员,不分男女,都享有平等的受教育权,都接受德、智、体、美和谐发展的教育,都有较高的文化教养,然后为社会服务。

2. 新中国成立后的教育公正思想

随着封建制度的逐渐衰亡,中国社会发展到一个新的时代,教育领域要求人人接受教育的主张逐渐成为社会各界共同的呼声。南京临时政府成立后,革命先行者孙中山从教育平等的观念出发,积极主张普及教育。新中国成立后,党和国家领导人都对教育问题发表过重要论述。毛泽东同志曾经在关于

---

① 《孟子集注》卷 13。
② 《近思录·教学》。

文化教育的总方针中指出,把广大民众作为教育的出发点和落脚点,大力提倡普及人民教育。而邓小平同志则一再强调要提高我国的综合国力,发展经济,关键在于提高劳动者的素质,如若十几亿人的教育都搞上去了,那么国家的腾飞就指日可待。即教育不但要普及,还要保证质量,使培养的人才真正成为国家的栋梁。而在新时期我党提出的"三个代表"重要思想中,"代表中国先进文化的发展方向"道出了教育公正的最终目的:通过公正的教育,使我们的文化能够代代相传,成为社会不断前进的精神基础。

20 世纪 80 年代,教育公正作为我国教育伦理学的一个重要原则被提了出来。当时,一般把教育公正和教师公正等同起来,把教育公正理解为对教师行为的一种要求。较典型的表述是:教育公正,就是在教育活动中,教师要公平合理地对待和评价全体合作者;其中,公平合理地对待和评价每个学生,是教育公正最基本的要求。有的著作则直接用"教师公正"的概念,这一概念主要强调教师坚持真理、办事公道、赏罚分明、一视同仁等品质。进入 20 世纪 90 年代以后,我国教育界就教育资源配置中效率和公平关系问题展开探讨,促成了观察教育公正问题视野的转换,即从教育制度层面来探讨教育公正问题。也就是说,大家逐步意识到,教育公正问题不单纯是教师行为问题,甚至主要不是教师行为问题,应该从更广阔的视野来理解教育公正的要求。近年来新编的教育伦理学教材,大多修正了关于教育公正的传统表述,提出了教育公正广义和狭义的定义。比如,教育公正,从广义上说,是指每个人、每个阶层都有平等接受教育的机会。从狭义上说,是指教师在教育实践活动中为人正直和处理各种关系符合公认的道德准则,特别是合情合理地对待、评价每个学生和全体教育合作者。又比如,从广义上讲,所谓教育公正是指每一个人都能平等地享受到理想的社会教育权利……从狭义上讲,所谓教育公正是要求教育活动中的个体能保持一颗公心,不带任何偏见,公平合理地对待和评价全体合作者。至于近年来探讨教育公正问题的学术论文,大多是针对教育资源分配的制度安排问题来展开讨论的,已经很少有人论及教师行为的公正性。这说明学术界已经不再把教育公正局限在教师行为上,而是扩展到教育资源的分配等制度问题上,并把资源分配的公正性作为教育公正原则的重点要求。这意味着教育公正范畴的内涵已经发生了实质性转换。如杨东平先生认为,教育公正是社会公平价值在教育领域的延伸和体现,包括教育权利平等和教育机会均等两个基本方面。徐华认为,教育公正是以社会公正之规范对教育平等状况的推断,包括教育起点上的公正、教育过程中的公正和教育结果的公正。田正平、李江源两位先生则指出:教育公正是教育对待对象和评价对象的合情合理。所谓合"情",是指合乎民心民意;所谓合"理",是指合乎教育的目的性、规律性,它包括事实公平、做法公平、制度公平和道德公平四大方面。现代意义上的教育公正的具体内容表现为保证受教育的权利、机会均等、按照能力或者才能进行分配以及对"不利群体"进行补偿。我国"十五"计划有关教育的指导思想第一次提出"教育公平"这一概念。2001年11月,在苏州召开的全国部分中青年教育理论工作者会议把教育公正界定为"公民能够自由平等分享当时当地公共教育资源的状态"。

(三)教育公正的内涵

教育公正是个历史的、发展的概念,在学术界,教育公正有着不同的表达形式。就教育学科分类而言,到目前为止,有关教育公正的论述一般归属于教育社会学。教育公正既是教育道德性的一个重要体现,也是教育伦理的一个侧度。它包括教育制度、法律所包含的宏观层面的教育公正,也包括教育过程中教师公正地对待每一个学生的微观层面的教育公正。除此之外,教育公正在教育管理、教育法、教育政策等方面也都有一定的体现。选择教育制度作为宏观的、成文的教育公正的体现与代表,选择教学过程作为微观的、实践的教育公正的具体写照。

通过对公正概念的理解,综合以上对教育公正思想的研究,笔者认为,所谓教育公正,就是公正的根本要求在社会教育关系或教育过程中的实现。教育公正在概念上有广义与狭义之分。广义的教育公正,是指社会教育关系中的公正,包括社会教育制度的公正、教育立法与司法的公正、教育资源配置的公正、教育投入的公正、个体受教育的权利平等与机会均等,等等。狭义的教育公正,则是指教育活动中的公正,涉及教师(泛指教师、教育职员和教学辅助人员)与学生两方面。其中,公平合理地对待和评价每个学生,是教育公正最基本的要求。

三、教育公正的特征

教育公正是社会公正的一个重要组成部分,但它具有不同于一般社会公正的特征。具体来说,教育公正有以下一些特征:

(一)教育公正的历史性

教育公正并不是一种天赋观念,而是由一定的社会经济关系、道德风尚、文化环境所决定的具体的历史性范畴。教育公正的历史性,就是指在不同历史时期,人们追求教育公正的侧重点是不同的。因为不同历史时期的社会发展状况、经济基础及人们的教育需求是各不相同的。所以每一个时代,人们对公正的需求和理解也是不同的。相应地,反映到教育公正上,就有了多层次内涵。它总是一定历史时期的产物,受一定社会经济结构和经济社会发展水平的制约,不同的经济结构、不同的经济发展水平所反映的教育公正的内容极不相同。如原始社会以教育的社会公正为主,范围涉及所有成员,但这只是低层次的公正;奴隶社会和封建社会仍以教育的社会公正为主,此时的社会公正仅限于在一部分人(贵族和特权阶级)中间,而广大群众的子女则极少有接受正规教育的机会,因此,从整个社会看,教育是不公正的;封建社会以后,随着社会生产力水平的提高和学生主体地位的加强,人们越来越关注教育的人际公正。在资本主义社会和社会主义初级阶段,则以教育的市场公正为主,社会公正为辅。"平等的观念,无论以资产阶级的形式出现,还是以无产阶级的形式出现,本身都是一种历史的产物,这一观念的形成,需要一定的历史条件,而这种历史条件本身又以长期的以往的历史为前提。所以,这样的平等观念说它是什么都行,就不能说是永恒的真理"。[①]

(二) 教育公正的客观性

教育公正作为人们的一种道德意识,其形式是主观的,但其所反映的内容是客观的、先在的,是教育需求关系的一种概括反映。人们从客观的社会经济关系出发,提出自己的主观评价,得出不同的教育公正观。教育公正在内容上总是与一定社会阶段的社会发展水平相联系,并在教育的各个阶段有不同表现。所以,教育公正是一定教育主体从教育需求出发作出的判断,它的性质、内容、层次都是一定社会要求的反映。教育公正的内容和要求既有较强的继承性、稳定性,又受到现实社会历史条件、社会教育制度、教育职业劳动目的和社会道德价值取向等多种因素的制约。在以私有制为基础的社会,尽管不少教师具有不论学生出生,一律公正平等对待的善良愿望,但由于社会教育制度不利于劳动者的子弟,教育的目的是培养统治阶级需要的人才,因而教师的公正始终受到限制。在社会主义条件下,社会主义教育事业的人民性、社会主义教育制度的正义性、社会主义物质文明和精神文明建设的同步发展,不仅为教师实践教育公正创造了良好的社会条件,而且对此提出了更高

[①] 《马克思恩格斯选集》第 3 卷,北京:人民出版社,1995 年,第 448 页。

的要求。从严格意义上讲,具有教育伦理学意义的公正范畴,是私有制出现、阶级产生、学校正式诞生之后才形成的,并且是随着教育事业的兴盛、生产力的发展和历史的更替而不断演变、发展和完善的。

(三)教育公正的阶段性

教育公正是一种发展目标,更是一种教育发展过程;教育公正不仅是教育发展的目的,而且是促进教育发展的途径。教育公正的发展过程,是一个由不公正逐渐走向公正,然后公正再次被更高一级的发展需求打破,出现新的不公正,并在更高层次上再次从不公正走向公正的过程。社会的发展导致人们对教育的要求不断提高,与此同时,生产力的发展与人们的需求之间又会产生矛盾,因此,在发展教育时,世界各国普遍存在的倾向是:在教育发展的不同阶段,教育公正的要求有所侧重。如在义务教育阶段,以教育的社会公正为主,即强调义务教育的义务性、免费性、强迫性等;在非义务教育阶段,则强调教育的机会平等,即国家通过各种选拔性考试,来决定学生是否具备进入更高一级学校的资格。

(四)教育公正的差异性

人类受教育的权利包括基本权利和非基本权利。前者体现为社会对公民提供的教育资源的平等使用权和更高级的教育利益的竞争机会权,而后者主要体现在对更高级的教育利益的竞争结果上。受教育权利是不平等的。无视那些因人而异的方面如能力、才智、体格等去追求绝对的结果平等,必然无法体现每个人在自然条件方面的差异,不能促进个体的自我发展,对社会来说,既是无效的,也是不公平的。所以,在追求教育公正的过程中,必须坚持"差别对待"的原则,也就是孔子所讲的"因材施教"。1960年12月联合国教科文组织详尽阐述了教育机会均等的概念,不再假定所有个体在各个方面都是平等的,而是要求每个个体应该根据其天赋能力取得各种机会。

正如《学会生存》一书中所说:"给每个人平等的机会,并不是指名义上的平等,即对每一个人一视同仁,如目前许多人所认为的那样。机会平等是要肯定每一个人都能受到适当的教育,而且这种教育的进度和方法是适合个人特点的。"①

(五)教育公正的相对性

公正的观念是随着历史的发展而发展的,马克思认为,它要受到一定历史时期经济基础的制约,它"始终只是现存经济关系的或者反映其保守方面,或者反映其革命方面的观念化的神圣化的表现"。②因此,当我们讨论公正时,离不开它所处的社会背景对它的影响。公正总是相对于历史的具体的社会情境而言的,绝对的形而上的公正是不存在的,公正在承认社会存在不平等、不合理因素的情况下,基于某种特定的价值观念,对现实社会进行调适,以使人类生活和平而有序地进行下去,社会正常运转,并能得到健康发展。教育公正也不例外。就教育公正而言,教育机制并不能保证达到充分的机会均等和充分的公正。比如说,由于个人的天赋条件、家庭背景、所居地区不一样,能接受教育的质量肯定不一样,因为国家不可能保证每一地区、每所学校的教育投入、教学设施、师资力量都一样(事实上这也不现实)。教育公正的实现,是任何一个社会都力求达到的目标。但任何一个社会所实现的教育公正,都只能是"相对"的,都只是在符合一定社会发展阶段的公正观念基础上的实现,而不可能是永久的、绝对的实现。教育公正作为一个相对的概念,其基本含义在于"满足所有人的最基本的学习需要","给每一个人所应得到的或应给予的",绝不是要求绝对的平均或平等。一定意义上说,教育公正就是要相对公正地将受教育权利和教育义务分配给各社会阶层及其所属的社会成员,

---

① 联合国教科文组织国际教育发展委员会编:《学会生存》,北京:教育科学出版社,1996年,第105页。
② 《马克思恩格斯选集》第3卷,北京:人民出版社,1995年,第212页。

尤其应满足弱势群体接受教育的基本需要,保障其实际占有和支配教育资源的份额,并在此基础上给予每个人以更好的教育,取得应有的教育效果。忽视教育公正的"相对性"则容易出现如下两种偏颇:第一,永恒公正原则论。第二,乌托邦空想论,即认为现实社会中不存在公正现象。

另外,教育公正是否已经相对实现,需要将之和教育效率结合起来考察。效率与公平问题是一个古老的问题,提高效率、维护公平,也一直是人们教育活动的主题和追求的目标。一般来讲,效率与公平是一体的,即所谓公平就意味着效率,所谓效率就意味着公平。教育领域同样如此。所以,我们在考察教育公正的实现时,一定要看我们所提出的实现措施是否能够促进教育效率的提高,只要是能促进教育效率提高的措施,就能实现教育公正,否则,则不利于教育公正的实现。然而,教育公正的相对实现并不否定教育公正实现的绝对性——我们只要持续努力就能最终满足人们对教育的需求。

(六)教育公正的复合性

教育公正不是一种单一形态,而是一种复合型态,具有很强的复合性。教育公正复合性的表现是多种多样的,它不仅是教育系统内部公正与外部公正的复合,也是理念层面与制度层面含义的复合。教育系统内部公正与外部公正的复合是指,教育公正是由教育系统内部公正与教育系统外部公正通过一定的制度形式有机整合起来的一种伦理实在。其中,学生个体的发展是教育系统内部公正与教育系统外部公正整合的重要基础。教育公正通过教育系统外部公正与内部公正的统一整合,最终达到开启智慧、张扬人性、寻求合作、促进发展、为社会公正提供保障的目的。教育系统内部公正与外部公正之间有着很大区别,这不仅体现在公正的原则上,而且体现在公正概念的特指上。教育系统外部公正,无论是作为权利,还是利益,都是指一种分配上的公正,主要体现为一种制度上的公正。它主要考虑权利与利益如何在整个社会不同群体、组织以及个人之间进行正当性分配。教育系统外部公正是社会公正的重要组成部分,尤其是在以能力为本位的社会分工机制中,社会公正水平一定程度上主要由教育系统外部公正水平的高低来决定。教育系统外部公正就是在与政治、经济以及文化之间的不同型构中体现出的资源分配上的公正。进一步而言,是指由一定社会的政治、经济以及文化制度决定的受教育权利分配所达到的正当、合理状态。教育系统内部公正是指应该成为而使其成为,不应该成为而使其不成为的一种行为。教育系统内部公正主要体现的是一种师生交往实践上的公正,即教师如何根据学生的特质以及学生如何根据教师的个人风格在交互主体的意义上,实现教育教学过程中互动性影响,最终使学生发展成为其所应该成为的人的过程。"具体地说,假如有一种自然禀赋的分配,那些处在才干和能力同一水平上、有着使用他们的同样愿望的人,应当有同样的成功前景,不管他们在社会体系中的最初地位是什么,亦即不管他们生来是属于什么样的收入阶层"。受罗尔斯正义理论的影响,先前人们对教育公正问题的研究更多关注的是制度层面,也就是说更多关注的是教育系统外部公正的层面,缺少对教育系统内部公正的研究与探讨。换言之,只是赋予教育公正以外部的物的意义,缺乏从人的层面进行理解与省思。

(七)教育公正的强制性

教育关系着全民族的未来,关系着每个家庭的命运,是公共性最强的领域。教育公正作为一种道德要求,具有非强制性特点,但这种非强制性不等于放任自流。由于地区差异,以及家庭环境、个人因素等的不同,每个人的起点必然不同,从而导致教育资源占有上的不平等,以及个人发展程度上的差异。而且各教育主体受观念影响,并不总能自觉履行自己的义务,因而必要的时候,有关方面需根据不同地区的特殊情况,采取一定的强制措施,公正地对待每一个不同家庭出身、有着不同文化背景的学生,切实保证教育过程中受教育主体尤其是弱势群体接受教育的权利。作为实现教育公正的重要主体——国家,更应采取一定的措施,以相对强制性使用公权力科学合理地配置公共资源,使之服从于全民族的长远利益,服从于大多数人的利益,从而保证教育公正的实现,这也是现代政府的重要职责之一。政府可以通过"补偿原则",根据劣势阶层自身的特殊地位、对待教育的不同观念,以最大限度地满足他们的利益为准则来确定教育资源的分配和利用,从而使教育中的优势群体与弱势群体、劣势阶层与其他阶层在教育水平上达到一种持平状态,保持教育相对稳定的正常运转,担当起劣势阶层与弱势群体的扶助者,同学校一起共同推进教育公正的实现。

四、教育公正的作用

教育公正是伴随现代社会的形成与发展而衍生出来的伦理问题。教育公正是社会公平价值在教育领域的延伸和体现,教育公正原则是国际教育发展的基本准则,教育能否做到公平公正,不仅关涉教育本身的成败,而且对社会整体、学生个体都有着巨大作用。

(一)教育公正对社会整体的影响

教育公正是社会公正的底线。应特别注意教育公正原则,努力促进教育均衡发展,实现教育机会均等。这既是国际上教育发展的基本准则,也是我国社会稳定和进步的现实要求。

1. 教育公正是实现社会公正的重要基础

社会公正是衡量社会全面进步的重要尺度,更是构建和谐社会的价值基础。拥有平等公正地接受教育的机会,是社会公正的底线,教育公正是社会公正的价值观念在教育领域的延伸和发展,是社会公正的重要内容,是社会公正的具体形式,也是达到社会公正的重要手段和途径。教育公正是最重要的公正,是社会公正的影响源,通过教育公正推进社会公正,是政府体现公共性的最好切入点。教育作为工具要发挥其促进社会平等的功能,就必须以自身的公正为前提;不公正是社会不安定因素,在人类历史发展中极具破坏性。教育作为基础,如果本身不公正,不但让促进社会平等的功能无从发挥,而且会加剧社会的不平等,进而影响社会的稳定和可持续发展。在此意义上,教育公正对达到社会公正具有重要的基础性作用,教育公正是实现社会公正的"最伟大的工具"。

2. 教育公正是缩小贫富差距的重要手段

长期以来,我们都习惯于把贫富差距视为一种单纯的经济现象,而社会学对大量农村贫困现象的研究表明,贫富差距是一种综合征,它不仅是一种经济现象,还是一种文化现象。我国的贫富差距还在拉大,但危险之处并不在于贫富差距有多大,而在于造成贫富悬殊的原因。教育不公正就是一个很重要因素。国外学者对50多个国家的研究结果表明,社会成员受教育程度与其收入成正比,不论是发达国家还是发展中国家,受教育机会的不均衡、受教育程度的不同都导致收入的巨大差距。一个人能否拥有受教育权利以及拥有什么样的受教育权利,不仅决定他的现实发展水平和富裕程度,而且决定他的未来生存与发展状况。市场经济条件下的教育事业更需要教育公正来保证其健康发展,因为市场经济发展越充分,竞争就越激烈。所以给社会成员提供平等受教育的机会,能不断提高其生存和发展能力。教育本来应该缩小社会人群间的差距,但教育如果不能做到公平公正,则会成为保持乃至扩大社会人群间差距的可怕的筛选机,进而变成社会贫富分化的一种基础性推动力,造成新的"隔代贫穷"。如果教育在不断平等化,它就会有助于缩小社会人群间的差距,进而缩小社会的不平等。

3. 教育公正是推进社会和谐稳定发展的重要途径

和谐社会的六个特征之一就是公平正义,公平正义是社会主义和谐社会最重要的关键词之一,实现广泛的社会公平是构建社会主义和谐社会的重点和难点。和谐社会,是社会不同利益群体能够和谐共存、发展的社会。教育公正是社会和谐的基石。首先,教育公正是和谐社会的重要内容。和谐社会是人们公平相处的社会,包括教育公正在内的公平正义是和谐社会首要的、内在的、基本的内容,没有教育公正的社会,谈不上是一个正常的社会,更谈不上是一个和谐的社会。其次,教育公正也是和谐社会的基础。和谐社会的建设应以包括教育公正在内的公平正义为基础和前提,缺少这一基础,和谐社会就缺少立足之地,无法建成或者即使建成也不会持久。再次,教育公正是和谐社会的实现途径。有了教育机会的均等、教育过程的公平、教育质量的公正,社会成员才能站在同一起跑线上,才有通过知识改变命运的可能,社会各阶层才有正常流动分化的可能,全社会才能充满活力、安定有序。可以说,实现教育公正是构建和谐社会的起点,教育公正是推进社会和谐稳定发展极为有力的工具。教育不公则会加剧社会的不公,进而影响和谐社会的构建。胡锦涛同志曾强调,教育涉及千家万户,惠及子孙后代,是体现发展为了人民、发展依靠人民、发展成果由人民共享的重要方面。保证人民享有接受教育的机会,是党和政府义不容辞的职责,也是促进社会公平正义、构建社会主义和谐社会的客观要求。富优贫劣、东"肉"西"汤"、城足乡缺、公霸民弱,教育不公正的这些表现形式,都是和谐社会构建中的不和谐因素,而教育不公正导致的一些社会丑恶现象,对良好社会风气的树立则更是一剂"毒药"。

(二)教育公正对教育本身的影响

《国家中长期教育改革和发展规划纲要(2010~2020年)》确定了"优先发展,育人为本,改革创新,促进公平,提高质量"的教育工作方针。坚持教育公正才能把教育办成让人民满意的教育,办成给老百姓带来更多实惠的教育。

1. 教育公正是维持教育秩序的重要武器

我国现有的教育秩序并不十分理想,我们的教育思想受到来自各个行业不成熟思想的渗透和干扰,我们的办学模式也受到来自各个行业不成熟模式的影响,最不应该浮躁的教育也渐渐变得浮躁。如目前盛行的"择校"现象就打乱了整个教育秩序,成了教育不公正的源头。为此,我们必须从教育思想和办学模式的源头上来解决这个问题。教育不能只想着为眼前的社会需要服务,也不能套用市场经济规律。我们必须区别教育规律和经济规律。我们的教育必须以人为本,我们的学校必须以学生为本。如果社会能够提供一种事实上比较公正的教育制度体系与行为规则,那么无论对于这个社会成员的身心自由发展而言,还是对于教育自身的发展而言,益处均显而易见。公正的教育制度体系、制度化了的教育行为规则,是维持教育秩序的重要武器。

2. 教育公正是教育改革的重要价值目标

教育是推波助澜,复制社会不公,还是力挽狂澜,再造社会公正?这是个重要的价值取向问题。教育公正问题是国际教育界和许多国家教育研究、教育改革运动中最关心的问题之一。从教育制度伦理的立场看,我们理所应当必须选择正义和公道,即公正优先。所谓"公正优先",强调的是必须把促进教育公正作为教育(尤其是基础教育)改革与发展的核心目标,真正用教育公正原则来规范教育改革行动,努力提升教育公正水准,这是现代教育的本性要求。教育改革也要促进教育公正,公正意味着平等地分配教育发展成果,让全体国民更有效地共享教育资源。在教育思想高度发达的今天,教育公正作为社会伦理的一个重要组成部分,已经为教育发展确立起以公正为基本走向的价值定位。我国已将维护教育公平确立为国家教育政策的基本价值取向,作为教育现代化的基本内容,作为制定教育政策的基石。教育不仅是一个传承和规约的过程,而且应该在传授知识的同时为社会注入某些更加积极的内容。

3. 教育公正是教育有无内在价值的重要标志

教育的内在价值,指的是教育系统对社会或个人等价值主体的存在或发展而言具有什么样的意义。教育具有社会性、个人性和教育性等特征,它们构成一个相互作用的整体。从政治经济文化系统、个人创造和教育自身发展的需求三者结合的角度看,教育的价值核心应该是"铸人铸魂"。教育"铸人铸魂"就是要坚持以人为本,将"以人为本"作为一种价值取向,其根本所在就是以人为尊,以人为重,以人为先;就是要坚持"德育为先",育人必先育德,育德必先育魂;就是要强化公民意识,立足于指导学生形成独立的人格,对学生进行具有现代化思想意识、思维方式、公民意识、责任意识的公民教育;就是要促进德、智、体、美全面发展,并"内化"进而提升人的综合素质,其核心思想是让受教育者先学会做人,因为良好的素质可以把外部获得的知识、技能内化、升华为人的稳定的品质和素养。

(三) 教育公正对学生个体的影响

教育的基本作用,应该是使所有的社会成员都能站到同一起跑线上,得到平等的机会。教育对于社会、教育自身的重要意义是显而易见的,有学者对这种状况作了生动、精辟的概述:"当一个社会面临严重的危机时,教育便成为最方便的代罪羔羊,同时又是最简单和直截了当的解救灵丹。"[①]但教育对于每一个有着独特生命的个体——人来说意味着什么?

1. 教育公正的标尺是个体发展的重要前提

正如《学会生存》中所确定的教育发展方向的基本指导思想一样,人类发展的目的在于使人日臻完善,使其人格丰富多彩,表达方式复杂多样,使之作为一个人,作为一个家庭和社会

---

① 联合国教科文组织国际教育发展委员会编:《学会生存》,北京:教育科学出版社,1998年,第38页。

成员,作为一个公民和生产者、技术发明者和创造性的理想家,来承担不同的责任。① 因而,在考虑教育匮乏、教育不公平的种种后果时必须在关注社会影响的同时又超越这一立场,回到作为社会终极目的的人本身,切实认识教育作为个人生活准备以及人性开发基础的重要意义,认识教育公正与个人生存发展的关系。教育公正不是追求平均主义,而是促进每一个社会成员在其天赋基础上接受合适的、良好的教育,以提高全体社会成员的整体素质。从本质上来说,教育公正是通过实现个体公正从而达到社会公正的。也就是说,教育系统外部公正只有转化为教育系统内部公正,才能赋予教育公正以实质的内涵与意义。不仅教育的特殊性和重要性要求教育必须公平地对待每一个社会成员,而且人的发展的不可限定性同样也决定了这一点。从个体公正的意义上说,教育活动与其他活动也有所不同。其他活动中的个体公正,可能是资源分配与利益获得上的;而教育活动中的个体公正,则是发展上的。每一个人的个性与其他人的个性都有所不同,教育公正的意义不是要泯灭受教育者身心发展方面的个性,而是要使他们的个性得到充分张扬与发展。

2. 教育公正是维护个体人格尊严的重要保障

国际21世纪教育委员会主席雅克·德洛克曾指出,当人类面临未来种种挑战和冲击时,教育将成为人类追求自由和平与维持社会正义最珍贵的工具。同时教育也将帮助每一个人使其天赋、才能与潜力得到充分发挥,以达成人生的目标、实现生命的意义。当然,要实现教育的这一目标,前提是教育必须做到公平公正。教育公正的一个基本内容就是消除歧视,也就是说,在教育面前,所有受教育者应当受到同样对待,而不能因为城乡、贫富、性别、出身、信仰、语言等方面的差异,排斥、限制

---

① 联合国教科文组织国际教育发展委员会编:《学会生存》,北京:教育科学出版社,1998年,第38页。

一部分人,而给予另一些人以优先权。教育公正首先要保证的是每个人受教育权利的实现。只有让儿童最基本的受教育权利得到切实保证,才能够从起码的意义上体现对儿童种属尊严的肯定,才能够从最基本的意义上实现以人为本这一教育发展的基本理念,也才能够从最实效的意义上为社会的正常运转和健康发展提供必要基础。反之,如果教育不公正则会伤害个人的自尊、自信,影响其人格的健全发展,没有教育公正就没有受教育者平等观念和健康人格的形成。人之所以为人,在于人的尊严、人的品格。教育作为一种"成人"教育,如果违背一个人做人的尊严与宗旨,本身就是不公正的。好的教育、公平的教育,就是以人为本的教育,是为多数人提供同等机会、同等优质服务的教育。

爱因斯坦生前曾多次引用叔本华的一句名言:人们能够想他所要的,但不能要他所想的。若认识不到这一点,就会对教育造成另一种伤害,即全盘否定教育的公正性、价值性,使现有的教育秩序混乱,公正无存。此外,由于教育公正具有目的性、理想性、追求性,因而也就有了很高的价值性、意义性。教育公正是实实在在、看得见摸得着的东西。现实中我们更应该力争它的实现,以它为标尺或坐标衡量与匡正现实的教育活动,分析影响教育公正的原因,找到解决问题的办法,使处于现实社会的人更能体悟教育公正的重要意义。

第九章
教育不公正问题剖析

早在18世纪,爱尔维修就主张,人类社会的不公正现象不应归咎于亚里士多德的社会阶层等级制度,或者神的命令,而应归咎于不公正的教育。衡量教育是否造福于社会,主要不是看它造就了多少杰出的人物,而是看它是否能让大多数人享受到必要的教育。教育公正范畴在我国已经初步确立起来,但从我国教育的现状来看,我国在教育公正方面还有所欠缺。我国教育领域的不公正现象主要体现在教育结构失调、城乡差距大、区域发展不平衡、教育机会不公、教育过程不公、教育结果不公等方面。造成这些不公正现象的原因,主要有以下几个方面:教育资源配置的不合理、教育运行机制的不合理、教师素质的缺陷和家长观念的偏颇等。

一、教育资源配置不合理导致教育不公正

所谓"教育资源",是指为确保学校教学、科研等活动有效运行而确立的制度、法规以及消耗的人力、物力、财力等。就这一定义而言,教育资源包括两大类:一类是无形的资源,如教师

的职业道德、教学内容、学校的文化氛围等。一类是有形的实物资源,主要包括教育经费、学校的硬件设施、师资力量等因素。社会的教育资源质量不仅是衡量一个国家经济发展水平的指标,是社会文明程度的标志,而且是一个国家、社会教育道德性的重要标志。所以对教育资源的适用涉及一个公正分配的问题,事实上教育资源配置的不合理恰恰是造成教育不公的首要原因。

就教育资源的分配而言,在等级制社会,等级划分是公正的标准,教育资源的分配也存在严格的等级界线。随着等级制的结束,教育资源分配的不均衡并没有完全消除。资本主义社会中,许多国家曾长期采用双轨制的教育体制,不同的社会群体享有不同的教育资源。我国当前教育资源配置的不合理则主要体现在下述几方面:

(一)教育投入不足

从教育对社会经济发展所起作用来看,国家应将教育置于优先发展的地位,不断加大对教育的投入力度。全国政协委员、重庆市政协副主席王孝询曾提出"教育贫困恶性循环理论",即国家对教育投入少,造成人口素质低,导致科技力量薄弱,创造发明存量少,影响国家科技发展水平,国家因此而贫穷,更无力增加对教育的投入,形成恶性循环。教育公正原则需要有足够的教育资源支持,教育资源配置不合理首先是因为教育投入不足。但从我国的实际情况来看,教育经费投资总量不足主要表现在:

1. 教育经费支出比例偏低

20世纪90年代初颁布的《中国教育改革和发展纲要》提出:"到本世纪末,国家财政性教育经费支出占国民生产总值的比例应达到4%。"这实际上就是20世纪80年代发展中国家的平均水平。但由于我国GDP增长迅速、财政收入占GDP的比例较低等多种原因,这一目标未能如期实现。教育部、国家统计局、财政部发布的 2012 年全国教育经费执行情况统计公告显示,2012 年,全国教育经费总投入 27695.97 亿元,比上年的 23869.29 亿元增长 16.03%(见《教育部　国家统计局　财政部关于 2012 年全国教育经费执行情况统计公告(教财[2013]7号)》),首次超过教育规划纲要提出的 4%的目标,成为中国教育发展史上重要的里程碑,是中国从教育大国向教育强国转变过程中的重要节点。但我国与发达国家相比还有一定差距,只有继续增加教育投入,逐步提高教育经费占 GDP 的比例,摆正教育、其他社会事业发展水平与经济增长的关系,并切实解决好各具体领域的问题,才能真正实现教育的持续快速发展。

2. 生均经费不足

每个学生平均教育经费的多少,是衡量一个国家学生消费水平高低的标志,它反映了一个国家的经济水平、教育经费的多少,以及对教育事业的重视程度。我国生均教育经费的增长速度长期低于同期人均国民生产总值的速度,这与我国教育在整个社会发展中所起作用极不相称。

3. 人均经费低

人均教育经费的多少,也是衡量一个国家经济发展水平和教育投入水平的重要标志。跟同样是人口大国的印度比,我国的教育经费无论是按人口平均还是按学生数平均都低于印度。

4. 公用经费低

教育投资不足,首先危及到的是公用经费部分。因为在有限的经费下,首先要保证职工的生计,然后才能顾及师生的安全,所剩部分才是公用费用。在这种情况下,我国各类学校的公用经费一直很少。近些年,我国教育经费在绝对数字上确实增加了不少,但主要用于人员经费的增加,学校公用经费在事业费中的比例并没有上升。教育资源的不足,使得解决办学困难的任务下放到基层,致使学校竞相在微观上"搞活"、"钱权交易"、"钱学交易"、"乱收费"现象时有发生,加剧了受教育机会的不平等。

我国的教育主要是国家政府主导的教育,受教育权的法定性意味着公民有权要求国家作为分配教育权的主体,在不同的受教育群体之间平等分配教育资源,同时平等分配教育资源应显示其公正性。事实情况是我国教育资源配置不合理恰恰是由政府行为导致的。众所周知,学校的办学条件、教学水平等都取决于政府的投资,中国大中城市的教育都由政府投资,而偏远地区则采用政府和当地人民集资相结合的办法来办教育,有的甚至全部由当地人民集资解决,形成教育投资的不均衡。加之政府对教育资源的分配有很多计划性色彩,所以无论在东西部之间、城乡之间、基础教育和高等教育之间,还是在重点学校和非重点学校之间,都存在大量分配不合理问题。此外,教育经费投入的失衡还会造成办学条件的失衡,继而导致教育观念、教师素质、科研能力等软件资源的失衡。

(二)教育资源配置的"倒挂"现象

教育资源和空间有限是既定事实,与人对教育资源的需求相比,它们总是相对匮乏。如果一个人或一个群体获得较多的教育机会,别的人或别的群体可能就会失去一些教育机会。所以,教育领域的这种冲突是不可避免的,而教育资源人为分布的不均匀,又为强势阶层凭借优势地位抢占受教育机会的制高点提供了机会,也进一步加剧了教育的不公正。最需要教育资源的地方,却最缺乏教育资源;最需要接受教育的群体,却离教育资源最远。

1. 教育投资"倒挂"

按照社会发展的基本规律,就整体提高民族素质来说,正金字塔形的大众教育模式是最稳固、最科学的。也就是说,教育的普及工作做得越好,民族的整体素质越高,社会的发展就越有后劲。与此对应,教育账自然也应是正金字塔形,即基础教育投入高于高等教育投入,占全国人口绝大多数的农村投入高于城市投入,弱势群体投入高于强势群体投入。我国作为发展中国家推行的也是大众教育模式。大众教育模式只有配套正金字塔形教育账,才能发挥其应有的作用,这个作用不仅仅是整体提高民族素质,还关系社会起码的公平和公正。可是,理论之矛一旦触及现实之盾,却生发了好似重拳击打棉花的现象。在"把发展基础教育的责任交给地方"思想的指导下,我国基础教育——义务教育的经费来源主要依赖于地方政府。实行"地方负责"的投资体制意味着:城市中小学教育经费主要来源于市、区教育财政拨款;农村的义务教育经费主要依靠县、乡(镇)两级政府。省级政府又把主要精力用于地方的非义务教育,如地方性高等院校,其结果就形成"教育账倒挂"现象,正金字塔成了倒金字塔!

2. 本末"倒挂"

从教育投资分配的历史来看,教育经费在各级学校分配的一般规律是:在初等教育尚未普及时,优先保证初等教育的投资;在义务教育基本普及时,就保证中等教育的投资;在中等教育基本普及时,就侧重投向高等教育。我国正处于社会主义初级阶段,经济尚不发达,教育投资的重点、大头应是基础教育,要优先保证对初等教育的投入。但我国的现实情况是长期投入本末倒置,对三级教育的经费投资比例与教育结构恰好相反。由于高等教育占用资金过多,义务教育不能从国家财政中得到足够的支持。这种被扭曲了的投资结构加重了地方政府和个人,特别是贫困地区的地方政府和农村人口义务教育的经济负担,使边远贫困地区陷入经济贫穷与教育落后的恶性循环。对于弱势群体来说,这显然是一种不断加剧的不公平。同时,如果这种不合理的投资结构和学费负担结构长期得不到改变,随着高等教育个人收益比社会收益高出许多,将会进一步刺激公众对高等教育的需求。在公众压力下,政府不得不把更多的公共资金用于高等教育,从而加剧教育投资结构的畸形化,导致更加严重的社会不公平现象。

3. 区域"倒挂"

我国本来就不多的教育经费投入还存在"嫌贫爱富"的不公平现象。我国实行的是多样化教育投资体制政策,在基础教育上实行的是分级办学的管理体制,政府拨款主要来自地方财政,而地方财政能力的大小是与各地的经济发展水平直接联系的,这就导致各地教育投入事实上的不均等。由于地区间经济状况的不同,导致办学条件存在较大差异,由此造成有限的教育经费在区域之间的分配也很不合理,不同地区的学生享受到的教育资源不同。如由于东西部经济发展的不平衡性,东部教育条件和状况明显优于西部。贫困地区脱贫要依靠教育,可当地高校资源多数贫乏,学生考大学困难是个不争的事实。以高校招生名额分配为例,经济发达地区院校云集,当地学生享受高等教育自然"近水楼台先得月",比较普遍的"高考移民"现象正是在这样的背景下产生的。

4. 城乡"倒挂"

教育领域存在的教育资源分配不平等现象,尤其反映在城市学校与农村学校之间,把教育资源集中在一部分"城市学校",造成城乡教育差距拉大。用"东边日出西边雨"这句话来形容目前部分地区城乡教育资源分配不均的状况并不为过。城乡教育资源分配不均,已成为制约农村教育发展的一大因素。一方面是对农村教育投入不足,另一方面各地方和各部门的利益博弈造成教育资源和教育成果大部分被城市占有。无论是农村学校的财政投入比例、办学条件,还是教师待遇、师资水平、师生比例都远远低于城市。与此同时,城市内各学校之间、城镇和边远贫困地区之间、重点学校与非重点学校之间教育资源配置也不均衡。目前愈演愈烈的"择校"现象及"城市优先主义"倾向造成的教育不公正问题,在很大程度上就是由教育资源分配的城乡失衡导致的。

(三) 优质教育资源的不均衡

从传统教育观来看,当前优质教育资源一般是指各级各类重点学校及其所具有的充裕的经费、优良的现代设备设施及知名的教师等。它们形成名校＋名师＋名牌学生强强联合的整合效应,优质资源的聚集又使教育资源产生"叠加效应"。但从现代教育观、教育与社会的关系角度来说,在一个终身学习的时代,社会中一切能够促进人的发展和社会发展的事物都可以看成优质教育资源。优质教育资源供应不足,是全世界都普遍存在的问题,我国的经济发展水平不高,教育投入有限,优质教育资源更显不足,尤其当人民生活水平有了较大提高以后,家长望子成龙心切,对子女接受优良的教育就有了强烈的需求,这就进一步促使社会需求与优质教育供给之间产生矛盾。对于优质教育资源的分配,明显存在两个"倾斜":第一,向重点学校倾斜。过去相当长一段时间里,我国各地曾分重点学校与非重点学校开展教学工作,人为扶持了一批重点学校,对重点学校投入大量人力、物力和财力,客观上造成这些"重点学校"与其他普通学校在校舍、教育教学设施、师资、管理等方面存在较大的差异,而其他的一般学校则成了薄弱学校。第二,向强势群体倾斜。农村儿童、企业学校学生、农民工子女、流动人口子女等受教育的弱势群体,得到优质教育资源的机会相对较少。稀有的优质教育资源,经过这样的政策倾斜,变得越来越集中,越来越只为少数人服务,使得教育资源的配置日渐出现"富裕集聚效应",不同背景的孩子在教育机会、教育过程上更不公平。此外,随着经济社会的发展,人民群众更加重视教育,把教育作为一种重要的家庭"投资",都希望孩子接受高质量的教育。这造成优质教育资源供需矛盾突显,使得教育公平问题更加突出。

二、教育运行机制不合理导致教育不公正

当我们从公民权利等法律层面来理解公正时,不仅要看到

形式上的公正,还要看到事实上的不公正的存在。这种事实上的不公正部分是由教育操作过程中教育决策者、实施者的不公正行为造成的。历史造成的各级各类学校之间、地区之间的巨大资源配置差异已严重影响不同群体教育权的实现,而不甚合理的教育运行机制更是人为加剧了不合理状况。

(一)城乡教育双轨制

双轨制是西方现代化过程中曾经很流行的学校制度设计。在18、19世纪,西方各国开始实施普及义务教育,许多国家设计了两套学校体系:一套是精英教育体系,从小学、中学到大学,重视学术性,学校条件好、教学质量高、学费贵,主要为贵族和有钱人家的子女服务;另一套是平民教育体系,包括小学和职业学校,没有大学可升,学校条件差、教学质量低、经费少,是面向广大劳动人民子女开办的教育。这种实施两套互不沟通的学校体系的制度,一般称为"双轨制"。

从一般学制安排看,我国的教育并没有采用双轨制形式。全国统一的教育方针、教育内容和升学制度,突出了一视同仁的精神。但在实际操作中却存在城乡教育的制度性落差,双轨制又是清晰可见的。制度性落差是指,由于农村教育和城市教育在目标、地位和保障上存在明显差异,因而教育体系内部也是区别对待它们,使它们享有不同待遇。具体来说,就是在教育的实际运作中,城市教育和农村教育享受完全不同的待遇,城市教育是制度的宠儿,而农村教育是制度的弃儿,二者有明显的等级差异。基于城乡二元结构,我国教育发展战略始终坚持以城市教育为中心、优先发展城市教育的总原则,农村教育处在附属和次要的位置,缺乏有效的体制保障,享受不到正常的国民教育待遇。大体来说,西方教育的双轨制,是一种学校类型的双轨分隔,即双轨学校互不沟通;我国城乡教育的双轨制,实质上是一种城乡教育等级制,即在统一的国家教育体系中,重城市教育,轻农村教育,二者分等对待。这种城乡教育的等级区别,正是我国城乡教育二元对立的要害所在。目前,造成我国农村教育陷入职能困境和生存困境的原因虽然很多,但城乡教育双轨制实是罪魁祸首。

(二)教育分流制度

教育分流,指依据学生的学业考试成绩和学术性测验成绩,对学生分层别类,使他们进入不同的学校和课程轨道,按照不同的要求和标准,采用不同的方法,教授不同的教育内容,将他们培养成为不同规格和类型的人才。教育分流直接为学生从事不同职业和进入不同的社会阶层奠定基础。在我国的学校教育体制中,教育分流主要表现为两种形式:一是班级分流,按学生的学业考试成绩,在同一所学校内部将其分为不同班级。最常见的是重点班与普通班,另外还有特色(长)班,如英语班、奥数班等。再分别按照不同的学习要求和教学进度,运用不同的教学方法和手段进行教学。二是学校分流,依据学生的学业考试成绩,特别是选拔性考试成绩,将其导向不同的学校。最常见的是重点学校与普通学校、高级中学与中等职业专业技术学校等。不可否认,这一教育制度的出台和实施,在一定程度上为普及教育、提高国民整体的文化素质起到很大作用。同时,它相对集中和有效地使用有限的资源,为整体平等提供了条件。因为教育资源属于稀缺资源,它始终少于社会大众的需求。在这样的前提下,依据一定的客观标准,将学生分流集中,针对其中一部分学生分配有限的资源,不仅体现了经济学上的效益最大化要求,而且实现了教育的"整体平等"。但是,这一制度带来的负面影响同样值得我们深思。教育分流制度会导致教育不平等加剧,也是对"结果平等"原则的极大冲击。在同一学校内部将学生分为三六九等,不管这种划分标准是否公正合理,是否客观,它都会使学生之间的差距越来越大,并且处于劣势的学生容易产生逆反心理,变得更差。同样,同一类型学校间的校际差别,也使得各种力图缩小学生发展差距的措施消解,反过来加剧这种不平等趋势。

另外,由于我国高质量的教育资源一直相当匮乏,从而导致教育竞争异常激烈,学生为了能够分流进好学校,拥有好的教育机会,就必然要付出加倍的努力,而这努力之中,有许多因素不是学生所能掌控的,它涉及社会其他方面,这些因素会使得不公正现象越来越严重。

(三)就近入学制度

《中华人民共和国义务教育法》第九条规定:"地方各级人民政府应当合理设置初级中等学校,使儿童、少年就近入学。"这一规定从法律角度确保了适龄学童的教育机会均等,保证了他们的求学权利。在实际操作中,为了贯彻这一入学制度,教育行政部门采用"学区制"的行政管理手段。即以某一特定的学校为中心,以一定的地理范围为标准,在此范围内的学生不得跨学区选择其他学校,同时,本学区的学校也不能选择学生,一切达到就学年龄、符合入学标准的儿童都以就近入学为准则。在义务教育实施的最初阶段,应该说,这一原则为保障广大学童的就学机会均等、教育权利公平,以及在普及教育方面起到了重要作用。但是,随着义务教育的普及,以及社会经济文化的发展,这一教育政策的弊端逐渐显露出来。即:它虽然在横向上促进了学童的教育平等权,但是在内涵或者说是在整体意义上却阻碍了具体的每个个体教育机会均等的实现,不利于每个个体的自我发展。

由于就近入学是以户籍为限制的,如果户口所在地恰好有一所高质量的学校,则此范围内的学童不论条件全都幸运地自动取得入学资格,而对那些户口不在此范围的孩子来说,是无法进入这一学校的。这一制度实现了本学区内的公正平等,却在更大范围上失去了公正的意义。因此从整体范围来说,这是一种变相的以剥夺大部分学生的入学机会来保障一部分学生就学权的制度。由于我国教育资源有限,国家和政府只是集中力量在一个地区办好数所重点学校,而对于其他一般学校的师资、经费则难免心有余而力不足。既然一个地区只有少数几所质量有保障的学校存在,而希望入学的学生又是那么多,僧多粥少的局面在计划经济时代还可以用国家行政命令来加以干预、控制、协调,但在市场经济条件下,原先的手段就显得力不从心了。经济的因素无孔不入,在新的矛盾面前,它发挥了市场经济自由而又强大的力量,演变成我们所熟知的"择校"现象。这一现象产生的初衷也是为了突破户口所在地的限制,使就学机会扩大到整个地区,让那些不在户籍范围内的学生同样有接受高质量教育的权利。但是,很快我们就发现,不管是经济择校,还是以权择校,它们都产生了与就近入学制度相同的后果:导致教育不公正的进一步扩大。

为消除"就近入学"制度带来的不公正而产生了另一个措施——"电脑派位",它虽然使得钱权等择校因素暂时起不了作用,但由于这一措施还是以户籍为限制,使得有能力的家长想方设法把户口迁到重点学校所在地,以取得派位资格。于是,在以此举保持义务教育阶段公正性的名义下,依然出现种种不公正现象,而不少享有优质资源的公立学校更是明码标价,按分论价。于是,这些变了味的措施又演变成学生家长社会经济地位的竞争,教育公正的理想依然被扭曲。

近年来,随着社会经济的飞速发展,人口流动成为我国的突出国情。其中,流动人口子女的入学问题在"就近入学"政策的名义下成为又一难题。由中国社科院社会学研究所主编的《2008年中国社会形势分析与预测》蓝皮书指出:当前中国教育问题依然突出,其中在更加注重公平的社会发展背景下,流动儿童的教育成为最突出的教育公平问题。户口成为这些孩子入学一道不可逾越的门槛。有人认为这是"教育原住地主义"在作祟,在城市教育资源尚且不能完全公正分配的条件下,取缔民工小学又不让民工子女就近入学,是激化社会矛盾的导火线。我们认为,要真正解决流动人口子女的入学问题,一定程度上应对"就近入学"制度作出相应调整。

(四)教育收费制度

而今,越来越高昂的教学收费已经阻碍社会贫困群体的子女接受教育的权利,在高额的学费和其他学校费用面前他们不得不放弃自己的受教育权利,从而加剧了社会的不公正。教育收费政策,不管其出台的初衷如何,现在已成为拉大社会差距、激化贫富矛盾的"催化剂"。

首先,义务教育阶段的各种高额收费都是与社会公正目标相背离的做法。义务教育是一种准公共产品。作为用全体纳税人的钱开办的学校应该是一个为公众服务的地方,它应该是为所有适龄学童提供平等教育的场所,而不是按照经济标准划出三六九等的阶级小社会。不合理的教育收费政策,使得义务教育与非义务教育之间的界限模糊,社会整体公正的目标难以实现。1986年我国颁布的《中华人民共和国义务教育法》明文规定,九年义务制教育是我国一项长期坚持的基本政策,不容许任何形式的干扰。但时至今日,各地中小学名目众多的费用,使得义务教育成为某些人所说的家长的"义务"教育,而非国家的一项基本政策。在国家整体文化程度有待提高的情况下,如果连义务教育阶段的教育权利都无法保证,不能使全部适龄儿童入学接受教育的话,那么整个社会的不公正程度只会加剧,社会各阶层的平等和公正将无从谈起,全体国民的教育程度将永远落后于发达国家,从而影响社会的发展和前进。

其次,高额的收费剥夺了社会贫困人群的基本教育权利。教育的一个重要功能是减少社会的贫富差距,因为通过受教育可以使贫困阶层的子女获得提升自己和改变命运的机会。从古至今,教育一直是下层群体向上层社会流动的桥梁。国家出台的各种义务教育措施都是避免因经济原因而导致学生无力就学的有力保障。但教育乱收费却在有关部门的"默许"下呈蔓延之势,挡住了那些贫寒学子的求学路。教育部公布的首份中国教育与人力资源问题报告《从人口大国迈向人力资源强国》中指出,随着我国恩格尔系数的逐年下降,我国民众教育支出不断上升。在城市,居民文化教育项目支出成为继食品支出之后的第二大支出项目。在农村,教育支出也超过衣着,成为继食品和居住支出之后的第三大支出项目。未来20年,我国居民的教育支出比重还将进一步增加。因学费而演发的家庭悲剧在不断提醒我们,如果再不采取有效措施,它们就会成为社会悲剧。当没有达到学校录取线而家中有钱的考生填补了那些成绩优秀却因家贫被迫放弃入学的考生名额时;当民办学校因高额收费使自身发展受到严格限制,而强调"不能以营利为目的"的那些享有优质资源的公立学校却几乎公开收取"择校费"、"赞助费"时;当越来越多的"自费生"、"研修班"充斥大学校园时,我们不得不深思:我们教育的大门究竟是为谁而开?

三、教师素质缺陷导致教育不公正

教师作为构成教育教学过程的基本要素,是完成学校教育教学任务的主力军,其素质与工作积极性的高低将直接影响学校的教育教学质量和办学效益,并影响教育公平公正的实现。我们在界定教育公正时曾将之分为广义和狭义的范畴。其中,狭义的"教育公正"是指教育活动中的公正。这一界定为我们研究教育公正开拓了新的视野。要把教育公正真正落到实处,除要有宏观上的社会保障外,实施这些保障措施的教育者(主要指一线教师)的品行和职业操守也是影响最终公正不容忽视的因素。因为,从微观角度来看,教育活动中教师公正就是教育公正的全部。学者王正平教授认为,从教育伦理学角度看,教育公正就是要求教师在教育活动中公平合理地对待全体合作者,或者指在教育活动中对待每个教育对象的公正。教育公正是教师从教的道德底线,在新形势下,我们呼唤教师的教育公正。

(一) 教师工作的特殊性与教师素质

现在没有或极少有教师以"人类灵魂的工程师"自居,社会也不以"灵魂的工程师"看待教师。而十几年前,"教师是人类灵魂的工程师"、"教师是辛勤的园丁"却是两个颇让教师欢欣激动的隐喻性命题,昭示教师工作的崇高性和重要性,激励、鞭策广大教师积极主动地投身教育事业。这两个命题植根于社会对教师角色和作用的普遍历史文化认同。"天将以夫子为木铎"、"师者,所以传道授业解惑也",都表明教师理所当然地被看作木铎传人、真理代表、知识化身。在古希腊,教师被尊为"智者",享有智慧,甚至成为哲学家,被当作主宰社会的"哲学王"。至近代,"知识就是力量"的命题差不多是说唯教师有力量。教师肩负着传承人类文明,维系社会价值之重大使命。但现在,这一切却发生了变化。教师不愿或不能自比为"灵魂的工程师",显然不是因为这个隐喻性命题陈旧,缺乏新意,而是由于教师作为真理代言人的地位已彻底动摇,教师不再敢自诩为知识的传播者。是什么导致这个巨大的变化,导致学校教育以及教师固有价值系统的崩陷?学校教育的存在基础发生了什么变化,以致我们要重新审视教师的角色和功能?

从教师工作的特殊性来说,教师的劳动是一种创造性的劳动,是一种以人格培养人格、以灵魂塑造灵魂的劳动。教师的劳动对象、劳动工具、劳动产品都是活生生的人。这就要求教师必须全身心地投入,必须具有比一般人更高的思想觉悟和境界。而且教育是一种信托行为,教师受学生的父母、社会之托,去管理学生。这种受托人的责任使教育充满深刻的道德意义,使教师不仅成为知识的传播者,而且成为行为和价值的示范者、捍卫者。因此,教师不仅是一种职业,而且是一种专业,一种具有更高道德要求的专门职业。教师只有怀着专业化的标准来从事工作,才可能把满足学生的需要和利益放在其他人

(包括教师本人)的需要和利益之上,才可能在具体的教学过程中充满公正感和责任感。1966年国际劳工组织和联合国教科文组织在《关于教师地位的建议》这一官方性文件中对教师的职业性质作了明确说明:"应把教育工作视为专门的职业,这种职业要求教师经过严格的、持续的学习,获得并保持专门的知识和特别的技术。它是一种公共的业务。另外,对于在其负责下的学生的教育和福利,要求教师具有个人和集体的责任感。"而按照澳大利亚专业委员会的界定,专业实践者有别于"更商业化的职业"。专业"应时时将社会福利、健康和安全的责任放在第一位"。通过分析可知,教师教学生追求基本的"社会利益"是"通过满足每个学生的需要,考虑其兴趣,挑战其能力。教学专业使每个学生的学习机会最大化,以实现其知识、个性、文化、情感、体格、道德、精神和其他方面的充分发展"。而我国1994年1月1日颁布实施的《中华人民共和国教师法》第三条明确规定:"教师是履行教育教学职责的专业人员。"这就告诉我们,当教师职业成为一种充满伦理精神的专业时,专业化内在的伦理约束可以最大限度地规范和调整教师的道德水准,从而使"授业、解惑"的单一工作转变为一项能够有效促进社会公正的神圣事业。目前不少人,包括教师本身都把教师这一工作定性为一种谋生的手段,而不是一种需要同时"育人"的专业工作;把自己仅仅看作是知识的传授者,而没有意识到自己也是道德的示范者。受这种错误思维的左右,加上市场经济的大环境不断催发着人的意识和思想发生变化,因而种种不公正的教育现象屡屡出现。

(二)教师素质与教育公正

教师作为教育的主体,是教学过程这一微观教育领域教育资源的分配者,他们掌握着很多无形的教育资源,如关心、同情、理解,当然也包括惩罚、责骂等的分配权。就教育资源的性质而言,一方面,教师作为社会的代言人,按照社会的要求把教育资源分配给学生,在大班授课条件下,这种分配是一样的,是以同样的平等为公正;另一方面,教师本身作为一种教育资源,其举手投足、喜爱偏好等,也给学生提供了另一种无形的教育资源。除此之外,教师本身也是一种教育资源,教师对教育材料的解读、教师的教学能力、教师对学生的期待等是学生感受到的最亲切与真实的教育资源。如果说教师对社会所要求的有形教育资源的分配在形式上还易于做到平等公正的话,那么对与其自身素质密切相关的无形教育资源的掌控,则并非是容易的事。

教师的公正是指教师在自己的教育活动中对待不同利益关系所表现出的公平和正义。它表现在教师与自身、教师与同行、教师与学生等人际关系之中。随着人类社会的进化与发展,公正的观念逐渐与人们的道德职责、法制观念等相互渗透,使它不仅适用于客体的交换,而且逐渐延伸到人与人之间的相互交往。教师能够对人对己做到公正是十分必要的。因为公正地处理家长和社会有关方面的关系,就会有利于形成较好的学校教育的外部环境;公正地对待同事、领导,则有利于为教育集体营造良好的氛围,从而形成教书育人的学校教育的内部环境;公正地对待学生是教师公正的重点,它有利于创建良好的教育、教学环境。

教师的观念、教师在教学活动中为人处世的态度和处理各种关系是否符合公认的道德准则,将直接影响教育公正的实现。现在很多教师并不了解教育公正,心中根本就没有"教育公正"这一概念,甚至根本不知道教育也要讲公正。这就导致很多教育不公正问题的出现。作为社会的一个职业群体,教师实际的道德水准不仅离不开现实的社会存在,而且始终受整个社会职业道德环境的影响或制约。当前社会上出现的多元价值导向、人们公正观念的淡薄,特别是干扰社会公正的社风、行风的盛行,是影响教师公正从教的外因。

教育公正概括了师德的主要特征,体现了一定社会对教师的根本要求,是教师必备的品质素养。作为师德的重要范畴,教育公正能在教师内心形成一种公正的价值信念,一种明确的公正的正义要求,能对教师行为的公正性判断、选择、评价和自觉调整起到指导、影响和驱动作用。教师道德体系中不能缺少教育公正,师德建设中也不可忽视教育公正。教育公正作为教师的一种美德,根源于教师教育劳动这种特定的社会利益关系和道德关系。在以私有制为基础的社会,尽管有不少教师有不论学生出生贫富一律以公正平等的方式对待的善良愿望,但由于社会教育制度不利于劳动阶级的子弟,教育劳动的目的是培养统治阶级需要的人才,因而教师的公正始终受到限制。在社会主义条件下,社会主义教育事业的人民性、社会主义教育制度的正义性和社会主义物质文明、精神文明建设的同步发展,为教师实践教育公正创造了有利条件;建立一种"以师为本"的关怀型教育制度不仅对教师自身素质的提高大有裨益,而且对教育公正目标的实现更为举足轻重。

在教学过程中,教育公正直接体现为教师公正地对待每一个学生,与之相反,由于教师素质缺陷导致的教育不公正主要表现在:

第一,尊重学生人格、受教育的平等权利与"重优轻差"现象。教师要平等地对待每一个学生。对不同相貌、不同性别、不同种族、不同籍贯、不同出身、不同智力、不同个性、不同关系的学生要一视同仁,不偏心、不偏爱、不偏袒、不歧视身心有缺陷的学生或后进学生;要尊重学生人格,保持学生人身不受侵犯的权利,无论在何种情况下,都不用刻薄、粗俗的语言讽刺、挖苦、嘲笑和打击学生,尤其是体罚和变相体罚学生。教师与学生要建立起一种平等、民主与合作的关系,要经常与学生、学生集体平等交换意见,采纳他们合理的意见、建议和要求。实际上,教师对待学生的态度往往千差万别,比如,出于自身职业的考虑和目前教师业绩考核机制偏重学生考分、升学率等,教师对于用功的、能按自己要求做的学生自然比较喜欢。而其他学生则不易得到老师的"垂青",这部分学生的学习积极性难免会受影响。有的教师重亲轻疏,对亲属、朋友的子女给予"开小灶"、"坐前排"的优待;有的则带着"有色眼镜"看待学生,宠信班干部,而漠视后进生的各种正常要求等。

第二,公正合理地对学生进行教育与简单粗暴地教育。教师教育学生,必须是爱与严相结合。爱与严相辅相成,是教育的条件、手段和动力。公正原则要求:爱,不是出于个人的狭隘感情或"自然好恶",而是出于教师对祖国和民族未来的热爱、对教育事业的热爱,出于一种高尚的道德感、责任感;严,也不是随心所欲,而是严中有爱、严中有理、严中有方、严中有度。教育不是知识的发售,更不是单纯的灌输,教师应深入了解学生、潜心研究教育的自身规律,以公正合理的态度教育学生。受旧教育思想的影响,一些教师往往认为学生必须绝对服从教师、教育者可以任意对学生发号施令,因而常出现不尊重学生的意见和要求、粗暴地训斥学生的情况,严重挫伤学生的积极性,进而影响学生的健康成长。

第三,公正合理地评价学生与主观臆断。教师如何对待学生,如何评价学生,会对学生的学习、生活产生深刻影响,进而对学生的人生观、价值观造成影响。在与学生交往中,教师公正、无私、善良、正直,有利于调动学生学习的积极性、主动性,有利于激励学生对真、善、美的追求,也使得其易得到学生的信赖和尊敬。反之,教师偏私与不公,必然使学生失去公平感,造成他们感情的压抑和心理的不平衡,挫伤其学习与要求上进的积极性,从而影响学生对教师的信任、对学校教育的信任,甚至影响他们对社会的信任。在教师的众多品质缺陷中,学生或家长最不能原谅的就是教师的偏私与不公正。上海师范大学曾就"教师工作最重要的品质"进行调查,在对大学一年级至三年级 4500 名学生的调查中,有 84% 的学生选择"公正"作为教师工作最重要的品质,92% 的学生把"偏私、不公正"看作是"最不能原谅的教师品质缺陷"。[①]可见,公正是教师职业品质的核心。但是,虽然几乎所有的教师职业道德、教师行为规范都把公正作为对待学生的首要准则,可在实际的教学过程中,一些教师还是会因为这样或那样的原因无法做到"公正"。

第四,公平合理的"赏罚"与随心所欲的"赏罚"。"信赏必罚",[②]是韩非提出的执法要求,原本是政治家们的用人之术。如今"赏罚"已成为教师教育和激励学生、规范学生行为的经常性措施。教育公正要求教师以教育为前提,对学生进行公平合理的"赏罚"。为此,进行"赏罚"时必须做到"赏罚"有据、"赏罚"有度、"赏罚"公平。所谓"赏罚"有据,是指"赏罚"必须有事实和规章依据。"赏",一定要给予有立功表现的学生;"罚",一定要给予主观上有过错的学生,并且要依据(符合教育行政法规的)规定行事。所谓"赏罚"有度,一是指"赏"的面不宜太宽,不能搞平均主义;也不能太窄,而被少数"冒尖"的学生所"垄断"。二是"赏"不宜太厚。现在有的教师动辄对"好"学生予以重奖,这容易留下无穷后患。一方面,学校的财力有限,即便是"羊毛出在羊身上",一个阶段奖励过高,会给后一个阶段奖励形成压力,甚至无奖可赏;另一方面,也给得奖者以赏一定要厚,不厚就刺激不了积极性的感觉,使他们滋长一味追求物质利益的不健康思想。除此之外,因为奖赏过高,引起其他学生的不满,反而使多数人的积极性受到抑制。三是"赏"一定要以精神奖励为主。因为靠物质刺激是很难培养学生成为具有觉悟的"四有"新人的。指望以物质利益来刺激积极性,恐怕连"孝子"、"忠臣"、"挚友"都培养不出,更别谈培养大批具有共产主义觉悟的社会主义事业接班人。至于"罚",这里主要指对违

---

① 王正平:《教育伦理学》,上海:上海教育出版社,1998 年,第 200 页。
② 《韩非子·外储说右上》。

纪学生的处罚,"罚",一定要有足够的惩戒性质,否则是不可取的。同时必须量罚得当,杜绝"以惩代教","教"是教育的最高原则。所谓"赏罚公平",是指教师在赏罚学生时,绝不能为个人的爱憎亲疏所干扰,要做到"有功虽仇亦赏,有过虽亲必罚";不管赏还是罚都要经过一定的民主程序,不能个人说了算,同时要让学生明了缘由,这样才称得上"赏罚公平"。

第五,公平公正地处理涉及学生的各类矛盾与以势压人。人不是生活在真空中,学习和生活中学生与同学、学校、教师、职工以及社会各方面出现矛盾、甚至发生冲突是在所难免的。公正原则要求教师在处理涉及学生的矛盾时,必须主持公道,妥善处理。要做到"公平如秤",不偏袒一方,责难一方。尤其是涉及与学校或教师的矛盾时,对处于弱势地位的学生,更应在态度、方法与结论上充分体现平等、合理与公正的要求,让学生心悦诚服。以势压人,得理不饶人,或者打击报复等,与公正要求都是背道而驰的。

四、家长观念偏颇导致教育不公正

除以上几方面原因导致的教育不公正之外,学生家长对教育的认识及其责任履行情况,与学生受教育权的实现也直接相关。所以,要保证教育公正的实现,还必须关注家长层面的教育观念与教育行为。

(一)教育观念的偏差和人才观念的误区

社会上不当的人才观、教育观造成家长教育观念上的偏差和人才观念上的误区,父母从自己受教育的经历中体会到教育的重要性,对下一代教育也更加重视,尽可能为子女创造教育机会。但受传统价值观念等的影响,不少家长的教育观念陈旧,人才观念也存在误区,从而影响教育公正的实现。

一个时代有一个时代的人才观以及与之相适应的教育观、教育体系。人才观决定教育观,进而直接影响教育事业的发展。改革开放后,国家基于对知识与人才的渴求,在用人时高度强调知识化,突出学历要求,各种机会均向有学历、高学历者倾斜,正是这种唯学历论英雄的人才观与用人观,造成了"千军万马挤独木桥"的格局。升大学、考研究生成为青年学子的最高追求。应该指出的是,改革开放初期,尊重知识被演绎成学历崇拜是有其历史背景的。当时我国高等教育规模小,发展极端滞后,人们的学历普遍偏低,高等教育只是极少数人的精英教育。在当时的背景下,提出矫枉过正的人才观并将之运用到用人实践中是时代的需要,当时的"学历崇拜"在发展我国的高等教育、提高国民受教育水平方面起到积极的推动作用。但经过 30 多年的改革开放,在高等教育已经步入大众化阶段的今天,对于学历与人才的评价也应作出相应调整。这种以学历为本位的片面人才观与用人观,必然带来严重的不良后果。

片面追求学历的人才观、用人观,直接影响家长的教育观,并通过家长将压力传递到教育系统。在家长们的心目中,教育就是为了让孩子上大学、出国、做官、赚大钱。家长们都希望孩子能上最好的小学、最好的中学,享受优质的教育资源,将来能考出高分,考上名牌大学,再继续深造,拿到更高一级的学历,最后找到一份理想的工作。有的家长为了孩子能成才,为孩子请家教,赶热潮送孩子去学钢琴、书法、舞蹈、绘画等,家长们"望子成龙"、"望女成凤"成为普遍现象,"升学主义"倾向明显,家长们没有从思想观念上真正认识、理解教育对社会发展和个人进步的重要意义。

片面追求学历的人才观,扭曲了人才多元化、多层次的良性格局,影响了人们的教育观念,并成为"应试教育"的驱动力。对于社会举办的各种拓展训练、科技参观等活动,家长们不予以支持,不让孩子自由发展兴趣和爱好,他们希望自己的孩子"两耳不闻窗外事,一心只读圣贤书"。对子女的思想和心理问题,一些家长很少关心过问。在家长这种成才观念的驱使下,一些孩子即使考上大学,也成为高分低能、不能适应未来社会需要的人。"应试教育"积重难返和素质教育难以推进的根本原因,就是不当的人才观在作祟。不改变对学历的盲目崇拜和片面的人才观、失衡的用人观,素质教育的目标就难以实现。

(二)家长的名校情结

名校情结是由社会转轨的大环境造成的,我国目前既不是成熟的市场经济,又不是计划经济,而是处于二者的转轨之中。受计划经济影响,很多家长对市场经济较为排斥。同时,一方面因为自己没能读名校而产生补偿心理,另一方面认为读名校就会有好的出路。他们心中的名牌大学,已不再是一所学校本身,而升华成"成功"的代名词。1999年高校大扩招之后,家长的名校情结愈演愈烈。这几年还形成新的"独木桥":从幼儿园开始就唯"名"是从,名幼儿园、名小学、名中学,直到名牌大学。名校情结的加剧,是因为教育资源的不均衡分配,导致某些院校占有的资源越来越多。从投资角度看,读名校的费用并不比普通学校高,人们自然更愿意子女读名校,这样至少可以用同样多的钱获得更好的教育。近年来,由于城乡差距、地区差距以及地区内校际教育资源的差别引发的"择校热"愈演愈烈,政府年年禁、学校年年收、家长年年交,也已经是公开的秘密和游戏"潜规则"。只是政府还是那个政府,学校还是那个学校,只有"家长"是一年一批新人,前赴后继地继续着这场无奈的游戏。现在很多家长,为了让孩子受到良好的教育,不让孩子输在起跑线上,排着队,不惜重金选择好的学校,上好学校,花高价也心甘情愿,"好东西卖高价"也符合市场规则,这一切看起来都"合情合理"。尽管许多人都痛斥"择校热",可是面对好学校与差学校存在明显差距的现实,家长们仍然利用关系或者金钱千方百计把孩子送进名校。政府也指出,学校凡未公示的收费项目,家长有权拒交。但对于千方百计想给孩子找个好学校的家长们来说,交还上不了,他们敢拒交吗?作为在这场博弈中绝对处于弱势地位的家长们,唯一能做的就是节衣缩食,努力拿出尽可能多的"赞助费"来,把孩子送进尽可能好的学校。孩子上不了好小学,就难上重点中学,紧接着也就难上名牌大学,上不了名牌大学,就找不到好工作——这是家长们在竞争激烈的社会现实中得出的结论。

(三)农村落后的教育文化观念

农民的教育文化观念是一种相对独立、兼有自觉与非自觉性质的价值观念,它反映了广大农民对教育和文化的整体认识、态度,具有群众性、区域性、稳定性、变异性的特点。社会的巨大变迁产生了迫切的教育需求,广大农民一改过去轻视甚至无视教育的态度,开始认同教育在人生发展中的重要作用。尽管如此,农民的教育文化观念并非已经非常合理了。现实情形是,农民仅仅形成了对教育的宽泛认识,他们对农村各种性质、各种层次教育的态度与反应并不以国家和政府的办学意志为转移。农民是从自身需要出发去选择教育的方式和途径,是凭借体验和观察去褒扬这种教育或是贬损那种教育。这种认识问题的方式在很大程度上影响农民对教育作出正确的价值判断。

1. 传统的性别歧视

实现学校教育中的性别平等是一个全球性问题。在我国广大农村,由于受传统"重男轻女"观念的影响以及在父系社会余风的作用下,对子女的教育存在严重的"重男轻女"现象。大多数农村家长认为女儿长大了是要嫁人的,供女儿读书不划算。另外受"女子无才便是德"、"读得好不如嫁得好"这些陈腐观念的影响,农村家长普遍认为女儿只要能识字,会算账就行了,不必读很多的书。在这种思想支配下,农村失学儿童中女孩所占比例远远高于男孩。女生一般只读到小学毕业,到了高中,许多班级几乎是清一色的"男生"。再加上因家庭经济条件困难,一些父母往往会选择牺牲女童受教育权利以确保男童上学,这就造成女童整体上入学率低、辍学率高、完学率低、文盲率高,女童更容易被剥夺受教育权利,在贫困落后的农村地区,这些现象更为突出。加之目前社会上确实存在男女在就业、政治领域、社会权益方面的不平等,这就使得大部分家长更多地把希望寄托在男孩身上。这明显不利于女孩接受文化教育,也导致与男童相比,女童更缺乏自信。

2. 对教育功能的误解

新时代的"大教育观"认为,教育的基本功能是培养每个受教育者在一个复杂社会中有效生活的能力。教育的主要作用在于提高全体学生的素质,教育具有传递和改良文化、育人的功能。而农村人读书大体有三种追求:一是升大学,改变农民身份;二是掌握些文化知识,以适应生活之需;三是学得一技之长,作为谋生的手段。由于农村教育条件差、质量低,加上费用高,上大学之路在农民中很难行得通;农民的劳动技能,一般是在劳动过程中获得的,读书的作用甚微;读书可获得一点基本的文化知识,这大概是农村教育给农村人最主要的帮助了。因为现在多读书、少读书的区别不明显,多读书带来的好处表现不突出。在现有体制下,在学校读了十几年书后,再回家务农,那些知识是没有多大用处的;如果外出务工的话,是一名小学生还是一名初中生,对工作没有什么影响。因为在务工前,任何厂矿或单位都要进行岗前培训。甚至现在有些先去务工的小学生、初中生还成为刚来工作的高中生、大学生的技术指导或师傅。当前农村带有鲜明时代印记的"新读书无用论"思潮的兴起也是农民对教育功能误解的反映。"读书无用"的思想,一方面源于中国农村落后的生产力水平,另一方面源于现在读了书以后还有找不到工作或找不到好工作的风险。这种风险更是他们短时间内难以承受的。以前在农民观念中,考上大学就拥有了非农户口,毕业时国家包分配,捧到铁饭碗,吃一辈子国家饭,一劳永逸。农村以及贫困地区都将上大学视为"鲤鱼跃龙门"的捷径。但自90年代中期以来,市场机制被引入大学生就业体系,大学生就业实行以自主择业为主、双向选择的机制。如果市场机制真能在大学生就业中发挥主导作用,对农民子弟也没有什么不公平的。但现在的问题是,在市场机制发挥作用的同时,人际关系也在其中发挥着重要作用,再加上毕业生的大量增加,使得就业形势愈来愈严峻,农民子弟大学生中许多人毕业时找不到工作,面临着"毕业即失业"的尴尬境地,即使找到工作,也往往是一些规模小、效益差、福利少、抗风险能力弱的单位,处于不稳定状态,很有可能被抛入失业大军中。于是,便有许多适龄儿童的父母发出"识文断字有什么用,还不是一样回乡种地"的感叹。在农民眼里,大学生失去了原有的光环,大学也不再是令人神往的殿堂。"读书无用论"的思想是社会的一个毒瘤,危害着农村教育的发展,也制约着教育公正的实现。

3. 家庭教育心理的变化

在中国广大农村地区,家庭教育心理正发生着变化,而导致这种变化的原因主要有四个方面:一是国家的高中、大学教育收费标准和就业体制扼杀了农民受教育的想法,断了农民的念头,让农民对上学没了盼头。现在的高中、大学收费,动辄就是几千元,甚至几万元。既然高中、大学时都上不起,还不如早点另谋他路。子女读书好,父母不再感到自豪和欣慰,而代之以忧愁和无奈。在农村,很多家庭因子女读书而"倾家荡产",甚至很多人认为供子女读书,尤其是读大学"比超生罚款还厉害"。二是就业的压力。现在的大学生毕业后要找一个较为理想的工作,也是比较困难的。当然,这是和个人的自身素质密切联系的。可是在农村群众眼中,奋斗了十几年,若是没有一个所谓的稳定工作,就觉得不值。因为十多年的教育投入,确实不是一个小数目。因此,那些贫困的、无钱投入的农民不得不思考这一问题。三是现在社会上中下阶层的一些言论,给学龄孩子以误导。如有些家长是工人、教师或一般小职员,他们常会对自己的付出与收入不成比例进行抱怨,甚至觉得自己还不如一些小学或初中都没有毕业的打工者。尽管有些确实是实情,但这也让孩子感觉:读书没有什么用处。于是无心读书。四是由于农村乡镇企业的发展,农村青年的非农就业门路较广,非农收入期望较高,这就增加了大学教育的机会成本。农村家长这种错误的教育心理还会一代一代传播下去,导致农村子女的受教育权直接或间接地被剥夺。

4. 法律意识淡薄

不可否认,我国政府对教育十分重视并使教育逐步走上法制化轨道。从立法的角度来看,目前已经初步形成较完备的教育法律体系。但是"徒法不能自行",如果人们没有正确的法律意识和法律观念,法律法规就会成为一纸空文,发挥不了应有的作用。现实生活中,由于文化背景的影响,农民法律意识淡薄,农民不知法、不懂法、不守法,他们并没有认识到,适龄儿童的受教育权,是国家规定的权利,是公民的基本人权,是必须得以实现的。因而,对于"送子女上学"的国家法令,他们并不认真执行,而是让学龄儿童失学、辍学、在家承担沉重的家务或外出打工挣钱。且他们认为送不送孩子上学是个体行为,不读书、不识字并不影响他人,没有必要强制适龄儿童上学,而他们的这些违法行为又常常得不到应有的法律制裁。此外,对于国家的一些政策法规,农民也不知晓,如贫困大学生作为社会弱势群体可以得到来自国家、社会和学校的各种资助(包括奖学金、助学贷款、勤工俭学机会、学费减免、困难补助等),国家已基本形成针对贫困大学生的救助体系,但因农民们对这些情况知之甚少,他们子女的受教育权因而难以实现。

强国先强教。教育是国计,也是民生;教育是今天,更是明天。大力发展教育事业,是全面建成小康社会、加快推进社主义现代化、实现中华民族伟大复兴的必由之路。与此同时，教育是一项复杂的系统工程，在一个拥有 13 亿人口的大国，推进教育事业改革和发展是一项长期而艰巨的任务。《国家中长期教育改革和发展规划纲要（2010～2020 年）》的制定和实施只是一个新的起点，办让人民满意的教育仍任重而道远。全党全国人民要积极行动起来，坚持育人为本，以改革创新为动力，以促进公平为重点，以提高质量为核心，推动教育事业在新的历史起点上科学发展，加快从教育大国向教育强国、从人力资源大国向人力资源强国迈进，为中华民族伟大复兴和人类文明进步做出更大贡献。

第十章
实现教育公正的思考

把教育摆在优先发展的战略地位,是我国现代化建设需要长期坚持的方针。教育是国家发展的基石,教育公平是社会公平的基石,是和谐社会的重要内容和基础,是教育现代化的基本价值取向。新中国成立特别是改革开放以来,我国教育事业取得巨大成就。教育的发展极大地提高了全民族素质,为经济发展、社会进步和民生改善做出了重大贡献。与此同时,我们也应看到当前教育还不完全适应经济社会发展和人民群众接受良好教育的要求,教育公平仍屡屡拨动人们的心弦,诉说着人们真诚向往平等的发展愿望。在全面深化改革的语境中追求社会公平正义,不仅需要价值共识的弘扬,而且需要利益格局的调整、制度文明的建设。十八大提出"逐步建立以权利公平、机会公平、规则公平为主要内容的社会公平保障体系",十八届三中全会强调"紧紧围绕更好保障和改善民生、促进社会公平正义,深化社会体制改革",这是全面深化改革的重要目标,更是社会主义核心价值观的内在要求,也是实现教育公平的有力保障。

一、树立教育公正理念

教育理念是对教育思想家乃至整个民族长期蕴蓄而形成的教育价值取向的反映、体现和追求,是关于教育发展的一种理想性、精神性、持续性和相对稳定性的范型,具有导向性、前瞻性、规范性的特征。教育理念不是教育现实,但源于对教育现实的思考,是教育主体对教育现实的自觉反映。教育理念之于教育实践,具有引导定向的意义。要促进教育公平,办好人民满意的教育,必须创新教育理念,把教育公平作为教育改革的出发点和目标,抓好教育机会、教育过程和教育结果的公平。

(一)全面贯彻"以人为本"的理念

21世纪的今天,社会已经由重视科学技术为主的时代发展到以人为本的时代,教育作为培养和造就社会需要的合格人才以促进社会发展和完善的崇高事业,自然应当全面体现以人为本的时代精神。坚持"以人为本"的教育理念,就是要把重视人、理解人、尊重人、爱护人,提升和发展人的精神贯穿教育教学的全过程、全方位,要更关注人的现实需要和未来发展,更注重开发、挖掘人自身的禀赋和潜能,更重视人自身的价值,并致力于培养人的自尊、自信、自爱、自立、自强意识,不断提升人们的精神文化品位和生活质量,从而不断提高人的生存和发展能力,促进人自身的发展与完善。鉴于此,要牢固树立教育是公益性事业的观念,为促进教育公平提供观念指导。一段时期以来,市场竞争的某些机制不可避免地对教育领域产生影响,以单纯的经济观点看待教育事业,忽视教育的社会效益,教育产业化的错误认识就是这种影响的突出反映。鼓吹教育产业化的直接后果,一是明显减缓了政府对教育的投入,削弱或推卸了政府在教育中的重大责任;二是严重干扰了正常的招生秩序,人为造成不同群体之间接受教育的机会出现明显差距,使得义务教育划片招生、普通高中在县域内招生的政策得不到有效实施,相反以缴费为主要手段的"择校生"现象愈演愈烈,妨害了基础教育的均衡、健康发展;三是导致教育的社会形象和公信力受到损害。这显然违背了教育特别是基础教育的公益性、平等性原则。要推动教育事业快速、健康发展,适当发展教育产业是必要的,但绝不能把国民教育的希望寄托在产业化上面,而必须牢固树立教育是崇高的社会公益事业的思想观念,并以此为教育特别是基础教育的一项基本原则。

(二)全面实施"素质教育"理念

让每个孩子都得到全面发展,历来是党和国家教育方针的核心内容。但由于功利主义应试教育倾向的影响,现在的学校教育,特别是初中教育和高中教育,在不少地方日益严重地偏离党和国家的教育方针,常常是"考什么就教什么,怎么考就怎么教"。在这种教育下,孩子的发展是片面的,是不适应社会发展对人的教育需求的。

素质教育是面向全体学生的全面教育、差异教育、成功教育,其与当下的应试教育的区别体现在,其本质是最大限度地满足学生个性发展的需要,扬弃传统教育重视知识的传授与吸纳的教育思想、方法,更加注重教育过程中知识向能力转化的工作及其内化为人们的良好素质,强调知识、能力与素质在人才整体结构中的相互作用、辩证统一与和谐发展。近年来,教育公平问题越来越成为社会关注的重大问题。其实,教育公平不仅是指教育机会的公平,而且是指广大人民群众子女所享受的教育条件、教育质量的公平。其中,教育质量的公平是最重要的教育公平。事实上,随着我国各个阶段教育普及程度的不断提高,教育发展的重心正日益从数量扩张转向质量提高。从这个意义上讲,实施素质教育才是最大的教育公平。素质教育就是要改变传统教育重知识传递、轻实践能力、重考试分数、轻综合素质等弊端,更加强调学生实践能力的锻造,全面素质的培养和训练,主张能力与素质是比知识更重要、更稳定、更持久的要素,把学生综合素质的培养与提高作为教育教学的中心工作来抓,以帮助学生学会学习和强化学生素质为基本的教育目标,全面开发学生的诸多素质潜能,使知识、能力、素质和谐发展,提高人的整体发展水准,这是人民满意的教育题中应有之义,是教育质量公平的起点。

(三) 全面推广"有教无类"理念

"有教无类"是孔子在两千多年前提出来的,其本义是无分贵族与平民,不分国界与华夷,只要有心向学,都可以入学受教。孔子招收弟子,一向不分贵贱贫富,不分年龄长幼,不分地域种族,只要能"自行束脩",就"来者不拒"。当然,对于"有教无类"的含义,不同时期有不同的解释。古今学者对"有教无类"的解释大体相似,一种解释是人无论出身贵贱,都可以接受教育。还有一种解释是人无论品行善恶,都能够进行教育。从《论语》、《史记》以及其他典籍中关于孔子教学活动的记载来看,这两种解释都是能够成立的。"有教无类"用现在的话说就是教育面前人人平等,每个人都有接受教育的权利。

孔子"有教无类"思想的理论基础是其"性相近也,习相远也"的人性论。"性相近"说明人皆有成才成德的可能性,而"习相远"又说明实施教育的重要性。正是基于对"人皆可以通过教育成才成德"的认识,孔子才作出"有教无类"的决断。"有教无类"思想的实施,扩大了教育的社会基础和人才来源,对于全体社会成员素质的提高无疑起到积极的推动作用。因此,孔子"有教无类"的思想在教育发展史上具有划时代意义,这个教育公平理念形成了我国古代朴素的教育机会均等论。后世的众多教育家如颜元、蔡元培和陶行知等接受这一理念并将之发扬光大,使这一思想成为中国传统教育思想中的经典理念。

"有教无类"作为孔子的教育宗旨,具有极其丰富的内涵,其中有许多思想与现代教育公平的理论相一致。这一思想摒弃门户之见,没有贵贱之分,没有地域歧视,直到今天仍然有它的进步性。在新世纪新形势下,重新理解并继承和发展孔子的这一思想对于解决当前我国的教育公平问题具有重大的指导意义。目前,党和政府已经阶段性地实现了"有教无类"倡导的教育公平目标,并重新理解、积极实践"有教无类"的教育思想,以推进我国教育公平的实现,这对我国各项事业的发展将起到巨大的支持和推动作用。

(四)全面推行"因材施教"理念

育人为本是教育工作的根本要求,促进学生健康成长是学校工作的出发点和落脚点,如何为每个学生创造适合的教育是学校和教师必须思考、解决的首要问题。在教育中不讲差异、不重视发展学生的个性、不重视因材施教是教育公平实现过程中的最大障碍。学校在教育教学中,不但要注重群体、整体的发展,而且应关注学生的个体差异,把学生当成一个个鲜活的生命个体,给他们以相对自由的个性发展空间,"因人而异,因材施教"。

"因材施教"是朱熹在对孔子的教学经验进行概括后提出来的,孔子是当之无愧的、最早实行"因材施教"教育原则的教育家。"因材施教"就是要尊重学生的个性差异,丰富的个性发展是创造精神与创新能力的源泉。现代社会是一个需要大批具有丰富而鲜明个性的人才来支撑,因此它催生出个性化教育理念,即强调尊重个性,正视个性差异,张扬个性,鼓励个性发展,它允许学生发展的不同,主张针对不同的个性特点采用不同的教育方法和评估标准,为每一个学生的个性充分发展创造条件。它把培养完善个性的理念渗透到教育教学的各个要素与环节中,从而对学生的身心素质特别是人格素质产生深刻而持久的影响。因材施教在现代社会可以赋予其更广泛而深刻的内涵:一是"因性别而教"。男女在生理、心理上的确存在差异,教师应看到男女生各自的优势,因势利导,帮助他们分别保持和发展各自的优势,共同进步。二是"因年龄而教"。根据皮亚杰的认知发展四阶段说,各年龄阶段都各有其特征,因此对不同年龄阶段的儿童,教师要因年龄特征而教。三是"因能力差异而教"。学生的能力有大有小,基本上呈两头小、中间大分布;能力的充分发挥也有早有晚,有人早熟也有大器晚成;能力结构也有差异,有的长于想象,有的长于记忆,等等。故我们应因学生能力的个体差异而教。四是与"因教而学"、"因材择学"相辅相成,共同促进学生的全面发展。在教学过程中,教师的讲授活动和学生的学习活动存在一个相互适应问题。师"因材施教",生也应"因教而学",择其善者从之,不善者改之;还应允许学生"因材择学",根据自己的能力、兴趣等情况自由发展。三者结合,既重视教师的"教",又重视学生的"学",使教与学达到和谐统一。五是"因性格施教",每个人有不同的性格,很多学生学习不好往往是由性格造成的,而且不同性格的人对于学习的方式和内容的敏感度也不一样。

(五)全面倡导"多样化"理念

现代社会是一个日益多样化的社会,随着社会结构的高度分化,社会生活的日益复杂和多变,以及人们价值取向的多元化,教育也呈现出多样化发展的态势。这首先表现在教育需求多样化,为适应经济社会发展的要求,人才的规格、标准必然要求多样化。其次表现在办学主体多样化、教育目标多样化、管理体制多样化,如根据《国家中长期教育改革和发展规划纲要(2010～2020年)》,民办教育将成为我国教育事业发展的重要增长点和促进教育改革的重要力量。再次表现在灵活多样的教育形式、教育手段,以及衡量教育、人才质量的标准多样化。这些都为教育教学过程的设计与管理提出了更高的要求,它要求根据不同层次、不同类型、不同管理体制的教育机构与部门进行柔性设计与管理,它更推崇符合教育教学实践的弹性教学与弹性管理模式,主张为教育事业的发展提供更加宽松的社会政策法规体系与舆论氛围,以促进教育事业的繁荣与发展。在促进教育公平的过程中,不能将注意力仅仅放在机会和条件上,而要重视使个体获得适宜的发展,这就要求我们一定要依据学生的多样化个性和社会对人才的多样化需求,设立多样化教育和发展目标,提供多样化课程,让学生自主选择。

二、促进教育投入公正

教育投入是支撑国家长远发展的基础性、战略性投资,是教育事业发展的物质基础,是公共财政的重要职能。大国是在竞争中崛起的,而取得竞争优势的唯一捷径就是提升国民素质,培养大量人才。因此,世界各国都非常重视教育投入。教育经费是教育事业的血液,是教育改革和发展的前提,是教育事业得以生存和发展的重要条件,是实现教育公平的基础。任何一个大国的崛起都需要有足够的教育投入作支撑。

(一)强化政府在教育投入上的责任

美国经济学家弗里德曼教授曾经说过,提供公共产品是政府的四大职能之一。义务教育是纯公共产品,非义务教育(特别是高等教育)是半公共产品或准公共产品,都是应该完全由(如前者)或多半由(如后者)政府提供的。教育这个公共产品的受益者虽然主要是个人,但直接关系民族素质和国家命运,关系和谐社会的建设。因此不管政府是否愿意,政府都应该是提供教育这个公共产品的主体,谁也不能代替政府,谁也代替不了政府。否则,政府就是失职,就是"缺位"。政府应树立"第一责任人"意识,目前中央要下大决心压缩其他开支,确保国家财政性教育支出占GDP的比重达到4%。各地政府则要严格按照《中华人民共和国教育法》第五十五条规定,教育投入要做到"三个增长":即各级政府教育财政拨款的增长要高于同级财政经常性收入的增长,在校学生人均教育经费逐步增长,教师工资和学生人均公用经费逐步增长。2011年《国务院关于进一步加大财政教育投入的意见》明确提出:严格落实教育经费法定增长要求,保证财政教育支出增长幅度明显高于财政经常性收入增长幅度,提高教育支出占公共财政支出的比重,提高预算内基建投资用于教育的比重。当然,与此同时,相关部门要加强和完善对同级政府落实教育经费"三个增长"的法律监督,真正保证教育公平的实现。同时,建立规范的义务教育财政专项转移支付制度,尽量弥补各地因财力不同而导致的义务教育经费投入差异,推动义务教育均衡发展。此外,要让教育经费真正有效有用,还要在拨款模式上有所思考。在发达国家,通常有国家教育拨款委员会和地方教育拨款委员会,负责拟订教育拨款预算,并监督政府部门依照预算拨款。按照这种拨款机制,政府如果不履行拨款责任,就是失责。且这种拨款机制也理顺了政府与学校的关系,避免政府部门因掌握财权,而干涉学校的办学自主权。

(二)切实提高经费的使用效益

近些年,政府对教育的投入增加较快,将来教育投入必定进一步增加。但是必须保证每一分教育经费都花在刀刃上,即经费使用要突出重点,经费运用要透明化,以提高教育投入的绩效和使用效益。2012年3月5日,温家宝总理在作政府工作报告时提出,2012年中央财政已按全国财政性教育经费支出占国内生产总值的4%编制预算,地方财政也要作出相应安排,确保实现这一目标,并同时提出,要提高教育经费的使用效益。如同样是十万块钱,拨给一所城市中学,可能只是"毛毛雨",没有任何效果,但如果拨给一所农村中学,那里的办学条件就可以有一个飞跃式提高。加大教育经费向农村倾斜、向普通中小学倾斜的力度,确保经费利用效率大大提高。

提高教育经费的使用效益,可以尝试在全国范围内实行"教育券制度"。"教育券制度"由经济学家、诺贝尔奖得主弗里德曼在20世纪60年代提出。内容非常简单:政府把资助教育的费用,以有价证券(即教育券)的形式,直接发到学生家长手上,再由家长自主选择学校。家长选定学校后,把教育券当作部分或全部学费交给学校,学校回头再凭教育券向政府兑换金钱。弗里德曼教授的"教育券制度"构想在经济学界被誉为"神来之笔"。因为这一制度能最大化地利用教育经费,具体来说有两大作用:一是有效。引入教育券制度,学校和教师就必须直接面对学生、争取学生、向家长交代。这样,即使教育经费不增加,教育质量也必定大大改善。二是公平。教育经费的划拨一向很不均匀,能就读好学校的学生,享受了大部分教育经费;而在教育券制度下,即使地处边远的穷学生,仍能足额领取并支配政府按计划给他们的教育资助。在中国,教育券曾在浙江省长兴县得到局部试验。当然,推行教育券面临诸多阻力,在全国范围内推行教育券还存在困难,可考虑首先在农村实行教育券制度。

另外,由于体制的不完善、基本建设缺乏整体规划和长远考虑、部分资源闲置等,造成目前资金使用中浪费现象比较严重。为避免这种不必要的浪费,提高教育经费的使用效率,一是要转变观念,提高管理效益,强化经济责任制。管理就是效益,管理就是决策。二是要加强财务内部管理与监督,确定资金管理、使用质量目标责任制,使财务人员职责明确,权限清楚。三是资金使用要突出重点,以重点使用促进效率的提高。如学校是教学和科研的基地,应是资金使用的重点。四是加强预算外资金的管理,预算外资金具有较大的自主权和灵活性,学校应统一管理,使用要有标准,不要形成"体制外循环"。

(三)合理调整教育投资结构

教育投资结构是指投入到教育上的人力、物力和财力在各级各类教育间和具体使用项目间的分配比重以及投资供方的份额构成。教育投资结构大体可分为以下三个方面:一是分配结构。指教育投资在各级各类教育间的分配比重,大体上可反映一个国家教育事业发展的基本方向。如学前教育、初等教育、中等教育和高等教育之间的投资比重,普通教育和职业技术教育之间的投资比重,正规教育和非正规教育之间的投资比重等。二是用途结构。指教育投资在具体项目间的分配比重,大体上可反映一个国家教育事业的基本水准。如教育事业费与教育基建费的比重、人员经费与公用经费的比重等。三是承担结构。指投资供方的组成状况及其份额构成,可从一定程度上反映一个国家教育发展潜力之大小。如国家、社会集团和个人的投资比重等。目前不仅存在教育投资总量不足的矛盾,而且教育投资结构也不尽合理。如教育财政投入仍以专项经费为主,专项经费以硬件投入为主,这使得学校的质量提升和内涵发展受到制约;对职业教育和终身教育的财政资金投入相对不足。

因此,要改善不合理的教育投资分配结构,实现教育投资的合理配置。教育经费投入应做到"存量保运行,增量促改革","基础教育重均衡、职业教育重技能、高等教育重质量","公办民办齐举、高职普成并重"。应发挥财政资金的导向作用,鼓励引导基础教育阶段的学校将更多的教育经费用于加强学校软件建设,推进素质教育;较大幅度提高高校生均公用经费标准,保障有更多的经费投入学科建设和教学基本建设,实现硬件建设和软件建设资金统筹使用;引导职业院校改革人才培养模式,提高人才培养质量;探索实行跨年度教育经费预算制度,完善年度教育经费结转制度。

(四)积极推进教育投资多元化

1995年颁布的《中华人民共和国教育法》第五十三条规定:国家建立以财政拨款为主、其他多种渠道筹措教育经费为辅的体制,逐步增加对教育的投入,保证国家举办的学校教育经费的稳定来源。①在保证政府作为教育投入主体的同时,可以通过制度创新、政策调整开放教育,吸引和促进社会资源向教育流动,大力推进教育投资多元化,满足教育快速增长对教育经费的需求。

温家宝总理曾指出:"赞同教育资金来源多样化。"按照教育的不同阶段、不同层次,实现教育资金来源和教育投资主体的多元化。这样,既有利于筹集和增加教育投入,调动全社会力量加快教育发展,又有利于解决教育资源配置不合理、教育需求旺盛与供给不足的尖锐矛盾。近年来,我国教育投入逐步走向多元化,政府、家庭、民间资本三方投入的局面正在形成。政府投入仍然是主角,但家庭投入和民间资本投入的比重上升很快,已经在社会教育成本分担中扮演了重要角色。至于政府、家庭、社会在总教育成本中分别承担多少才合理,与学校的性质有关。政府投入的首要任务是确保九年制义务教育、特别是农村义务教育的需要。对于义务教育办学经常性经费——含工资、公用经费、设施运行与维护费用、学校建设与发展费用四大块,应进入各级政府的财政预算。而对于非义务教育,政府投入应逐步退居次要位置,政府可以通过出台新的鼓励性政策,鼓励企业、私人投资教育,扶持和鼓励发展民办教育对现有公立学校实行股份制改造吸引民间资本进入,以解决目前教育供求紧张的矛盾。当然,无论是政府投入还是家庭、社会投入,都需要进一步规范,在数额、标准、使用程序方面加强法律和制度约束。

对于学校而言,还可充分利用每一所学校自身的专业特长和设备、设施为当地经济建设有偿服务,充分发挥学校现有服务性部门的功能,如食堂、印刷中心等,除为学校教学服务外,还可扩展自身业务,从而为学校建设筹措一定的资金。

---

① 李万峰、汪彤:《"十一五"规划与教育投资主体多元化》,载《山西财经大学学报(高等教育版)》,2006年第4期,第52页。

三、公正配置教育资源

促进教育资源配置的合理化、均衡化,以尽可能少的"投入"获得尽可能多的"产出",取得更好的办学效益,为社会作更多的贡献。在配置教育资源时要遵循平等的原则、对等的原则和补差的原则,努力做到"两个确保",即确保任何时候国家对义务教育的投入都要高于对非义务教育的投入,确保任何时候国家对基础教育的投入都要高于对高等教育的投入。

(一)均衡配置区域之间和区域内教育资源

区域教育资源配置主要指教育资源在不同区域的分配,包括数量和质量两个方面,这里的区域主要指大地区的划分,即东部、中部、西部三大地区。总体来看,在我国现有教育资源总量有限的情况下,我国区域间教育资源不均衡情况在加剧,东部地区集中了主要的教育资源,西部地区的教育状况有待改善,中部地区教育资源总量在全国的比重呈不断下滑趋势。区域内教育资源不均衡主要表现在同一地区的不同学校占有资源存在巨大差异。如很多地方名校的"名牌效应"依然存在,当前愈演愈烈的"择校热",就是区域内教育资源配置不合理的直接反映,教育资源既是稀缺的,又是有潜力可挖的,关键是采取什么样的资源配置方式。

一是要建立与社会主义市场经济体制相适应的教育资源配置方式。就社会资源的配置来说,它是一个社会怎样以一定的资源来满足各种各样社会需求的问题。由于社会资源是稀缺的,就需要对社会资源的配置作出最佳"搭配",以取得最好的效益。教育资源是社会资源的一部分,其配置方式必然要与社会资源相协调。在建立社会主义市场经济体制过程中,教育资源的各个要素,如人才的流动、教育经费、教师的工资待遇等都要遵循市场经济规律,充分发挥市场在教育资源配置中的基础性引导作用,保证教育资源配置的顺利进行。当然,我们也要清醒地认识到,教育毕竟不能等同于一般经济活动,教育的发展应遵循自己的规律,考虑"市场缺陷"可能带来的诸多问题,政府仍应充分发挥其调控作用。

二是充分发挥社会公众监督机制在资源配置中的监督作用。社会公众监督包括新闻媒体、社会团体和社会民众等的监督,随着社会利益多元化格局的形成,社会的公平正义日益引起人们的广泛关注,而教育被认为是保持社会公平正义的稳定器。一方面,随着我国公民社会的不断成熟,社会公众要强化监督意识,自觉进行监督,不断完善社会公众监督机制。另一方面,政府有关部门也应更新观念,提高服务意识,将接受社会公众监督作为政府活动的一部分。

(二)强化人力资源的优化配置

教育资源中的人力资源主要指的是教师资源,教师是教育的第一资源,教师队伍的素质决定教育质量。目前我国教师资源长期处于低效配置状况,要改变这一状况,必须以"三个统筹"为指导:即统筹城市和农村、统筹数量和质量、统筹当前和长远,以加强农村和贫困地区教师队伍建设为重点,科学规划、合理布局,促进教师资源合理配置。

1. 加强教师的师德师风建设

各地各校要将师德表现作为教师考核、聘任(聘用)和评价的首要内容,采取综合措施,建立长效机制,切实加强教师职业理想和职业道德教育,从而增强广大教师教书育人的责任感和使命感,促使教师更好地尊重学生的人格和受教育的平等权利,帮助教师公正合理地评价学生和对学生进行教育。

2. 稳步提高教师地位及待遇

工资差别造成教师的流动,教师的不均衡又造成教育质量的巨大差异。政府应采取有力措施,促进师资的均衡,从而更好地实现教育均衡。要研究制定优惠政策,不断改善教师的工作、学习和生活条件,关心教师身心健康,落实和完善教师医疗养老等社会保障政策。落实教师绩效工资,依法保证教师平均工资水平不低于或者高于国家公务员的平均工资水平并逐步提高。对于长期在农村基层和艰苦边远地区工作的教师,在工资、职务(职称)等方面实行倾斜政策,完善津贴补贴标准。

3. 建立和完善教师培训机制

对现有教师加大培训力度,建立培训的专门渠道,组织教师到优质学校学习进修,促进教师专业成长,提高教师教学水平和职业素养。要大量吸收优秀高校毕业生进入教师队伍,使整个教师队伍的知识层次和学历水平有明显提高。要创新教师补充和退出机制,把好入口关,制定教师资格标准,进行资格考试,建立资格定期认证制度,对不符合条件的要进行调整。

4. 确保师资双向流动

"择校"实质上是"择师"。要加强教师资源的统筹管理和合理配置,有条件的地区和学校要逐步建立教师定期交流的制度。加大城镇学校教师对口支援农村学校、优质学校教师对口支援薄弱学校的力度,让优秀教师真正流动到新建学校和薄弱学校,在学习培训、职称评聘、工资津贴等方面政策应向这些老师倾斜,如要求城镇中小学教师评聘高级职务(职称),必须有在农村或薄弱学校任教的经历。

(三)促进优质教育资源共享

随着教育均衡发展理念的提出,优质资源建设和共享得到持续关注。但优质教育资源始终是相对稀缺的,应通过共享扩大其辐射面,发挥其最大效能。近年来,全国许多名校积极探索,借助录播系统等设备,通过手拉手、异地帮扶、基础教育资源共建共享等措施,让优质教育资源走出名校围墙。如浙江的集团化办学、广东的"千校扶千校",都是实现优质资源共享的积极探索。

1. 利用远程教育手段实现教育资源共享

远程教育可以超越时空限制,把最优秀的、丰富的教育教学资源送到偏远地区,实现教育资源共享,为全体公民提供平等的受教育或学习的机会。教育信息化是共享优质资源的最好载体,是推进义务教育均衡发展成本较低、便捷高效的途径,是实现基础教育公平的最佳突破口。要加快全民信息技术的普及和应用,尤其是把建设中小学现代远程教育平台作为重要抓手,打造遍及城乡、覆盖所有学校的信息基础设施和应用体系。同时,要提高教师应用信息技术的水平,更新教学观念,改进教学方法,提高教学效果。鼓励学生利用信息手段主动学习、自主学习,增强运用信息技术分析解决问题的能力。

2. 要建立优质教育资源库

要借助网络提高教育信息化的普及应用水平,促进优质资源远程共享,就必须要加强优质教育资源库的建设。目前国内主要的教学资源库服务提供平台——中国远程教育网提供的教学资源库主要由公共资源数据库、个人资源库、资源管理系统、资源查询系统、教师角色应用接口和学生角色应用接口六大部分构成。教学资源库建设平台是促进主动式、协作式、研究型、自主型学习,形成开放、高效的新型教学模式的重要途径,是示范性院校展示和推广本校教学改革成果的重要平台。教学资源库建设平台是以资源共建共享为目的,以创建精品资源和进行网络教学为核心,集资源分布式存储、资源管理、资源评价、知识管理为一体的资源管理平台。这一平台实现了资源的快速上传、检索、归档并将之运用到教学中,实现了资源的多级分布式存储、学校加盟共建等。要鼓励名校开放优质教学资源,建立开放灵活的教学资源公共服务平台。

3. 要充分引进优质教育资源

引进优质教育资源主要是指吸引境外知名学校、教育和科研机构以及企业,合作设立教育教学、实训、研究机构或项目。鼓励各级各类学校开展多种形式的国际交流与合作,办好若干所示范性中外合作学校和一批中外合作办学项目。探索多种方式引进国际优质数字化教学资源,吸引海外优秀留学人员回国服务,吸引更多的世界一流专家学者来华从事教学、科研和管理工作,有计划地引进海外高端人才和学术团队。

(四)切实提高教育资源的利用率

教育资源的利用率是人力资源、物力资源、财力资源,以及各种信息资源利用率的总称。从数学意义上衡量,它是教育成果与教育资源消耗的比值。在教育成果确定的情况下,教育资源消耗越大,效率越低,反之,则越高。消耗同样的教育资源,取得的成果越大,教育资源的利用率就越高,反之,则越低。长期以来,我们没有更多地分析和研究教育资源的利用率问题,教育资源利用率低下的状况一直在延续和发展,浪费现象严重。在我国整体教育资源仍比较有限的情况下,资源利用率低的问题不加以根治,将后患无穷。

政府作为教育投资的主体,一是要继续加大教育投入,为教育事业发展提供必要的保证条件。同时要采取强有力措施,保证教育机构依法筹措经费、独立支配人财物资源和选择最佳的教育数量结构开展教育活动,并享受由此获得的利益与承担由此带来的风险的权利。二是要加快学校布局调整的步伐,在教育领域,教育成本被作为学校规模的函数,我们应追求学校规模的适度。规模过小,资源得不到充分利用;规模过大,成本过高,就会出现不经济现象。因此在规划和建设学校时,把握适度原则显得极为重要。要根据对人口的预测,科学合理地制定本地的教育发展规划,包括校园校舍建设规划,因地制宜地搞好布局调整,实施教育资源的优化配置,避免结构性浪费。三是定期对学校的资源利用情况进行督导评估。教育督导部门对学校工作进行监督、检查、评估、指导时,要更深入地涉及教育资源利用率问题,把资源利用纳入教育评价的重要内容,制定一套科学的、具有可操作性的对学校教育资源利用情况进行评价的指标体系,从而准确把握教育资源利用情况,对存在的问题及时予以纠正,并定期向社会公布评估结果,接受各界监督,促进教育资源利用率低的问题尽快得到解决。建立起教育资源利用的奖惩机制,对资源利用率高的学校给予充分肯定,反之,则要进行相应处罚,从而使有限的教育资源发挥最大效益。四是要提高教育工作者的教育资源意识,使教育资源真正成为教育可持续发展的物质基础,保护教育的生态环境。

四、健全教育公正保障体系

教育是公益性事业,在公平与效率之间,我们首先要维护公平,使每个公民享有公平教育的机会和人人平等地享有公共教育资源是政府的责任。合理的制度可以促成教育公平,不合理的制度将会加大教育的不公平。由于各种历史和现实原因,目前我国教育制度中的不合理因素甚多,国家也一直非常重视教育制度的改革,先后采取了许多措施。教育公平的实现,有赖于制度保障和长效机制的建立。

(一)进一步加强和完善教育立法

现代教育的发展历程实际上是一部教育立法史。世界各国通过教育立法,既有效保障了教育机构的合法权益,又为教育发展确立了一套稳定的制度基础。教育在法律规范的作用下有条不紊地进行,法律在教育实践中发挥着越来越重要的作用。但相对于教育改革的迅速发展,我国的法规制度建设却相对滞后,导致一系列教育腐败问题滋生。促进教育公平,必须增强法律意识,坚持教育法治理念,建设"法治型"教育公平,切实做到依法治教,以法律为实现教育公平的坚强保障,树立教育部门的良好形象,办让人民真正满意的教育。当今世界教育发展最快也是规模最大的美国,为促进基础教育公平发展,在它颁布的《初等教育和中等教育法》以及随后的修订案中,明确规定政府对于家境贫困学生的补助,促进了初等教育的普及。

我国现行的教育法律法规,对有关教育公平的法律条款缺乏明确的临界设定，模糊、弹性用词比较多，从而使法律法规丧失其应有的行事原则和法律权威。我国要尽快补充和完善现行教育法律法规中有关教育公平的条款，建立健全教育法律法规体系，并赋予其直接的司法效力，形成尽可能公正、合理的社会关系结构或状态，实现教育公平。

一是教育关系法治化。教育关系是人们在教育活动中结成的以教育者和受教育者为主体、具有广泛社会参与性的一种普遍而又特殊的社会关系。教育关系法治化主要是通过法律建立国家基本的教育制度，确保每个公民享有受教育的权利，理顺教育权利关系，实现教育权利的公平并使权利主体正当运用教育权利。

二是教育行为法治化。教育行为是基于教育关系而出现的、围绕教育权利的获得和运用以及教育权利的获得和实现而展开的社会活动。教育行为法治化就是要求政府及有关部门严格依法行政，在法律所赋予的权限内履行相应职责，同时对其他教育关系主体教育行为的合法化进行监督，促使其依法正当地行使教育权。如通过立法形式确定对欠发达地区教育的经常性投资比例，使对欠发达地区教育的非均衡投资体制走上法制化轨道；对于教育领域中各类违法犯罪行为要坚决予以制裁和打击，对于教育收费不规范和乱收费现象要花大力气纠正。但也应该看到，现代教育不同于传统教育，教育活动的层次及范围在不断拓展，各种教育行为的背景复杂，其表现形式也呈现多样化。即使是教育法律制度框架范围内的教育行为（如教师批评学生的分寸、尺度，教师管理学生的时间及空间范围等）适用法律也比较困难，教育行为的法治之路可谓任重而道远。

三是教育发展法治化。教育发展的一个核心问题是教育优先发展，教育优先发展是把教育作为整个国家发展战略的一部分，从战略发展的高度，将其放到优先发展的战略地位。教育发展法治化就是要通过法律保障教育优先发展,依法改革和完善教育经费筹措体制,拓宽教育经费来源渠道,逐年增加教育拨款,加大教育投入,并能不断提高教师的待遇和社会地位,调动教师的教育热情,使教育优先发展不致成为空头支票,无从兑现,而是有法律依据的。

(二)进一步健全教育监督机制

纵观国际社会,发达国家教育法规的良好运行,同他们完善的监督机制有着密不可分的联系。教育工作健康发展必须有有效的教育监督支撑,建立科学有效的教育监督机制对学校贯彻教育方针、执行教育政策、提高办学效益有着重要意义。从目前的教育视导、教育督导和教育检查等教育监督现状看,虽然名目较多,监督部门较多,监督检查次数较多,但是形式主义多,实事求是少,片面评价多,中肯意见少,反馈内容多,接受改进少。而且我国的教育决策、监督和执行的权利不明晰,教育部门既是政策的制定者,也是政策执行的监督者;既是裁判员,又是运动员。这样,教育行政部门在发现问题时,往往会回避教育决策中存在的问题,这就不能客观反映教育执行中的一些根本性问题,进而不能真正解决教育执行中遇到的问题。为此,在完善教育方法的前提下,要进一步构建健全的教育监督机制:

一是建立相对独立的监督机构。监督部门与决策、执行部门必须保持相对独立,才能对教育执行和教育决策作出客观、公正的评价,才能正确"诊断"教育执行中的问题,从而实现既对学校的办学行为进行监督,又对各级政府和相关部门对学校的投入、支持进行监督;既对学校的办学作出一些强制性要求,又赋予学校一定的办学自主权,不会因为监督束缚了学校创新工作的手脚。

二是强化社会舆论监督。广泛接受外部监督,让人民群众充分行使知情权、参与权和监督权。通过广播、报刊、互联网等平台,营造公平的文化氛围,进一步弘扬公平、公正的教育发展理念。教育行政执法部门借助舆论树立执法权威,可进一步提高执法效率;舆论监督还可以引导全社会成员自觉形成公平正义的良好风尚。

三是强化内部监督,建立科学的教育监督内容框架。教育监督就是要督促学校把各级政府和教育部门的决策落实到位,目前的教育监督机制往往缺乏科学的质量评价体系,评价方式单一,不能形成正确的导向,教育决策不能落实到位。为此,要建立科学合理的教育监督内容框架:对学校的评价标准既要体现国家的要求,又要体现学生家长的愿望,还要满足教师成长、学校发展的要求;既要体现教育改革发展的方向,具有时代性和适度的超前性,又要有国际视野,还要立足于本国实际,具有较强的可操作性。

(三)进一步建立公正合理的考试招生制度

考试招生制度是国家基本的教育制度。考试是一种必要的人才选拔机制,平等竞争是考试制度的灵魂,为选拔和甄别人才提供有力的工具。义务教育阶段,国家规定实行免试、就近入学的原则。全面实施初中毕业生学业成绩与综合素质评价相结合的高中招生制度,逐步推广将示范性高中招生计划分配到初中学校的办法。我们应按照适龄儿童、少年的数量和学校分布情况,科学划定学校的服务范围,合理分配招生名额,通过规范升学入学,不给择校留机会。禁止公办学校开设"实验班"、"占坑班",杜绝以任何名义收取择校费,切断录取择校生与获得利益的联系。① 对于高等教育大众化阶段的高校招生制度而言,在多元化、公开透明高校招生的基础上,实施"阳光工程"是完成这一任务的重要手段。高校招生实施的"阳光工

---

① 《从怎么看到怎么办——理论热点面对面·2011》,《人民日报》,2011年8月22日。

程"的内涵有狭义和广义之分,狭义的内涵是指高校招生工作要接受社会各界的监督,招生工作要透明,凡不公平录取的人在"阳光"下将原形毕露。教育部制定了相关的政策,特别是实行了"六公平"、"六不准",各高校也纷纷制定相应的政策,加大了纪检监察部门监督的力度。广义的内涵是指高校招生要有法可依、有法必依。①

此外,我们可以借鉴国外的一些做法,将全国统一高考和高校"自主高考"结合起来。首先在全国实行统一的能力考试,各大高校可以规定一定的分数线,超过分数线的报考学生有资格参加大学的第二轮筛选;在此基础上,进行各大高校的自主招生考试,但自主命题必须采用全国统一命题的形式。这样两次考试都避免了目前分省命题体制的地域限制。目前中国大学也开始实行"自主招生",但是恰恰颠倒了次序,因没有任何事前筛选,高校自主招生必然不可能真正面向全国,而只能局限于本市重点中学的学生,面向全国招生的巨大考试成本,高校难以承受,因而这样的自主招生注定比高考更不公平。

2014年8月18日,习近平同志在主持中央全面深化改革领导小组第四次会议时指出:考试招生制度是国家基本教育制度。总体上看,我国考试招生制度符合国情,但也存在一些问题。必须通过深化改革,促进教育公平,提高人才选拔水平,以适应培养德、智、体、美全面发展的社会主义建设者和接班人的要求。深化考试招生制度改革,总的目标是形成分类考试、综合评价、多元录取的考试招生模式,健全促进公平、科学选才、监督有力的体制机制,构建沟通各级各类教育、认可多种学习成果的终身学习立交桥。考试招生制度改革要在充分论证搞好顶层设计的基础上,试点先行,分步实施,有序推进。

---

① 姚志友、闫相伟:《高校招生实施"阳光工程"与实现教育公平的思考》,载《太原城市职业技术学院学报》,2006年第6期,第95页。

(四)进一步建立和完善各种教育资助体系

教育资助体系建设是德政工程、民心工程、公平工程,它对促进教育公平发展,保证各民族孩子享有公平的基本教育机会,促进学生的全面发展,构建现代教育体系都有着重要作用。

1. 健全国家资助政策体系

各地根据学前教育普及程度和发展情况,逐步对农村家庭经济困难和城镇低保家庭子女接受学前教育予以资助。提高农村义务教育家庭经济困难的寄宿生的生活补助标准,改善中小学生营养状况。建立普通高中家庭经济困难学生国家资助制度。完善普通本科高校、高等职业学校和中等职业学校家庭经济困难学生资助政策体系。完善助学贷款体制机制,推进生源地信用助学贷款。建立健全研究生教育收费制度,完善资助政策,设立研究生国家奖学金。根据经济发展水平和财力状况,建立国家奖助学金标准动态调整机制。与此同时,要加强全面监督,通过监督保证资助政策落到实处、落到学生身上、落到困难家庭身上。

2. 加大宣传力度,进一步动员社会力量

促进教育公平是全社会的共同责任,在政府的主导下,还要充分调动社会力量推动教育改革发展的积极性,开拓社会资源进入教育的渠道,丰富社会力量兴教办学的形式,扩大人民群众对教育事业的参与度,把全社会的热情和力量都凝聚到促进教育公平、提高教育质量的重心上来。长期以来,在保证家庭经济困难学生上得起学、不辍学上,社会力量可谓功不可没。如"希望工程",截至2009年募集资金超过56亿元,援建希望小学1.59万多所,资助失学孩子340多万名。要继续弘扬崇文重教、扶弱济贫的风气,完善各项引导激励政策,鼓励社会各界关心教育、帮助困难家庭学生。①

3. 保障特殊群体学生的受教育机会

不放弃每一个孩子体现着我们党以人为本的执政理念。要进一步完善政策,探索有效途径,为解决进城务工人员子女就学问题创造条件。要建立农村留守儿童关爱机制,加强心理辅导和人文关怀,寄宿制学校要优先满足留守儿童的就学需要。要重视特殊教育学校建设和特教老师培养,提高残疾儿童少年义务教育普及程度,注重潜能开发、缺陷补偿和就业能力培养,为他们提高就业能力和融入社会打好基础。要加强教育的针对性,保障学习困难学生完成义务教育。②

哲学家西塞罗说:"让我们记住,公正的原则必须贯彻到社会的最底层。"③党中央、国务院历来高度重视教育事业发展。实现教育公平,是全国亿万家庭的共同心愿,是党和政府作出的庄严承诺。在现实的困惑与改善的努力中,教育公平的逻辑越来越鲜明:教育发展需要量的丰富,但更要有质的均衡;需要技术的升级,但更应立足人的发展,教育的目的在于充分发展人的个性并加强对人权和基本自由的尊重。教育的底色是公平,研究、学习中国古代和国外的教育公平思想,继承、创新、发展其公平思想的精华部分,并结合当今时代特色,使教育公平思想焕发现代思想的光辉。只有在公平正义的背景下,教育才会成为人人皆可攀援的"向上阶梯",学校才会成为每一个孩子的成长乐园,我们的社会才能绘制出色彩斑斓的发展进步图景。但教育公平的实现不可能一蹴而就,这既是一项复杂的社会系统工程,也是一个需要逐步实现的历史过程。我们在推进

---

① 《从怎么看到怎么办——理论热点面对面·2011》,《人民日报》,2011年8月22日。
② 刘延东:《采取切实措施 合理配置资源 加快推进义务教育均衡发展》,《人民日报》,2009年11月8日。
③ 《"特权加分"不可容忍 高考公平底线必须守住》,《扬子晚报》,2009年5月16日。

教育公平的过程中应注意把握好两点：一是促进教育公平的关键是通过抬高底部来缩小差距，不能搞不讲效率和特色的绝对平均，更不能"削峰填谷"，不能把学校办成千篇一律，千校一面，否则表面看实现了公平，但学校却失去了特色，不注重内涵，导致整体教育质量和水平的下降。二是促进公平不能急于求成，要进行长期艰苦的努力。特别是许多政策思路在实施过程中还会遇到具体问题和障碍，需要加强调查研究，结合实际不断完善政策措施，使教育公平的步伐迈得更扎实、更稳妥。

党的十八大报告用"三个倡导"对社会主义核心价值观进行了概括。从国家层面，倡导富强、民主、文明、和谐；从社会层面，倡导自由、平等、公正、法治；从公民个人层面，倡导爱国、敬业、诚信、友善。细数我国改革面临的硬骨头，多数都与人们的"公平焦虑"有关。我们应拿出逢山开路、遇水架桥的改革勇气，突破利益固化的藩篱，消除体制机制的积弊，为公平正义的价值生长创造更好的制度土壤。只有当机会的大门向所有人敞开，每个人都享有人生出彩的机会，社会信任才会蓬勃生长，公民美德才会蔚为风尚，个体的绚丽人生才能绘出中国梦的美好图景。

参考文献

[1] 王正平.教育伦理学[M].上海:上海人民出版社,1988.

[2] 施修华,严缘华.教育伦理学[M].上海:上海科学普及出版社,1989.

[3] 罗国杰.中国传统道德(德行卷)[M].北京:中国人民大学出版社,1995.

[4] 边守正.实用教育学[M].北京:北京图书馆出版社,1998.

[5] 鞠献利.教师素质论[M].济南:山东教育出版社,1999.

[6] 钱焕琦,刘云林.中国教育伦理学[M].徐州:中国矿业大学出版社,2000.

[7] 黎先耀.诺贝尔奖世纪回眸(1901～1999)——智慧的星光——诺贝尔自然科学奖获奖者文萃[M].北京:经济日报出版社,2000.

[8] 朱永新.创新教育论[M].南京:江苏教育出版

社,2001.

[9] 李秉德. 教学论[M]. 北京:人民教育出版社,2001.

[10] 黄书光,王伦信,袁文辉. 中国基础教育改革的文化使命[M]. 北京:教育科学出版社,2001.

[11] 龚乐进. 素质教育下的教师道德[M]. 北京:人民教育出版社,2001.

[12] 丁锦宏. 教育学[M]. 南京:南京大学出版社,2002.

[13] 陶本一. 学科教育学[M]. 北京:人民教育出版社,2002.

[14] 袁振国. 教育新理念[M]. 北京:教育科学出版社,2002.

[15] 王荣发. 现代职业伦理学[M]. 上海:华东理工大学出版社,2003.

[16] 刘道玉. 创造教育新论[M]. 武汉:武汉大学出版社,2003.

[17] 赵宏义. 当代教师职业道德[M]. 北京:中央广播电视大学出版社,2003.

[18] 唐代兴. 公正伦理与制度道德[M]. 北京:人民出版社,2003.

[19] 徐仲林,徐辉. 基础教育课程改革理论与实践[M]. 成都:四川教育出版社,2003.

[20] 孙彩平. 教育的伦理精神[M]. 太原:山西教育出版社,2004.

[21] 何齐宗. 教育原理与艺术[M]. 北京:中国社会科学出版社,2004.

[22] 汪荣有. 当代中国经济伦理论[M]. 北京:人民出版社,2004.

[23] 叶继元. 学术批评通论[M]. 上海:华东师范大学出版社,2005.

[24]朱小蔓.教育的问题与挑战——思想的回应[M].南京:南京师范大学出版社,2005.

[25]杨玉圣.学术规范与学术批评[M].郑州:河南大学出版社,2005.

[26]李君如.社会主义和谐社会论[M].北京:人民出版社,2005.

[27]王伦光.价值追求与和谐社会构建[M].杭州:浙江大学出版社,2006.

[28]漆玲.和谐社会思想的由来[M].天津:天津人民出版社,2006.

[29]杨芷英.教师职业道德[M].北京:高等教育出版社,2007.

[30]严书翰.构建社会主义和谐社会专题研究[M].北京:中共中央党校出版社,2008.

[31]王伦光.和谐社会的价值追求研究[M].北京:人民出版社,2011.